Jens Müller

Unternehmensbewertung für substanzsteuerliche Zwecke

GABLER EDITION WISSENSCHAFT

Schriften zum Steuer-, Rechnungs- und Prüfungswesen

SRP

Die Schriftenreihe möchte ein Forum für wissenschaftliche Beiträge aus den Bereichen betriebswirtschaftliche Steuerlehre, Rechnungswesen und Wirtschaftsprüfung schaffen. Ihr Ziel ist es, methodisch fundierte wissenschaftliche Arbeiten, Dissertationen und Habilitationsschriften der betriebswirtschaftlichen Forschung aus diesen Gebieten zu veröffentlichen. Die Reihe wendet sich an Studenten und Wissenschaftler einschlägiger Fachrichtungen sowie an Steuerberater, Wirtschaftsprüfer und alle anderen an dieser Thematik interessierten Personen.

Jens Müller

Unternehmensbewertung für substanzsteuerliche Zwecke

Eine empirische Analyse des Stuttgarter Verfahrens und alternativer Ansätze

Mit einem Geleitwort von Prof. Dr. Caren Sureth

GABLER EDITION WISSENSCHAFT

Bibliografische Information der Deutschen Nationalbibliothek
Die Deutsche Nationalbibliothek verzeichnet diese Publikation in der Deutschen Nationalbibliografie; detaillierte bibliografische Daten sind im Internet über <http://dnb.d-nb.de> abrufbar.

Dissertation Universität Paderborn, 2008

1. Auflage 2008

Lektorat: Frauke Schindler / Nicole Schweitzer

Gabler ist Teil der Fachverlagsgruppe Springer Science+Business Media.
www.duv.de

Umschlaggestaltung: Regine Zimmer, Dipl.-Designerin, Frankfurt/Main
Gedruckt auf säurefreiem und chlorfrei gebleichtem Papier
Printed in Germany

ISBN 978-3-8349-1287-9

Geleitwort

In der aktuellen Diskussion der Reform der Erbschaftsteuer wird immer wieder die im Grundgesetz verankerte gleichmäßige Besteuerung aller Vermögensarten und damit einhergehend eine an Verkehrswerten orientierte Bewertung von Unternehmensvermögen gefordert. Ein geeignetes Verfahren zur Bewertung von unternehmerischem Vermögen für erbschaftsteuerliche Zwecke ist immer dann unerlässlich, wenn Verkehrswerte weder am Markt beobachtet noch aus Marktdaten abgeleitet werden können. Dies ist regelmäßig bei Anteilen an nicht notierten Kapitalgesellschaften der Fall. Das derzeit in der Praxis zur Bewertung nicht börsennotierter Kapitalgesellschaftsanteile anzuwendende Stuttgarter Verfahren führt bekanntermaßen regelmäßig zu starken Abweichungen vom entsprechenden Marktwert und wird vor diesem Hintergrund seit seiner Einführung in den 50er Jahren sowohl aus verfassungsrechtlicher als auch betriebswirtschaftlicher Perspektive kontrovers diskutiert. Eine aktuelle theoretisch fundierte, quantitative Analyse der möglichen Wertdifferenzen und ihrer Strukturen fehlt bislang im Schrifttum.

Jens Müller geht im Rahmen seiner umfangreichen empirischen Analyse den Fragen nach, wie groß die Wertlücke zwischen Steuer- und Marktwerten ist, wodurch das Ausmaß der Wertabweichung im Wesentlichen bestimmt wird und ob ausgewählte alternative Verfahren, die die üblichen Anforderungen des Steuerrechts erfüllen, zu besseren Ergebnissen führen können. Er leistet mit seiner Arbeit einen besonders wichtigen Beitrag zur aktuellen Steuerreformdiskussion, bestätigt zum Teil die zuvor lediglich vermuteten Wirkungsmuster, zeigt andererseits jedoch bislang nicht vermutete Schwächen und Qualitäten der Alternativvorschläge auf.

Der quantitativ analysierende Teil der Arbeit liefert eine umfassende Analyse, die methodisch auf einem Niveau angesiedelt ist, wie es in der empirischen Forschung in der Betriebswirtschaftlichen Steuerlehre seinesgleichen sucht. Herrn Müller gelingt es, Methoden aus anderen Disziplinen zu transferieren und darüber hinausgehend eigene Verfeinerungen zur Bewertung der Schätzgüte seiner Modelle zu entwickeln. Mit den besonderen Schwierigkeiten der Testbarkeit, Widerlegbarkeit, Datenbeschaffung und -qualität in der Betriebswirtschaftlichen Steuerlehre geht Jens Müller souverän um. Die Arbeit zeichnet sich trotz der untersuchten Variantenvielfalt durch eine sehr gute Struktur, hohe Transparenz sowie durch sowohl theoretisch als auch steuerrechtlich und steuerpolitisch interessante Ergebnisse aus.

Herr Müller liefert wichtige Ergebnisse für ein umfassendes ökonomisches Verständnis der Ursachen für Fehlbewertungen auf der Grundlage des aktuell anzuwendenden Stuttgarter Verfahrens und verdeutlicht Verbesserungspotenziale. Er weist zugleich kritisch auf die verbleibenden Bewertungsprobleme hin und verschafft dem Leser einen Eindruck von der zu erwartenden Verbesserung der Schätzqualität durch eine geeignete Reform. Er zeigt auf, dass scheinbar plausible Behauptungen über Fehlbewertungen häufig unfundiert sind und damit die Gefahr von erheblichen Ungleichbehandlungen nicht zu unterschätzen ist. Nicht nur aus wissenschaftlicher Sicht, sondern auch aus Sicht einer systematisch begründeten Steuerpolitik setzt Herr Müller hiermit neue Maßstäbe.

Das vorliegende Werk leistet einen hervorragenden Beitrag zur vielfach stark vernachlässigten empirischen Steuerwirkungslehre. Die aufgegriffene Fragestellung, ihre methodische Umsetzung und Lösung sind in jeder Hinsicht geeignet, die Sichtbarkeit der Forschungsleistung der deutschen Betriebswirtschaftlichen Steuerlehre auch in der internationalen Forschungslandschaft zu erhöhen.

Prof. Dr. Caren Sureth

Vorwort

Die vorliegende Arbeit wurde im Wintersemester 2007/2008 von der wirtschaftswissenschaftlichen Fakultät der Universität Paderborn als Dissertation angenommen. Sie entstand während meiner Zeit als Mitarbeiter am Lehrstuhl für Betriebswirtschaftliche Steuerlehre von Frau Prof. Dr. Caren Sureth. Ihr gilt mein herzlicher Dank für die motivierende Unterstützung, die konstruktiven Hinweise und die stetige Diskussionsbereitschaft, die mir bei der Erstellung der Arbeit geholfen haben. Der besonderen Kombination aus intensiver Betreuung und großzügigen Freiräumen habe ich es zu verdanken, dass ich nicht nur sehr viel gelernt, sondern auch viel Freude an der Wissenschaft gefunden habe.

Herrn Prof. Dr. Thomas Werner möchte ich für die Übernahme des Koreferats herzlich danken.

Meinen Kolleginnen und Kollegen Inge Marks, Daniel Nordhoff, Alexandra Maßbaum, Alexander Halberstadt und Claudia Dahle gilt mein Dank für die fruchtbaren fachlichen Diskussionen, das Korrekturlesen der Arbeit, insbesondere aber für die freundschaftliche und motivierende Atmosphäre am Lehrstuhl.

Ohne die Unterstützung von Herrn Prof. Dr. Rainer Niemann, Frau Prof. Dr. Deborah Knirsch und Herrn Dr. Sebastian Schanz hätten große Teile dieser Arbeit nicht entstehen können. Während meiner Aufenthalte als Gast am Center for Accounting Research an der Karl-Franzens-Universität Graz wurden durch den Datenbankzugang und intensive Gespräche die Grundsteine für die beiden empirischen Kapitel dieser Arbeit gelegt. Herzlichen Dank dafür!

Schließlich möchte ich einen ganz besonderen Dank meiner Familie aussprechen. Die beständige Unterstützung, die ich durch meine Eltern Angelika und Wolfgang-Dieter bis heute erhalten habe, hat mir sehr viel Rückhalt gegeben. Gleichwohl erst am Ende erwähnt, möchte ich allen voran meiner Frau Sabine für die vielen kleinen und großen Dinge, die unser gemeinsames Leben vor, während und nach Abschluss dieser Dissertation lebenswert machen, danken.

Jens Müller

Inhaltsverzeichnis

Abbildungsverzeichnis

Tabellenverzeichnis

Abkürzungsverzeichnis

Abb.	Abbildung
Abs.	Absatz
AG	Aktiengesellschaft
AktG	Aktiengesetz
AntBewR	Richtlinien zur Bewertung nichtnotierter Aktien und Anteile an Kapitalgesellschaften
APV	Adjusted Present Value
Art.	Artikel
Aufl.	Auflage
BewG	Bewertungsgesetz
BFH	Bundesfinanzhof
BFH/NV	Sammlung der amtlich veröffentlichten und nicht amtlich veröffentlichten Entscheidungen des Bundesfinanzhofs
BMF	Bundesministerium der Finanzen
BP	Marktkapitalisierung
BS	Bilanzsumme
BStBl	Bundessteuerblatt
BT-Drucks	Bundestag-Drucksache
BVerfG	Bundesverfassungsgericht
bzw.	beziehungsweise
ca.	circa
CAPM	Capital Asset Pricing Model
DAI	Deutsches Aktieninstitut
DAX	Deutscher Aktienindex
DCF	Discounted-Cashflow
d.h.	das heißt
DIW	Deutsche Institut für Wirtschaftsforschung
d. Verf.	der Verfasser
DVFA/SG	Deutsche Vereinigung für Finanzanalyse und Asset Management (DVFA)/ Schmalenbach-Gesellschaft (SG)
e.V.	eingetragener Verein
EBIT	Earnings before Interest and Taxes
EBITDA	Earnings before Interest, Taxes, Depreciation and Amortization
ed.	edition

EK	Eigenkapital
EMH	Efficient Market Hypothesis
EPS	Earnings per Share
ErbSt	Erbschaftsteuer
ErbStG	Erbschaftsteuergesetz
ErbStR	Erbschaftsteuerrichtlinien
erw.	erweitert
EStG	Einkommensteuergesetz
et al.	et alii, und andere
EV	Enterprise Value, Unternehmensgesamtwert
f.	folgende
ff.	fortfolgende
FK	Fremdkapital
GewSt	Gewerbesteuer
GG	Grundgesetz
ggf.	gegebenenfalls
GICS	Global Industry Classification Standard
GmbH	Gesellschaft mit beschränkter Haftung
GmbHG	GmbH Gesetz
HGB	Handelsgesetzbuch
IDW	Institut der Wirtschaftsprüfer
IFRS	International Financial Reporting Standards
i.H.v.	in Höhe von
insbes.	insbesondere
Intq.	Interquartil
IPO	Initial Public Offering
i.S.d.	im Sinnes des
i.V.	in Verbindung
Jg.	Jahrgang
KCV	Kurs-Cashflow-Verhältnis
KFZ	Kraftfahrzeug
KGV	Kurs-Gewinn-Verhältnis
KSt	Körperschaftsteuer
KStG	Körperschaftsteuergesetz
Min.	Minimum
Max.	Maximum
NAICS	North American Industry Classification Standard
NEMAX	Neuer Markt Index
Nr.	Nummer
o.g.	oben genannte
OLS	Kleinste-Quadrate-Regression

p.a.	per anno
PEG-Ratio	Price-Earnings-Growth-Ratio
R	Richtlinie
RoA	Return on Assets, Gesamtkapitalrentabilität
RoE	Return on Equity, Eigenkapitalrentabilität
Rz.	Randziffer
S.	Seite
SIC	Standard Industry Code
sog.	sogenannte
SolZ	Solidaritätszuschlag
Stand. Dev.	Standardabweichung
StÄndG	Steueränderungsgesetz
Std. Err.	Standard Error, Standardfehler
TV	Television
u.a.	unter anderem
u.a.m.	und andere mehr
überarb.	überarbeitete
U.E.C.	Unione Européene des Experts Comptables
UK	United Kingdom/ Großbritannien
USA	United States of America
US-GAAP	United States Generally Accepted Accounting Principles
verarb.	verarbeitendes
vgl.	vergleiche
v.H.	von Hundert
vs.	versus
VStR	Vermögensteuerrichtlinien
WACC	Weighted Average Cost of Capital
WS	Worldscope
WSC	Worldscope-Classification
z.B.	zum Beispiel

Symbolverzeichnis

B	Buchwert des Eigenkapitals
BZ_i	Bezugsgröße des Unternehmens i
CDG	Cum-Dividenden-Gewinn
CF	ausschüttungsfähige Cashflows
d_t	Dividende im Zeitpunkt t
DC	verzinsliches Fremdkapital
e	eulersche Zahl
E	Jahresüberschuss/Ertragshundertsatz
E_e	Alternative e zur Ermittlung des Ertragshundertsatzes
E_{it}	Jahresüberschuss des Unternehmens i im Zeitpunkt t
$E-ind$	Gewinne mit branchenspezifischem Wachstum ind
$E-yr$	Gewinne mit jahrespezifischem Wachstum yr
g	Wachstumsrate
G_t	Gewinn im Zeitpunkt t
i	Unternehmensindex
i	Zinsen
i_{SV}	Zinssatz der Alternativanlage
ind	Branche
Ind_jSV	Interaktionsvariable aus Branchendummy der Branche j und Wert des Stuttgarter Verfahrens
j	Branchenindex
k	Kapitalkosten
k_s^U	nachsteuerliche Kapitalkosten des unverschuldeten Unternehmens
LGE	logarithmierter Schätzfehler
ln	natürlicher Logarithmus
log	Logarithmusfunktion
M_t	Modell
MSE	Mean Standard Error
MW	Marktwert
N	Anzahl der Beobachtungen
NG_t	Normalgewinn im Zeitpunkt t
NI	Konzerngewinn, NetIncome
OI	operativer Gewinn, OperatingIcome

P_i	Marktpreis des Unternehmens i
$\widehat{p}_{it}$	geschätzter Preis des Unternehmens i im Zeitpunkt t
PE	relativer Schätzfehler
R^2	unkorrigiertes Bestimmtheitsmaß
RG_t	Residualgewinn im Zeitpunkt t
$RMSE$	Root Mean Squared Error
s_c	Besteuerung auf Unternehmensebene
s_g	Gewerbesteuer
s_k	Körperschaftsteuer
s_p	persönlicher Steuersatz
SV	Unternehmenswert des Stuttgarter Verfahrens
$\widehat{SV}$	geschätzter Unternehmenswert des Stuttgarter Verfahrens
TA	Bilanzsumme
TS	Tax Shield
T	Zeithorizont
t	Zeitindex
u	Übergewinndauer
UG_t	Übergewinnwachstum
UW_j	Unternehmenswert
v	Index Vergleichsunternehmen
V_U	Wert eines unverschuldeten Unternehmens
VW	Vermögenswert
yr	Jahr
α	Achsenabschnitt Regressionsfunktion
β	Koeffizient der Regressionsfunktion
ϵ	Residuum der Regressionsfunktion

1 Einleitung

1.1 Problemstellung

Im Jahr 2005 existierten in der Bundesrepublik Deutschland 452.946 Gesellschaften mit beschränkter Haftung und 7.258 Aktiengesellschaften einschließlich der Kommanditgesellschaften auf Aktien.[1] Nachdem die Vermögensteuer und die Gewerbekapitalsteuer seit 1997 nicht mehr erhoben werden, unterliegen Anteile an Kapitalgesellschaften, die einem Steuerpflichtigen nach § 2 Abs. 1 ErbStG zuzurechnen sind, nur noch der Erbschaft- und Schenkungsteuer. Die Steuerlast ergibt sich unter Berücksichtigung von Freibeträgen aus dem Steuersatz und der steuerlichen Bemessungsgrundlage. Grundsätzlich gilt für die Definition der Bemessungsgrundlage der Bewertungsgrundsatz des gemeinen Wertes. Dieser wird nach § 9 Abs. 2 Satz 1 und 2 BewG „durch den Preis bestimmt, der im gewöhnlichen Geschäftsverkehr nach der Beschaffenheit des Wirtschaftsgutes bei einer Veräußerung zu erzielen wäre. Dabei sind alle Umstände, die den Preis beeinflussen, zu berücksichtigen." Ein so definierter Verkehrswert lässt sich relativ leicht feststellen, wenn Informationen aus aktuellen Veräußerungen, wie etwa bei börsennotierten Unternehmen, vorliegen. Da jedoch nur 1.168 deutsche Unternehmen an einer deutschen Börsen gehandelt werden, muss für die überwiegende Mehrheit der Unternehmen ein Wert geschätzt werden.[2]

Die Schätzung des Unternehmenswertes muss nach § 11 Abs. 2 Satz 2 BewG „unter Berücksichtigung des Vermögens und der Ertragsaussichten der Kapitalgesellschaft" erfolgen. Seit 1953 wird zu diesem Zweck das von der Finanzverwaltung Stuttgart eingeführte Stuttgarter Verfahren verwendet. Nur in Ausnahmefällen kann von der Anwendung dieses Verfahrens abgesehen werden. Der Wert des Stuttgarter Verfahrens ergibt sich aus einer Kombination aus dem Reinvermögen und den gewichteten durchschnittlichen historischen Ergebnissen des zu bewerteten Unternehmens. Es wird dabei von der Fiktion ausgegangen, dass ein potenzieller Käufer nur bereit ist, einen über dem Vermögenswert liegenden Kaufpreis zu zahlen, wenn die Erträge in einem übersehbaren Zeitraum eine bessere Rendite erzielen als die einer alternativen Anlage.[3] In dieser Beschreibung der Intuition des Verfahrens wird deutlich, dass der Ausgangspunkt der Wertermittlung die Substanzkomponente des Unternehmens ist. In der betriebswirtschaftlichen Literatur wird jedoch bezweifelt, dass das Stuttgarter Verfahren geeignet ist, um den gemeinen Wert des

---

[1] Vgl. Statistisches Bundesamt (2007), S. 617.
[2] vgl. Deutsche Börse AG (2007), S. 30.
[3] Vgl. Deutsches wissenschaftliches Steuerinstitut der Steuerberater e.V. (2003), § 11 BewG Rz. 29.

Unternehmens, der sich nach Kolbe aus Substanz- und Geschäftswert zusammensetzt, zu bestimmen.[4]

Ist das Stuttgarter Verfahren nicht in der Lage, den Marktwert einer nicht börsennotierten Kapitalgesellschaft zumindest näherungsweise zu schätzen, so wird der Grundsatz der Gleichmäßigkeit der Besteuerung verletzt. Dieser Grundsatz ergibt sich aus Art. 3 GG, dem sog. Gleichheitssatz. Demnach müssen die Steuerpflichtigen „rechtlich und tatsächlich gleich belastet werden".[5] In seiner Entscheidung vom 7.11.2006 hat das Bundesverfassungsgericht das geltende Erbschaftsteuerrecht für verfassungswidrig erklärt.[6] Demnach kommt es zu einer gleichheitswidrigen Belastungswirkung, da es an einer realistischen Bemessungsgrundlage fehlt. Die Unterschiede zwischen Steuer- und Marktwerten der verschiedenen Vermögensarten, so auch bei Anteilen an Kapitalgesellschaften, sind nicht nur groß, sondern variieren zudem stark.[7] Der Gesetzgeber muss diesen Mangel bis zum 31.12.2008 beseitigen.

Die verfassungskonforme Reform der erbschaftsteuerlichen Bewertung setzt eine Analyse der gegenwärtigen Missstände voraus, um die ausgelösten Effekte abschätzen zu können. Die bisherigen Studien widmen sich dem Problemfeld fast ausschließlich auf einer qualitativen Ebene. Neben vielen steuerjuristischen Arbeiten nähern sich nur wenige Autoren dem Problem aus einer betriebswirtschaftlichen Perspektive.[8] Eine umfassende quantitative Untersuchung der Effekte, die durch die geltende Rechtslage hervorgerufen wird, fehlt gänzlich. Dieser Forschungslücke ist meine Arbeit gewidmet. Ziel dieser Arbeit ist es, die Lücke zwischen Steuer- und Marktwerten quantitativ zu untersuchen, um die Frage zu beantworten, in welchen Fällen eine gleichmäßige Bemessungsgrundlage erreicht werden kann. Zunächst stehen die maßgeblichen Werttreiber, insbesondere bei der steuerlichen Wertermittlung, im Vordergrund. Dabei sind zum einen unternehmensendogene Faktoren, wie z.B. Finanzierungsentscheidungen, und zum anderen unternehmensexogene Faktoren, wie z.B. Finanzierungskosten oder Steuersätze, von Bedeutung. Weiterhin gilt es, Vermutungen, die in der Literatur vorgebracht wurden und Anforderungen, die sich aus den Besteuerungsprinzipien ergeben, empirisch zu überprüfen. Diese Ergebnisse stellen eine wichtige Grundlage für die Weiterentwicklung des Bewertungsrechts dar. Ein zukünftiges Verfahren muss gewährleisten, dass die Anteilsbewertung von Kapitalgesellschaften zu Verkehrswerten erfolgt. Ein in der Praxis bei Nachfolge- oder Veräußerungsvorgängen übliches Verfahren zur Bewertung von nicht börsennotierten Unternehmen stellt die Multiplikatormethode dar. Ich gehe in dieser Arbeit auch der Frage nach, ob diese Methode für die steuerliche Bewertung geeignet ist und mit welchen Auswirkungen im Hinblick auf das Bewertungsziel zu rechnen ist.

---

[4] Vgl. Kolbe (1959), S. 29. Eine umfassende Diskussion der Literatur folgt in Abschnitt 2.6.
[5] Tipke/Lang (2002), § 4 Rz. 71.
[6] Vgl. BVerfG, 7.11.2006, 1 BvL 10/02.
[7] Eine Diskussion der Verfassungsmäßigkeit der Erbschaftsteuer erfolgt in Abschnitt 2.7.
[8] Der Stand der Forschung wird in Abschnitt 3.2 diskutiert.

1.2 Aufbau der Arbeit

Die folgende Untersuchung besteht aus fünf Teilen. Im zweiten Kapitel werden die geltenden Vorschriften zur Bewertung von Anteilen an Kapitalgesellschaften kurz vorgestellt (Abschnitte 2.1 bis 2.5). Die wertrelevanten Komponenten und die Bewertungssystematik werden vor dem Hintergrund ihres Einflusses auf die Bewertung kurz diskutiert (Abschnitt 2.6). Dabei wird aufbauend auf die Diskussion über die Verfassungsmäßigkeit der Erbschaftsteuer (Abschnitt 2.7) die Entwicklung der Rechtsprechung zum Stuttgarter Verfahren vorgestellt (Abschnitt 2.8). Die Darstellung der in der Literatur vorgebrachten Lösungsvorschläge zur Verbesserung der erbschaftsteuerlichen Bewertung steht im Zentrum von Abschnitt 2.9.

Der quantitative Einfluss der in Abschnitt 2.6 theoretisch diskutierten Werttreiber auf die Bewertung der Anteile steht im Zentrum von Kapitel 3. Nach einer Einführung in die Diskussion des Stuttgarter Verfahrens aus betriebswirtschaftlicher Sicht in Abschnitt 3.2 wird die Frage beantwortet, wie sich die Wertlücke zwischen dem Steuerwert und dem Marktwert bei einer Variation verschiedener Werttreiber verändert. Der Marktwert des Unternehmens wird dabei durch den Adjusted-Present-Value, einer Form des Discounted-Cashflow-Verfahrens (DCF), bestimmt. Die Wirkungsweise dieses Benchmarkansatzes wird in Abschnitt 3.3 präsentiert und die verfahrensspezifischen Werttreiber herausgearbeitet. Die der Untersuchung zugrunde liegenden Modellannahmen stehen im Mittelpunkt von Abschnitt 3.4. Den Kern des Kapitels bildet die quantitative Untersuchung der Differenz des Wertes nach dem Stuttgarter Verfahren zum Marktwert in Abschnitt 3.5. Ausgehend von der Grundform der sechs Modellunternehmen werden die Eigenkapitalkosten (Abschnitt 3.5.1), die Fremdkapitalkosten (Abschnitt 3.5.2), die Kapitalstruktur (Abschnitt 3.5.3), der Steuersatz (Abschnitt 3.5.4), der Timingeffekt einer Gewinnveränderung (Abschnitt 3.5.5) und das Wachstums der Gewinne (Abschnitt 3.5.6) variiert. Es kann eine Vielzahl potenzieller Unternehmenskonstellationen identifiziert werden, bei denen eine Subventionierung durch die steuerliche Unternehmensbewertung im Vergleich zu einer Marktbewertung entsteht. Allerdings sind auch verschiedene Konstellationen realistisch, in denen es zu einer steuerlichen Diskriminierung kommt. Eine zusammenfassende Würdigung der Ergebnisse schließt das Kapitel in Abschnitt 3.6.

Während sich Kapitel 3 auf die Effekte einzelner Werttreiber auf die Differenz von Steuer- und Marktwert konzentriert, steht im Mittelpunkt von Kapitel 4 eine empirische Untersuchung der quantitativen Unterschiede. Nach der Darstellung der Arbeiten, die sich mit einer Quantifizierung der Wertlücke auf Basis von Unternehmensdaten beschäftigt haben (Abschnitt 4.2), werden in Abschnitt 4.3 das Modell und die Datengrundlage für die folgende Analyse vorgestellt und die zu testenden Hypothesen formuliert. Der Überprüfung der aufgestellten Hypothesen ist Abschnitt 4.4 gewidmet. Zentrale Frage dabei ist, inwieweit das Stuttgarter Verfahren gegen die gleichmäßige Behandlung der zu bewertenden Unternehmen verstößt. Dazu wird die gleichmäßige Behandlung im Hinblick auf die Gesamtstichprobe (Abschnitt 4.4.1), auf die verschiedenen Branchen (Abschnitt 4.4.2), auf die einzelnen Jahre (Abschnitt 4.4.3) und auf die verschiedenen Rentabilitätsgruppen (Abschnitt 4.4.4) analysiert. Auf der Grundlage dieser Erkenntnisse werden in Abschnitt 4.4.5 alternative Bewertungsformeln untersucht, die hinsichtlich ihrer Struktur nach wie vor auf dem Konzept einer Kombination von Vermögens- und Ertragswert basieren. Mit einer Zusammenfassung schließt das Kapitel in Abschnitt 4.5.

Nachdem in Kapitel 4 dargestellt wird, dass eine Modifikation des Stuttgarter Verfahrens nur in seltenen Fällen zu der gewünschten Abbildung des Marktwertes führt, ist es das Ziel des Kapitels 5, ein alternatives Bewertungsverfahren zu testen. Es handelt sich hierbei um das in der Praxis sehr häufig für die Bewertung kleiner oder nicht börsennotierter Unternehmen verwendete Multiplikatorverfahren. Nach der Übersicht über die bisherigen wissenschaftlichen Studien zum Multiplikatoransatz in Abschnitt 5.2 erfolgt eine theoretische Einordnung des Verfahrens in Abschnitt 5.3. Die Grundlage der anschließenden empirischen Untersuchung bildet der Abschnitt 5.4. Hier werden die verwendete Datengrundlage sowie das Modell und die Ziele vorgestellt. Die Ergebnisse des Abschnitts 5.5 lassen sich in die drei Kernfragen des Kapitels aufteilen. Zunächst wird die Schätzgenauigkeit von Multiplikatoren auf Basis des geometrischen Mittels untersucht (Abschnitt 5.5.2), um es mit dem Regressionsansatz in Abschnitt 5.5.3 zu vergleichen. Hier steht die Auswahl der geeigneten Multiplikatoren im Vordergrund. Die Frage nach dem besten Selektionskriterium für die Auswahl der Vergleichsunternehmen ist Gegenstand von Abschnitt 5.5.4. Das Kapitel endet mit einer Zusammenfassung in Abschnitt 5.6.

In der Schlussbemerkung (Kapitel 6) werden die Ergebnisse der Arbeit einer abschließenden Würdigung unterzogen.

2 Unternehmensbewertung für substanzsteuerliche Zwecke

2.1 Einführung

Es gibt eine Vielzahl von Anlässen, die eine Bewertung von unternehmerischem Vermögen auslösen. Neben den häufigsten Fällen, der Unternehmensübertragung und dem Gesellschafterwechsel, erfordert auch das Steuergesetz die Feststellung eines Unternehmenswertes.[1] Nach der letztmaligen Erhebung der Vermögensteuer im Jahr 1996 ist die Erbschaft- und Schenkungsteuer die einzige Steuerart in Deutschland, die das gesamte unternehmerische Vermögen mit einer Steuer belegt.[2]

Der Wert, mit dem das jeweilige unternehmerische Vermögen in der steuerlichen Bemessungsgrundlage angesetzt wird, ergibt sich aus den Vorschriften des Bewertungsgesetzes (BewG) in Verbindung mit § 12 Abs. 1 ErbStG. Unternehmerisches Vermögen lässt sich im Sinne des BewG folgendermaßen aufteilen:

- Wertpapiere und Anteile an Kapitalgesellschaften (§ 11 BewG)
- Land- und forstwirtschaftliches Vermögen (§ 33 ff. BewG)
- Betriebsvermögen (§ 95 ff. BewG)

Für jede dieser drei Kategorien gelten eigene Vorschriften zur Wertermittlung. Gegenstand dieses Kapitels soll die steuerliche Bewertung von Anteilen an Kapitalgesellschaften sein.

Die Anteilsbewertung einer Kapitalgesellschaft kann gemäß BewG auf drei verschiedene Arten erfolgen. Werden die Anteile des zu bewertenden Unternehmens an einer deutschen Börse im regulierten Markt gehandelt, so wird der niedrigste am Stichtag für sie im regulierten Markt notierte Kurs angesetzt (§ 11 Abs. 1 Satz 1 BewG). Der BFH hält die Verwendung von Börsenkursen für unbedenklich, da dieses Massenverfahren einer gleichmäßigen Steuerfestsetzung dienen soll.[3] Liegt am Stichtag eine Notierung nicht vor, so

[1] Nach Seiler (2004), S. 1, ist in 43% der Fälle der Unternehmenskauf und -verkauf, in 27% der Gesellschafterwechsel und in jeweils 9% die Erbschaft bzw. die Vermögensübertragung Auslöser einer Unternehmensbewertung.

[2] Jedoch kann eine Bewertung für ertragsteuerliche Zwecke notwendig sind. Vgl. Sureth/Nordhoff (2008), S. 305-311.

[3] Vgl. Eisele (2004a), S. 341.

ist der letzte innerhalb von 30 Tagen vor dem Stichtag im regulierten Markt notierte Kurs maßgebend (§ 11 Abs. 1 Satz 2 BewG). Damit entspricht der anzusetzende Wert dem gemeinen Wert gemäß § 9 Abs. 2 BewG. Hiernach wird der gemeine Wert durch den Preis bestimmt, der im gewöhnlichen Geschäftsverkehr nach der Beschaffenheit des Wirtschaftsgutes bei einer Veräußerung zu erzielen wäre. Für den gewöhnlichen Geschäftsverkehr muss gelten, dass die Transaktion unter marktwirtschaftlichen Grundsätzen von Angebot und Nachfrage unter freien Wirtschaftssubjekten ohne Zwang und nicht aus Not durchgeführt wird.[4] „Der steuerliche gemeine Wert beruht also auf dem betriebswirtschaftlichen Marktzeitwert-Prinzip."[5]

Wurde innerhalb der 30 Tage vor dem Stichtag kein Anteilspreis festgestellt oder werden die Anteile der Kapitalgesellschaft überhaupt nicht an einer deutschen Börse gehandelt, so ist der gemeine Wert anzusetzen. Dieser soll zunächst aus Verkäufen abgeleitet werden, die nicht länger als ein Jahr zurückliegen (§ 11 Abs. 2 Satz 2 BewG). Alternativ kann auch die Ausgabe neuer Geschäftsanteile an einer GmbH im Rahmen einer Kapitalerhöhung zur Aufnahme eines neuen Gesellschafters als Verkauf zur Ableitung des gemeinen Wertes herangezogen werden.[6] Wenn keine Verkäufe innerhalb dieses Zeitraums stattfanden, ist der gemeine Wert unter Berücksichtigung des Vermögens und der Ertragsaussichten der Kapitalgesellschaft zu schätzen (§ 11 Abs. 2 Satz 2 BewG). Eine präzisere gesetzliche Definition des Bewertungsprozesses unterbleibt hier. Allerdings betrifft gerade dieser Problembereich die Mehrheit der zu bewertenden Unternehmen, da nur 968 der ca. 3,4 Millionen deutschen Unternehmen börsennotiert sind.[7]

Trotz einer fehlenden gesetzlichen Definition für die Bewertung nicht börsennotierter Kapitalgesellschaften existiert eine grundsätzlich bindende Verfahrensvorschrift. Die Schätzung des gemeinen Wertes unter Berücksichtigung der Vermögens- und Ertragsaussichten erfolgt durch das sog. Stuttgarter Verfahren. Das Bewertungsprozedere ist in R 95 ff. ErbStR 2003 festgelegt. Dieses Verfahren hat seinen Ursprung in einem Erlass der Stuttgarter Finanzverwaltung und findet seit 1953 Anwendung.[8] Von diesem Verfahren kann nur im Ausnahmefall abgewichen werden, wenn es zu offensichtlich unrichtigen Ergebnissen führt. Die Überprüfung der offensichtlich unrichtigen Ergebnisse kann nur im konkreten Einzelfall erfolgen.[9] Das Stuttgarter Verfahren wurde lange in der Rechtsprechung[10] als ein geeignetes Schätzverfahren anerkannt. Der BFH äußerte jedoch auch verfassungsrechtliche Bedenken gegen die Vermögensbewertung zu Steuerbilanzwerten. Gemäß BFH

[4] Vgl. BFH vom 8.8.2001, II R 59/98, BFH/NV 2002 S. 317.
[5] Hartmann (1962), S. 33.
[6] Vgl. BFH 5.2.1992, II R 185/87, BStBl II 1993, S. 266.
[7] Vgl. Deutsche Börse AG (2007), S. 30; Statistisches Bundesamt (2007), S. 484.
[8] Vgl. AntBewR 1955: Verwaltungsanordnung 14.2.1955 BStBl. I 1955 S. 97; Hartmann (1962), S. 31. Es löste das Berliner Verfahren ab, das der Gruppe der Mittelwertverfahren zuzuordnen war. Vgl. Hartmann (1962), S. 33; Schöne (1975), S. 122.
[9] Vgl. BFH vom 16.5.2003, II B 50/02, BFH/NV 2003, S. 1150.
[10] Vgl. z.B. BFH vom 28.6.2000, I R 18/98, BFH/NV 2001, S. 426.

führe der Wertansatz mit Steuerbilanzwerten zu einem zu niedrigen Wert, der nicht den gemeinen Wert darstelle.[11]

Im betriebswirtschaftlichen Schrifttum geht beispielsweise Schoenfeld davon aus, dass es eine Differenz zwischen dem Wert des Stuttgarter Verfahrens und dem Marktpreis geben muss, der durch die mangelnde Fungibilität der nicht börsennotierten Unternehmensanteile erklärt wird.[12]

2.2 Regelbewertung

Gemäß § 12 Abs. 2 Satz 1 ErbStG „ist der gemeine Wert von Anteilen an einer Kapitalgesellschaft unter Berücksichtigung des Vermögens und der Ertragsaussichten zu schätzen (§ 11 Abs. 2 Satz 2 des Bewertungsgesetzes)[...]“.[13] Wie der Wortlaut des Gesetzes erkennen lässt, sind für die Berechnung des Anteilswertes zwei Größen notwendig: Der Vermögenswert und der Ertragswert.[14] Demzufolge zählt das Stuttgarter Verfahren zur Gruppe der Mischverfahren, da es die Daten aus der Substanzwert- und Ertragswertberechnung zusammenführt. Substanzwertverfahren werden unter dem Oberbegriff Einzelbewertungsverfahren subsumiert und die Ertragswertverfahren zählen zur Gruppe der Gesamtbewertungsverfahren. Das Stuttgarter Verfahren gilt als Sonderfall des Übergewinnverfahrens.[15] Die nachfolgende Abbildung 2.1 gibt einen Überblick über die Einordnung der Unternehmensbewertungsverfahren.[16]

Im steuerrechtlichen Unternehmensbewertungsverfahren, als Sonderfall des Übergewinnverfahrens, wird angenommen, dass langfristig nur eine Normalverzinsung des investierten Kapitals erzielt werden kann. Allerdings kann nach der dem Stuttgarter Verfahren zugrunde liegenden Vorstellung nur kurzfristig ein Übergewinn realisiert werden, da dieser die Konkurrenz anlockt und infolge dessen die Rendite nach einer bestimmten Zeit wieder auf ein marktübliches Maß zurückgeht.[17]

Der Unternehmenswert des Stuttgarter Verfahrens SV ergibt sich aus dem Vermögenswert VW und dem Ertragshundertsatz E. Das Stuttgarter Verfahren basiert auf der Annahme, dass ein hypothetischer Käufer nur dann mehr als das Reinvermögen[18] (Vermögenswert) des Unternehmens bezahlen würde, wenn die Erträge in einem vorhersehbaren Zeitraum T die Erträge einer alternativen Anlage übersteigen (R 100 Abs. 1 ErbStR). Das bedeutet,

[11] Vgl. Wollny (2005), S. 413; BFH vom 22.5.2002, II R 61/99, BStBl. II 2002, S. 598.
[12] Vgl. Schoenfeld (1984), S. 426.
[13] Für Details zur Behandlung von Sonderfällen vgl. Mannek (2005a), S. 2809-2830.
[14] Vgl. Haas/Christoffel (2001), S. 72.
[15] Vgl. Ballwieser (2007), S. 193.
[16] Vgl. Ernst/Schneider/Thielen (2003), S. 2.
[17] Vgl. Drukarczyk (2001), S. 123.
[18] Sieben und Lutz setzen die Begriffe Substanzwert und Reinvermögen gleich und verwendeen zusätzlich die Definition des Vermögenswertes, siehe Sieben/Lutz (1983), S. 1990.

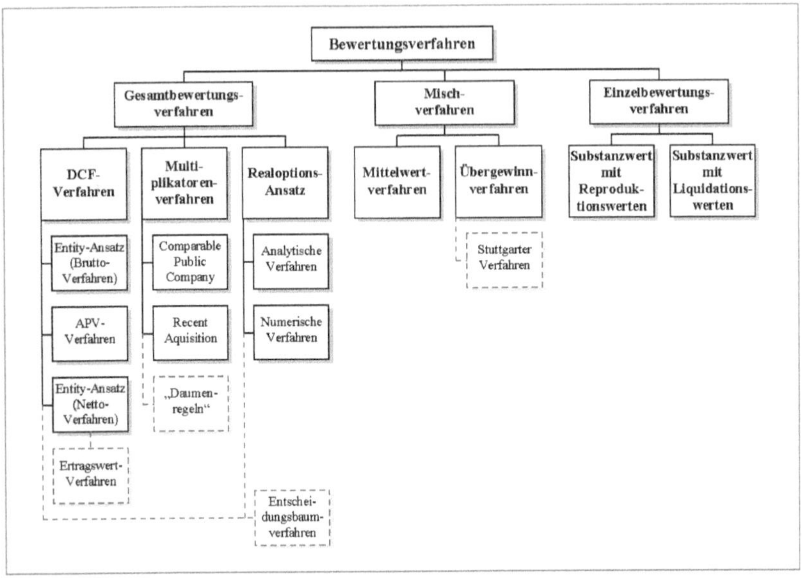

Abbildung 2.1: Überblick über die Verfahren der Unternehmensbewertung

dass der Unternehmenswert dem Substanzwert entspricht, es sei denn, die tatsächliche Rentabilität weicht vom jeweiligen Vergleichszins ab. In diesem Fall erfolgt eine Korrektur des Unternehmenswertes um den verfünffachten gewichteten durchschnittlichen Mehr- oder Mindergewinn. Die Erträge des alternativen Investments ergeben sich aus dem hypothetischen Kaufpreis, respektive dem gemeinen Wert des Stuttgarter Verfahrens SV, und dem Zinssatz i_{SV}. Die geltenden Erbschaftsteuerrichtlinien definieren den vorhersehbaren Zeitraum T mit 5 Jahren und den Zinssatz der Alternativanlage i_{SV} mit 9%.
Daraus ergibt sich folgende Bewertungsformel für den Unternehmenswert:[19]

$$SV = VW + 5 \times (E - i_{SV} - SV).$$

Ersetzt man i_{SV} mit 9% und löst die Formel nach SV auf, ergibt sich:

$$SV = 0,6897 \times (VW + 5E).$$

Aus Vereinfachungsgründen wird auf 0,68 gerundet. Unternehmenswert, Vermögenswert und Ertragshundertsatz werden in Relation zum Nennkapital des zu bewertenden Unternehmens gesetzt. Dies erleichtert die Bewertung, wenn der Steuerpflichtige nicht alle

[19] Die Bewertungsformel des Stuttgarter Verfahrens ähnelt damit sehr stark dem von U.E.C.-Kommission zur „Bewertung von Unternehmungen und Unternehmungsanteilen“ (Union Europėene des Experts Comptables, Economiques et Financiers) vorgeschlagenen Verfahren. Zur Diskussion über das U.E.C.-Bewertungsverfahren vergleiche Heigel (1962), S. 513-528. Ein verallgemeinerter Vergleich der verschiedenen Bewertungsverfahren findet sich bei Jacob (1960a), S. 131-147 und Jacob (1960b), S. 209-222; Viel/Bredt/Renard (1971), S. 40.

Anteile am Unternehmen hält. Die Beteiligung am Gewinn und Vermögen richtet sich in der Regel nach dem Verhältnis der Anteile am Nennkapital.[20] Bei der Ermittlung des Nennkapitals ist nicht relevant, ob es vollständig eingezahlt ist oder ob mit der Einzahlung des Restkapitals gerechnet werden kann. Lediglich in Fällen, in denen vertraglich vereinbart wurde, dass die Beteiligung am Gewinn und Vermögen der Gesellschaft von der Höhe des eingezahlten Nennkapitals abhängt, sind Vermögenswert und Ertragshundertsatz auf Basis des tatsächlich eingezahlten Nennkapitals zu vergleichen.[21]

2.3 Vermögenswert

Der Vermögenswert entspricht dem Wert des Vermögens der Kapitalgesellschaft im Besteuerungszeitpunkt. Dabei wird der Wert zugrunde gelegt, der sich unter Anwendung des § 12 Abs. 2, 5 und 6 ErbStG ergibt. Ein bilanzierter Geschäfts- oder Firmenwert und firmenwertähnliche Wirtschaftsgüter dürfen jedoch nicht berücksichtigt werden (R 98 Abs. 1 ErbStR).[22] Des Weiteren können für Anteile an ausländischen Kapitalgesellschaften die Werte aus der Steuerbilanz übernommen werden, sofern dies im Einzelfall zu keinem unangemessen Anteilswert führt.

Da der Besteuerungszeitpunkt (z.B. Todestag des Erblassers) nur in den seltensten Fällen mit dem Ende des Wirtschaftsjahres übereinstimmt, ist die Aufstellung eines Zwischenabschlusses erforderlich. Die Wirtschaftsgüter dieser Zwischenbilanz müssen sowohl dem Ansatz nach als auch dem Wert nach den ertragsteuerlichen Vorschriften genügen. Da dies unweigerlich zu einem hohen Aufwand führen würde, hat der Richtliniengeber eine vereinfachte Wertermittlung ermöglicht. Die Finanzverwaltung lässt auch eine Vermögensauftellung zu, die aus der letzten Steuerbilanz vor dem Besteuerungszeitpunkt nach Korrekturen abgeleitet wird (R 98 Abs. 2 und 3 ErbStR).

Um den Wert des Betriebsvermögens zum Besteuerungszeitpunkt ermitteln zu können, muss zunächst eine sog. Vermögensaufstellung angefertigt werden. Dabei ist von den steuerlichen Bilanzansätzen für die Wirtschaftsgüter, sonstigen aktiven Ansätze, Schulden und sonstigen Abzüge auszugehen.[23] Grundsätzlich herrscht Bestandsidentität zwischen der Steuerbilanz auf den Besteuerungszeitpunkt und der Vermögensaufstellung. Dabei muss das Vermögen der Kapitalgesellschaft seit dem letzten Bilanzstichtag bis zum Besteuerungszeitpunkt weiter entwickelt werden. Die letzte Steuerbilanz, als Ausgangswert, wird

[20] Vgl. §§ 11, 60 AktG und §§ 19 Abs. 2, 72 GmbHG.

[21] R 97 Abs. 2 ErbStR.

[22] Ihr Beitrag zum Unternehmenswert wird bereits durch den Ertragshundertsatz abgedeckt und eine doppelte Erfassung wird vermieden; vgl. Gesetzesbegründung BT-Drucks. 12/1108. Liegen die Erträge über der Normalrendite von 9%, so erhöhen sie den Wert des Stuttgarter Verfahrens. Diese Überrenditen können z.B. durch immaterielle Wirtschaftsgüter, wie Marken oder Patente, begründet sein.

[23] Christoffel (1993), S. 206, schätzt die Unterbewertung durch Übernahme der Steuerbilanzwerte auf ca. 25-33% bezogen auf die Einheitswertfeststellung zu Teilwerten.

zunächst um den Gewinn oder Verlust, der seit dem letzten Bilanzstichtag erwirtschaftet wurde, korrigiert. Das Betriebsergebnis und die Abschreibungen sind zeitanteilig aus den entsprechenden Jahresergebnissen zu berechnen (R 98 Abs. 3 ErbStR). Dennoch wird der Grundsatz der Bestandsidentität durch explizit in der ErbStR genannte Ausnahmen durchbrochen (R 98 Abs. 2 Satz 2 i.V.m. R 114 Abs.1 und 2 ErbStR). In den genannten Fällen ist eine Sonderbewertung erforderlich.

Position	**Wertansatz**	**Rechtsgrundlage**
Betriebsgrundstücke	Grundbesitzwert (Bedarfswert)	§ 12 Abs. 3 ErbStG; §§ 138 ff. BewG
Anteile an Personen-gesellschaften	anteiliger Wert am Betriebsvermögen	§ 12 Abs. 5 ErbStG; § 97 Abs. 1a BewG
notierte Wertpapiere	niedrigster Kurswert	§ 12 Abs. 5 Satz 3 ErbStG; § 11 Abs. 1 BewG
nichtnotierte Anteile an Kapitalgesellschaften	gemeiner Wert	§ 12 Abs. 5 Satz 3, Abs. 2 ErbStG; § 11 Abs. 2 BewG

Tabelle 2.1: Bewertungsrechtliche Sonderregelungen bei der Ermittlung des Vermögens der Kapitalgesellschaft

Eine Abweichung von dieser Bewertungsidentität erfolgt u.a. für Betriebsgrundstücke, Anteile an Personengesellschaften, börsennotierte Wertpapiere und bei nichtnotierten Anteilen an Kapitalgesellschaften (R 98 Abs. 2 Satz 3 ErbStR).[24] Für diese Vermögenspositionen gelten die in Tabelle 2.1 dargestellten Wertansätze. Für die Wertansätze der Beteiligungen der zu bewertenden Kapitalgesellschaft müssen somit die gleichen Vorschriften angewendet werden, wie für das Unternehmen selbst. Lediglich Betriebsgrundstücke weichen hiervon ab. Für sie gilt der Grundbesitzwert, der sich entweder nach dem um 20% ermäßigten Bodenrichtwert (§ 145 Abs. 3 BewG) oder dem 12,5fachen der Jahresnettokaltmiete (§ 146 Abs. 1 BewG) bestimmt.

Weiterhin sind einige Korrekturen vorzunehmen. Sämtliche Abschreibungen, die im Zusammenhang mit Betriebsgrundstücken seit dem letzten Bilanzstichtag vorgenommen wurden, müssen dem Gewinn und damit dem Vermögenswert wieder hinzugerechnet werden (R 98 Abs. 3 Satz 2 Nr. 1 ErbStR). Durch den Wertansatz der Betriebsgrundstücke wurden diese Aufwendungen bereits erfasst. Haben sich im gleichen Zeitraum erfolgswirksame Vermögensänderungen bei Beteiligungen an Personen- und Kapitalgesellschaften, notierten Wertpapieren und Derivaten ergeben, so sind diese ebenso zu korrigieren. Vermögensabflüsse, z.B. durch Gewinnausschüttungen und Kapitalherabsetzungen, müssen vom Betriebsvermögen abgezogen Vermögenszuflüsse, z.B. durch Kapitalerhöhungen oder

[24] Vgl. Lorenz/Oswald/Renner (2003), S. 366.

verdeckte Einlagen, hinzugerechnet werden.

Die bewerteten Wirtschaftsgüter und sonstigen aktivischen Ansätze sind um die bewerteten Schulden und sonstigen Abzüge zu verringern.[25] Der Vermögenswert entspricht somit dem Reinvermögen des Unternehmens. Ergibt sich ein negativer Vermögenswert, da die Passiva die Aktiva übersteigen, so ist dieser zu verwenden.[26] Der so errechnete Wert des Gesellschaftsvermögens wird zum Nennkapital der Gesellschaft ins Verhältnis gesetzt. Dieser Hundertsatz stellt für die weiteren Berechnungen den Vermögenswert der Kapitalgesellschaft dar (R 98 Abs. 4 ErbStR).

$$Vermögenswert = \frac{Vermögen}{Nennkapital} \times 100$$

Der Vermögenswert kann nicht als Reproduktionswert interpretiert werden, da die immateriellen Wirtschaftsgüter nicht berücksichtigt werden. Es handelt sich hierbei lediglich um einen Teilreproduktionswert. Begründet wird dieses Vorgehen in der Regel mit den Schwierigkeiten, diese Vermögensgegenstände korrekt zu bewerten und man beschränkt sich stattdessen auf die sicher schätzbaren Werte.[27] Allerdings setzt dies die Verwendung gegenwartsbezogener Reproduktionswerte voraus.

2.4 Ertragshundertsatz

Nachdem der Vermögenswert bemessen wurde, sind die zukünftigen Ertragsaussichten der Kapitalgesellschaft zu schätzen. Ziel des Ertragshundertsatzes ist die Ermittlung eines Ertragswertes, der in der Lage ist, die mit der Investition verbundene Rendite zu prognostizieren.[28] Er leitet den voraussichtlichen künftigen Jahresertrag von den in der Vergangenheit tatsächlich erzielten gewichteten Durchschnittserträgen der letzten drei Wirtschaftsjahre vor dem Besteuerungszeitpunkt ab. Hierdurch beabsichtigt die Finanzverwaltung, eine Objektivierung der Ermittlung der künftigen Entnahmemöglichkeiten zu erreichen. Durch das Ansatzverbot von Prognosezahlen soll vermieden werden, dass der Bürger seine Steuerlast selbst festsetzt.[29] Dabei ist vom zu versteuernden Einkommen, das nach §§ 7 und 8 KStG ermittelt wurde, als Ertragsgröße auszugehen. Die Ertragsaussichten beziehen sich auf den Teil der künftigen Gewinne, der für eine mögliche Ausschüttung an die Gesellschafter zur Verfügung steht. Das körperschaftsteuerliche Einkommen ist daher noch um Einnahmen und Ausgaben zu korrigieren, die nach dem KStG nicht angesetzt werden, jedoch für die Frage, was die Kapitalgesellschaft tatsächlich erwirtschaftet hat und künftig voraussichtlich erwirtschaften und ausschütten kann, von Bedeutung sind.[30]

[25] Vgl. Haas/Christoffel (2001), S. 73.
[26] Im Gegensatz hierzu führt ein negativer Durchschnittsertrag zu einem Ertragshundertsatz von null (R 99 Abs. 4 ErbStR).
[27] Vgl. Schmalenbach (1966), S. 62-70.
[28] Vgl. Hübner (1993), S. 1658.
[29] Vgl. Schneider (1978), S. 31.
[30] Vgl. Wollny (2005), S. 413.

Folgende Hinzurechnungen gem. R 99 Abs. 1 Nr. 1 ErbStR sind zu berücksichtigen, um das nachhaltig erzielbare Ergebnis zu ermitteln:

1. Sonderabschreibungen oder erhöhte Absetzungen, Bewertungsabschläge, Zuführungen zu steuerfreien Rücklagen sowie Teilwertabschreibungen;
2. Absetzungen auf den Geschäfts- oder Firmenwert oder auf firmenwertähnliche Wirtschaftsgüter;
3. ein Verlustabzug, auch wenn er in einem Jahr außerhalb des für die Ermittlung des Durchschnittsertrags maßgebenden Zeitraums entstanden ist;
4. einmalige Veräußerungsgewinne;
5. steuerfreie Vermögensmehrungen;
6. Investitionszulagen, soweit in Zukunft mit weiteren zulagebegünstigten Investitionen in gleichem Umfang gerechnet werden kann.

Abzuziehen sind gem. R 99 Abs. 1 Nr. 2 ErbStR

1. einmalige Veräußerungsgewinne, gewinnerhöhende Auflösungsbeträge steuerfreier Rücklagen, Teilwertzuschreibungen;
2. nichtabziehbare Ausgaben - einschließlich des Solidaritätszuschlags; Aufsichtsratsvergütungen sind zur Hälfte abzuziehen;
3. die Körperschaftsteuer.

Diese Korrekturen sollen einmalige, außergewöhliche und Sondereffekte eliminieren, die eine Verzerrung des betriebsgewöhnlichen Ergebnisses verursachen. Erst danach kann ein Bild von der tatsächlichen Ertragskraft des Unternehmens gezeichnet werden. Die drei einzelnen Betriebsergebnisse sind gesondert zu ermitteln (R 99 Abs. 1 Satz 6 ErbStR).

Von dem so errechneten Betriebsergebnis kann ein bis zu 30-prozentiger Abschlag erfolgen, wenn „[...] ohne Einsatz eines größeren Betriebskapitals der Ertrag ausschließlich und unmittelbar von der persönlichen Tätigkeit des Gesellschafter-Geschäftsführers abhängig ist, ohne dass dies bereits durch ein entsprechendes Entgelt abgegolten wird“. Die ErbStR nennt hierfür explizit die „[...] Angehörigen freier Berufe, wie Steuerberater und Wirtschaftsprüfer, sowie bestimmte selbständige Gewerbetreibende, z.B. Handelsvertreter, Makler oder Unternehmensberater“ (R 99 Abs. 2 ErbStR). Diese Regel soll berücksichtigen, dass in den Fällen, in denen der wirtschaftliche Erfolg wesentlich von den persönlichen Kenntnissen und Fähigkeiten des Gesellschafter-Geschäftsführers abhängt, das Betriebskapital nicht so stark gewichtet wird.[31] Die Höhe der Abschläge ist vollkommen willkürlich und an keinen bekannten oder theoretisch fundierten Maßstab angelehnt.[32]

[31] Vgl. Eisele (2004b), S. 346.
[32] Vgl. auch Bolsenkötter (1969), S. 428.

Die einzelnen Betriebsergebnisse werden gewichtet, um der Forderung des Bundesverfassungsgerichts nach einer gegenwartsnahen Bewertung nachzukommen.[33] Ziel ist hierbei die bestmögliche Schätzung der Ertragsaussichten im Besteuerungszeitpunkt. Für die ggf. um einen Abschlag gekürzten Betriebsergebnisse ist folgende Gewichtung vorzunehmen:

- das letzte Betriebsergebnis vor dem Besteuerungszeitpunkt mit dem Faktor drei,
- das vorletzte mit dem Faktor zwei und
- das vorvorletzte mit dem Faktor eins.

Die sich aus den gewichteten Betriebsergebnissen ergebende Summe ist sodann durch die Zahl sechs zu teilen. Der daraus resultierende Durchschnittsertrag (= Jahresertrag) ist mit dem Nennwert der Kapitalgesellschaft ins Verhältnis zu setzen und stellt den Ertragshundertsatz dar (R 99 Abs. 3 und 4 ErbStR).

$$Ertragshundertsatz = \frac{Jahresertrag}{Nennwert} \times 100$$

Falls sich ein negativer Durchschnittsertrag aus den Betriebsergebnissen ergibt, wird ein Ertragshundertsatz von 0 v.H. angenommen (R 99 Abs. 4 Satz 2 ErbStR).

2.5 Zu- und Abschläge vom gemeinen Wert

Durch R 100 Abs. 3 Satz 1 ErbStR wird die Möglichkeit eingeräumt, besondere Umstände, die sich in der bisherigen Berechnung noch nicht hinreichend niedergeschlagen haben, durch Zu- und Abschläge vom gemeinen Wert nach R 100 Abs. 2 ErbStR einzubeziehen. Als in der Bewertungspraxis besonders bedeutsam ist dabei der Abschlag wegen „unverhältnismäßig geringer Erträge“, der in R 100 Abs. 3 ErbStR explizit als Beispiel dargestellt wird. Dieser Abschlag ist vorzunehmen, wenn die Rendite, ausgedrückt als Quotient aus Ertragshundertsatz zu Vermögenswert, geringer als 4,5% ist. Für jedes Intervall von 0,45%-Punkten, das unter der Rendite von 4,5% liegt, ist ein Abschlag von 3% vom gemeinen Wert vorgesehen. Die Richtlinie staffelt die Abschläge zur einfacheren Handhabung in der Praxis wie folgt:[34]

Renditeminderung bis v.H.	4,05	3,60	3,15	2,70	2,25	1,80	1,35	0,90	0,45	0
Abschlag in v.H.	3	6	9	12	15	18	21	24	27	30

Tabelle 2.2: Staffelung der Renditeabschläge

[33] Vgl. BVerfG vom 22.6.1995, II BvR 552/91, BStBl II 1995, S. 671.
[34] Vgl. Viskorf (2001), Rz. 74.

Bei einem Ertragshundertsatz von 0 beträgt der Unternehmenswert nach dem Stuttgarter Verfahren somit 47,6%[35] des Vermögenswerts (R 100 Abs. 3 ErbStR).

In R 100 Abs. 4 ErbStR werden noch weitere Anlässe aufgeführt, bei denen ein Abschlag in Betracht kommt oder verboten ist. So kann es zu einem Abschlag wegen schwerer Veräußerbarkeit der Anteile kommen, soweit die Schwierigkeiten nicht auf einer Verfügungsbeschränkung beruhen, die sich die Gesellschafter selbst durch eine entsprechende Bestimmung in ihrer Satzung auferlegt haben oder ein Abschlag, falls der Besitz von Anteilen keinen Einfluss auf die Geschäftsführung zulässt (R 101 Abs. 1 ErbStR).[36]

2.6 Kritische Betrachtung des Stuttgarter Verfahrens

2.6.1 Vermögenswert

Die Steuerbilanzwerte als Ausgangsgröße für den Vermögenswert wurden mit dem Steueränderungsgesetz 1992 eingeführt.[37] Damit lösen sie den bis dahin geltenden Teilwertansatz ab. Ziel der Erbschaft- und Schenkungsteuer ist eine möglichst gerechte Steuerlastverteilung, die sich an der wirtschaftlichen Leistungsfähigkeit des Steuerpflichtigen orientiert. Bei der Bestimmung des Vermögenswertes im Feststellungszeitpunkt mit Hilfe der Einheitswertfeststellug für Betriebsvermögen wird das hiermit verbundene Ziel der Besteuerung nach der wirtschaftlichen Leistungsfähigkeit mit der Übernahme der Steuerbilanzwerte jedoch nicht erreicht.[38] Da die Wertansätze der einzelnen Wirtschaftsgüter, die zum Vermögenswert führen, auf den steuerbilanziellen Regelungen basieren, ist der Vermögenswert in gleichem Maße vom Vorsichtsprinzip geprägt.[39] Becker und Horn bemängeln, dass die Verwendung von steuerbilanziellen Werten oft zu einem zu niedrigen Vermögenswert führt.[40] Dies bedeutet u.a., dass stille Reserven nicht aufgedeckt und immaterielle Vermögensgegenstände nicht berücksichtigt werden. Während in der Ertragsteuerbilanz die Bildung stiller Reserven mit der Begründung zugelassen wird, dass das Vermögen ertragsteuerlich verhaftet bleibt, führt sie bei den Substanzsteuern zu einem Verzicht auf Besteuerung.[41]

Herzig und Kessler stellen fest, dass die Spannbreite möglicher Steuerbilanzansätze und -werte besonders stark von der Bilanzpolitik des Unternehmens abhängt.[42] Der gestalterische Spielraum für Bilanzpolitik ist nach Küting in keinem Land so groß wie in Deutsch-

[35] $SV = 0,68VW \times (1 - 0,3) = 0,476$.
[36] Vgl. Eisele (2004b), S. 347 und Eisele (2001), S. 423; R 100 Abs. 4 ErbStR nennt noch weitere Gründe für die Zulässigkeit und Unzulässigkeit von Abschlägen, die an dieser Stelle nicht weiter erläutert werden.
[37] StÄndG 1992 v. 25.2.1992, BGBl. I 1992, S. 297.
[38] Vgl. Oestreicher (2003), S. 332.
[39] Vgl. Bolsenkötter (1969), S. 427-428.
[40] Vgl. Becker/Horn (2005), S. 1081; auch Lorenz/Oswald/Renner (2003), S. 360.
[41] Vgl. Oestreicher (2003), S. 333.
[42] Vgl. Herzig/Kessler (1994), S. 14.

land, wie man daran erkennen kann, dass für ein einzelnes Unternehmen sehr unterschiedliche Abschlüsse durch die Ausübung von Wahlrechten möglich sind.[43] Moench bezeichnet den Aussagegehalt der Bilanz gar als „Etikettenschwindel".[44] Die Verknüpfung der Vermögensaufstellung mit der Steuerbilanz führt nach Hübner zu einer „willkürlichen Bemessungsgrundlage", „die vom jeweiligen Besteuerungsgegenstand völlig losgelöst sind." Er zeigt an einigen Beispielen, wie unterschiedlich die steuerlichen Bemessungsgrundlagen bei wirtschaftlich gleichen Sachverhalten in Abhängigkeit von bilanzpolitischen Entscheidungen ausfallen.[45] Er führt aus, dass die Übernahme von Steuerbilanzwerten „den Verzicht auf einen sach- und systemadäquaten Bewertungsmaßstab und damit auf eine Bewertung an sich"[46] bedeutet. Sachfremde Ergebnisse seien die logische Folge des Ausschlusses sachgerechter Korrekturen. Hierdurch entstünden höhere Differenzen und größere Schwankungen zum gemeinen Wert.[47]

Die Übernahme der für die steuerliche Gewinnermitlung maßgeblichen Grundsätze führt zwar zu einer Steuervereinfachung, diese wird jedoch auf Kosten einer sachgerechten Besteuerung erkauft.[48] Problematisch ist weiterhin die Bewertung einzelner Wirtschaftsgüter mit anderen als steuerbilanziellen Werten. Ob die Verwendung von Grundbesitzwerten gem. § 12 Abs. 3 BewG anstelle von fortgeführten Anschaffungs- und Herstellungskosten zu einem Unternehmenswert führt, der näher an Marktwerten liegt, ist zweifelhaft und hängt zudem vom Einzelfall ab.[49] Seer stellt das Stuttgarter Verfahren als Ganzes in Frage, da die „Ergebnisse eher zufällig sind und mit den Verkehrswerten nichts gemein haben." Er begründet dies mit der Übernahme der Steuerbilanzwerte und dem Ansatz der Grundbesitzwerte zu Einheitswerten.[50] Eine Vielzahl von Problemfeldern im Zusammenhang mit der Vermögensaufstellung zu Steuerbilanzwerten wird von Hübner aufgezeigt. So gibt es viele Zweifelsfragen hinsichtlich der Bestandsidentität und der Bewertungsidentität zwischen Steuerbilanz und Vermögensaufstellung.[51]

Dagegen führt Seer an, dass durch die Verwendung der Steuerbilanzwerte die bis zum StÄndG 1992 geltende Doppelbesteuerung stiller Reserven verhindert wird. Da stille Reserven als Differenz von Steuerbilanz- und Verkehrswerten bei Veräußerungsvorgängen auch ertragsteuerlich erfasst werden, bedeutet die Berücksichtigung in der Bemessungsgrundlage der ErbSt eine Doppelbelastung.[52] Außerdem wird hierdurch das Problem der Behandlung der latenten Einkommensteuerbelastung bei der ErbSt gelöst. Die Vermei-

[43] Vgl. Küting (1997), S. 91.
[44] Vgl. Moench (1995), § 12 ErbStG Rz. 27.
[45] Vgl. Hübner (1995), S. 1-7.
[46] Hübner (1993), S. 1657.
[47] Vgl. Hübner (1995), S. 1; Jülicher (2007), Rz. 305.
[48] Vgl. Oestreicher (2003), S. 334.
[49] Vgl. Bach/Broekelschen/Maiterth (2006a), S. 1961-1968.
[50] Seer (1993), S. 127.
[51] Vgl. Hübner (2000), S. 1205-1215.
[52] Vgl. Seer (1997), S. 283-297.

dung der Doppelbesteuerung kann nur gelingen, wenn die Erbschaftsteuer nur das zugewandte Reinvermögen besteuert und keine Überschneidungen mit der Einkommensteuer entstehen. Damit darf nur der Vermögenszuwachs mit der Erbschaftsteuer belegt werden, der beim Bereicherten nicht der Einkommensteuer unterliegt. Die hierfür notwendige konsequente Umsetzung der Bestands- und Bewertungsidentität von Steuerbilanz und Vermögensaufstellung wird jedoch an verschiedenen Stellen, z.B. bei Grundstücken, verletzt.[53]

2.6.2 Ertragshundertsatz

Analog zum Vermögenswert wird auch der Ertragshundertsatz durch die Vorschriften des EStG und des KStG bestimmt und unterliegt dem Vorsichtsprinzip. Moxter stellt fest, dass das Stuttgarter Verfahren nur dann zu sinnvollen Ergebnissen führt, wenn der Ertragswert über dem Vermögenswert liegt.[54] Zusätzlicher Gestaltungsspielraum, der durch Sonderabschreibungen oder die Steuerfreiheit bestimmter Erträge entsteht, wird durch die verpflichtenden Korrekturen jedoch eingeschränkt.[55] Insbesondere Unternehmen, deren Aufwendungen und Erträge starken Schwankungen unterliegen (z.B. Rohstoffpreise) oder die in hohem Maße von Konjunkturzyklen abhängen (z.B. Einzelhandel oder Baugewerbe), können von einer Über- oder Unterbewertung betroffen sein. Als weitere Beispiele seien Unternehmen genannt, die nach einer ertragschwachen Phase wieder Gewinne erzielen, die zukünftigen Erträge somit deutlich zu niedrig sind, oder Unternehmen, deren Absatz durch veränderte Rahmenbedingungen zurückgeht und die zukünftigen Erträge zu hoch eingeschätzt werden. Dieses Problem kann durch die Gewichtung der historischen Erträge verschärft werden. 50% der Ertragsprognose basieren auf dem letzten Betriebsergebnis. Grundsätzlich problematisch ist die Annahme, dass historische Erträge als Grundlage für die Prognose der zukünftigen Erträge verwendet werden.[56] Dies kann nur dann gelten, wenn das letzte Jahr im besonderen Maße repräsentativ für die tatsächliche künftige Entwicklung ist. Ansonsten müssen alle Faktoren, die den zukünftigen Ertrag, seien es unternehmensspezifische oder branchenbedingte Einflüsse, berücksichtigt werden.[57] Bellinger vertritt die Position, dass es das Prinzip der Stichtagsbezogenheit gebietet, nur die Ertragsaussichten in die Ertragswertverfahren mit einzubeziehen, die am Bewertungsstichtag erwiesenermaßen bestehen und auch in der Zukunft Bestand haben werden.[58] Im Rahmen der schenkungsteuerlichen Behandlung einer Unternehmensnachfolge liegt es nahe, dass das Betriebsergebnis des letzten Jahres vor dem Besteuerungszeitpunkt bewusst niedrig gehalten wird, um den Ertragshundertsatz zu minimieren. Die Wirkung von bilanzpolitischen Maßnahmen erstreckt sich zudem nicht nur auf den Vermögenswert, sondern auch auf den Ertragshundertsatz. Allerdings wird der Einfluss durch

[53] Vgl. Seer (1999), S. 65.
[54] Vgl. Moxter (1983), S. 71.
[55] Vgl. Hübner (1993), S. 1657.
[56] Vgl. Bolsenkötter (1969), S. 422.
[57] Vgl. Hartmann (1962), S. 37.
[58] Vgl. Bellinger (1980), S. 583.

die verschiedenen Modifikationen vom körperschaftsteuerlichen Einkommen hin zum Ertragshundertsatz reduziert.[59]

2.6.3 Alternativrendite

Die alternative Anlage, die als Vergleichsmaßstab für den Ertragshundertsatz und damit als Normalrendite fungiert, verzinst sich gemäß den Erbschaftsteuerrichtlinien mit 9%. Göllert und Ringling kritisieren, dass durch die Annahme eines konstanten Zinssatzes kein Risiko berücksichtigt wird.[60] Allerdings zeigt sich, dass der Alternativzins immer über der Rendite einer risikofreien Anlage am Kapitalmarkt liegt. Mannek bezeichnet die Normalverzinsung einer Kapitalanlage mit 9% als „Garantie für eine konsequente Unterbewertung von Anteilen."[61] Der zusätzliche Aufschlag bewirkt somit zumindest eine grobe Berücksichtigung des unternehmerischen Risikos.[62] In der Vergangenheit wurden an dieser Stelle immer wieder Anpassungen vorgenommen. So betrug der Zinssatz von 1989 bis 1991 8%, von 1992 bis 1993 10% und seit 1994 9%. Dieser Zinssatz liegt damit sogar noch leicht über der langfristigen Performance des Deutschen Aktien Index CDAX.[63] Somit ist davon auszugehen, dass im Anwendungskreis des Stuttgarter Verfahrens nur verhältnismäßig wenige Unternehmen Übergewinne erzielen und der Unternehmenswert damit nur in diesen Fällen über dem Vermögenswert liegt.[64] Der tatsächliche Einfluss des Ertragshundertsatzes wird durch die unterstellte relativ hohe Alternativrendite deutlich reduziert.

2.6.4 Vorhersehbarer Zeitraum

Über die Dauer der Überrendite soll das Risiko in der Bewertung berücksichtigt werden.[65] Die Festlegung des vorhersehbaren Zeitraums auf fünf Jahre deckt sich mit der üblichen Bewertungspraxis und der Empfehlung des Instituts der Wirtschaftsprüfer für die Detailplanungsphase. Gemeinhin wird vorgeschlagen, dass eine detaillierte Vorhersage für einen Abschnitt zwischen drei und fünf Jahren zu verlässlichen Schätzungen führt.[66] Bei Branchen, bei denen eine längere Prognose möglich ist, werden hierdurch jedoch verfügbare Informationen bei der Bewertung vernachlässigt. Das Stuttgarter Verfahren unterstellt implizit, dass nach fünf Jahren keine Übergewinne mehr erzielt werden und der Buchwert des Eigenkapitals eine Normalrendite erwirtschaftet. Bei ertragsstarken Unternehmen führt dieser Ansatz zu einer zu vorsichtigen Bewertung. Ertragsschwachen Unternehmen wird jedoch unterstellt, dass auch sie nach Ablauf der Fünfjahresfrist eine

[59] Vgl. Rödder (1994), S. 238.
[60] Vgl. Göllert/Ringling (1999), S. 518.
[61] Mannek (2005b), S. 2796.
[62] Vgl. auch Hartmann (1962), S. 38.
[63] Vgl. Stehle (2004), S. 924-925.
[64] Vgl. Christoffel (1993), S. 206.
[65] Vgl. Bolsenkötter (1969), S. 425.
[66] Vgl. IDW (2002), S. 61 Rz. 183.

Normalrendite erwirtschaften. Durch dieses Vorgehen kann also der gegenteilige Effekt auftreten. Der vorhersehbare Zeitraum muss immer im Zusammenhang mit dem Zinssatz betrachtet werden, da beide Parameter gemeinsam einen Einfluss auf das Ausmaß der Korrektur des Vermögenswertes durch den Ertragswert haben.

Obwohl in dem Wortlaut der ErbStR von einem Zeitraum die Rede ist, findet die Komponente Zeit keine Berücksichtigung in der Bewertungsformel. Ansonsten müssten die die Normalrendite übersteigenden Erträge im Verhältnis zu ihrer zeitlichen Realisation diskontiert werden.[67] Das Stuttgarter Verfahren verwendet jedoch vereinfachend den Faktor fünf für den Übergewinn.

2.6.5 Bewertungssystematik

Neben den einzelnen Wertbestandteilen steht insbesondere die Bewertungssystematik des Stuttgarter Verfahrens im Kreuzfeuer der Kritik. Das Stuttgarter Verfahren wird von Moench und Höll als eine mit den „Schwächen einer durch starke Typisierungen auf eine Massenbewertung zugeschnittene[n] Schätzungsmethode mit einer anzweifelbaren Mischung von Elementen der Substanz- und Ertragsbewertung“[68] bezeichnet. Seer hält das Stuttgarter Verfahren für einen „Etikettenschwindel“, da das Verfahren aufgrund seiner Systematik das Bewertungsziel, die Bestimmung eines gemeinen Wertes, gar nicht erreichen kann.[69] Eine an äußerlichen Merkmalen orientierte „Notlösung“, die die verborgenen Werte der einzelnen Betrieb nicht erfassen kann, ist das Verfahren in den Augen von Friedrich.[70]

Ein häufig vorgebrachtes Argument für die Schwäche des Stuttgarter Verfahrens ist die ausgeprägte Substanzwertorientierung.[71] Insbesondere bei Dienstleistungsunternehmen führt das Stuttgarter Verfahren zu unbefriedigenden Ergebnissen, da der Wert dieser Unternehmen weniger in der Substanz als vielmehr in der Ertragskraft begründet ist. Bei diesen Unternehmen ist es besonders nachvollziehbar, dass der Substanzwert niemals $\frac{2}{3}$ des Unternehmenswertes ausmachen kann. Der wertbestimmende Faktor dieser Unternehmen liegt vielmehr in der nachhaltigen Ertragskraft.[72]

Akzeptiert man die Kombination aus Substanz- und Ertragskomponente, so führen auch dann verschiedene systematische Schwächen innerhalb der Methodik zu Inkonsistenzen und damit zu Bewertungsfehlern. Bölsenkötter kritisiert, dass die Korrektur des Vermögenswertes durch den Übergewinn linear und nicht progressiv erfolgt und dass die Normal-

[67] Vgl. Hartmann (1962), S. 40.
[68] Moench/Höll (1997), S. 189.
[69] Vgl. Seer (1999), S. 68.
[70] Vgl. Friedrich (1982), S. 613.
[71] Vgl. insbes. Moxter (1976), S. 1585-1589.
[72] Vgl. Wollny (2005), S. 414.

verzinsung vom vierten Jahr an eine „willkürliche Annahme" sei.[73] Außerdem bemängelt er die Berechnung der Normalrendite auf Basis des gesuchten Gesamtwertes und nicht des Vermögenswertes.[74] Vossloh kritisiert den additiven Charakter des Ertragshundertsatzes im Stuttgarter Verfahren. Dadurch ist der Einfluss des Ertragswertes bei hohem Vermögenswert geringer als bei kleinem Vermögenswert.[75] Ferner stehen einzelne Teilaspekte, wie z.B. das Verbot eines negativen Ertragshundertsatzes[76] oder das Verbot des Abzugs der latenten Ertragsteuerbelastung[77] in der Kritik.

Befürworter für ein Kombinationsverfahren aus Substanz- und Ertragswert sind Koch und Hagest, die ihre Argumentation auf die volkswirtschaftliche Wert- und Preislehre stützen. Der gemeine Wert als „innerer" Wert wird von Hagest folgendermaßen definiert: „In einem ausgeglichenen Markt wird der Preis eines Gutes bestimmt, einmal durch die Erzeugungskosten und zum andere durch den aus dem Gut zu erzielenden Nutzen [...] für die Unternehmung (werden) diese beiden Preisfaktoren dargestellt durch den Substanz- und Ertragswert. Sie sind deshalb die beiden Elemente, aus denen sich der gemeine Wert einer Unternehmung zusammensetzt."[78] „Soll dieser der objektive Wert, der gemeine Wert sein, so wird er eine Synthese vom Ertragswert und Substanzwert sein müssen."[79]

Insgesamt gilt die geltende Methodik als zu grob und zu starr.[80] Dadurch wird die Eigenart des zu bewertenden Unternehmens nur zufällig abgebildet. Bewertungsfehler sind die logische Folge. In der Literatur wird im Grunde die Gesamtkonzeption des Verfahrens aus betriebswirtschaftlicher Sicht abgelehnt.[81] Dies wird insbesondere mit der fehlenden Berücksichtigung zukünftiger Cashflows oder Erträge begründet.

2.7 Diskussion der erbschaftsteuerlichen Verfassungsmäßigkeit in der Literatur

Neben den Arbeiten, die sich mit den Stärken und Schwächen des Stuttgarter Verfahrens beschäftigen, gibt es eine Vielzahl von Autoren, die die Verfassungsmäßigkeit der Erbschaftsteuer aufgrund der genannten Bewertungsprobleme des Stuttgarter Verfahrens in Frage stellen. Die Verletzung des Gleichheitssatzes nach Art. 3 GG durch die Bewer-

[73] Zum Zeitpunkt der Veröffentlichung betrug die Übergewinndauer noch drei Jahre.
[74] Vgl. Bolsenkötter (1969), S. 418-419. Vgl. die Kritik von Bartke und Heigel am Formelansatz; Bartke (1962), S. 165-170; Heigel (1962), S. 517.
[75] Vgl. Vossloh (1975), S. 281.
[76] Vgl. zum negativen Ertragshundertsatz Reimann (1982), S. 2153-2157; Ziegeler (1981), S. 1026-1029; Ziegeler (1983), S. 791-797; Moench (1977), S. 161.
[77] Vgl. u.a. Barth (1973a), S. 1140-1144 und Barth (1973b), S. 1202-1207; Bauer (1980a), S. 320-323 und Bauer (1980b), 370-375; Klinger (1963), S. 457-460; Fasold (1975), S. 1953-1955.
[78] Hagest (1950), S. 194.
[79] Koch (1939), S. 1365, zitiert bei Hagest (1950), S. 194.
[80] Vgl. Bolsenkötter (1969), S. 422; Moxter (1976), S. 1589.
[81] Vgl. Linke (1981), S. 55; Moxter (1976), S. 1585; Groh (1970), S. 749.

tung des Stuttgarter Verfahrens steht seit 1960 regelmäßig im Fokus der Diskussion. Nach Art. 3 GG gilt das Gebot der verhältnismäßigen Gleichheit aller Steuerpflichtigen. Demnach gilt die sog. horizontale Gerechtigkeit, wenn Individuen, die wirtschaftlich gleich leistungsfähig sind, steuerlich gleich behandelt werden.[82] Im Kontext der steuerlichen Unternehmensbewertung bedeutet dies, dass Unternehmen, die den gleichen ökonomischen Wert haben, auch für steuerliche Zwecke gleich bewertet werden müssen, damit die Voraussetzungen für eine gleichmäßige Bemessungsgrundlage erfüllt sind. Als Maßstab für den ökonomischen Wert gilt in der Regel der Verkehrswert, da dies der Wert ist, den ein rational handelnder Käufer seiner Investition beimisst.

Bereits 1960 sah Kremer den Gleichheitsgrundsatz verletzt.[83] Die Börsenkurse und die Bewertung nicht notierter Anteile unterschieden sich zu stark. Er bezieht sich auf das Urteil des BVerfG vom 23.10.1951, wonach der Gleichheitssatz verletzt ist, „wenn sich ein vernünftiger, sich aus der Natur der Sache ergebender oder sonstwie sachlich einleuchtender Grund für die gesetzliche Differenzierung oder Gleichbehandlung nicht finden läßt, kurzum, wenn die Bestimmung als willkürlich bezeichnet werden kann."[84] Als Auslöser dieses Zustandes sieht er jedoch nicht den Steuerwert, sondern das seiner Ansicht nach anormale Verhalten an den deutschen Börsen. Hier unterschieden sich Kurswert und innerer Wert der Aktie aus seiner Sicht zu stark.[85]

Durch das Steueränderungsgesetz von 1992 und die damit verbundenen Änderungen der Bewertungsvorschriften für Unternehmen entfachte sich die Diskussion um die Verfassungsmäßigkeit der Erbschaftsteuer erneut. Laut Becker und Horn liegt die Verletzung des Gleichheitsgrundsatz aus Art. 3 Abs. 1 GG vor, da wesentlich Gleiches ungleich behandelt wird.[86] Diese Ungleichbehandlung bezieht sich auf die erbschaftsteuerliche Bewertung von Anteilen an börsennotierten und nicht börsennotierten Unternehmen.[87] Liegen aktuelle Verkaufspreise oder zumindest Preise aus der jüngeren Vergangenheit vor, so werden die Unternehmen zu Verkehrswerten bewertet. Andernfalls stellt die Steuerbilanz die Ausgangsbasis für den Unternehmenswert dar. Die nicht börsennotierten Anteile, für die auch innerhalb des vergangenen Jahres kein Veräußerungserlös erzielt wurde, werden durch den Ansatz der niedrigen Steuerwerte in einer nicht gerechtfertigten Weise bevorzugt.[88] Durch das Prinzip der historischen fortgeführten Anschaffungs- und Herstellungskosten weichten diese Wert üblicherweise erheblich vom Verkehrswert der einzelnen Wirtschaftsgüter ab. Je nach Ausnutzung der handels- und steuerrechtlichen Ansatz- und Bewertungs-

[82] Vgl. Blankart (2003), S. 189.
[83] Kremer (1960), S. 1436.
[84] Kremer (1960), S. 1436; BVerfG 23.10.1951, 2 BvG 1/51, BVerfGE 1, S. 14.
[85] Vgl. Kremer (1960), S. 1434-1435.
[86] Vgl. Becker/Horn (2005), S. 1081-1083; ebenso Hottmann/Grobshäuser/Hübner et al. (2002), P Rz. 47.
[87] Zur Verletzung des Bewertungsgleichmaßes vgl. Tipke/Lang (2002), § 13 Rz. 53.
[88] Vgl. Bippus (1998), S. 229.

wahlrechte können diese Vermögenswerte vom Steuerpflichtigen sogar bestimmt werden.[89] Seer geht sogar davon aus, dass sich Steuer- und Marktwert nur zufällig entsprechen.[90] Maul argumentiert, dass Börsenkurse von Ertragserwartungen bestimmt werden und diese sind, „bezogen auf den Bewertungsstichtag, unabhängig vom Substanzwert".[91] Die Substanzwertorientierung des Stuttgarter Verfahrens verstößt somit gegen den Grundsatz der Gleichmäßigkeit der Besteuerung.

Diese Ungleichbehandlung stellt solange keinen Verfassungsbruch i.S.d. Art. 3 GG dar, wie sie sich aus volkswirtschaftlichen, sozialpolitischen, steuertechnischen und finanzpolitischen Gründen rechtfertigen lässt.[92] Die Verwendung der Steuerbilanzdaten wurde in der Gesetzesbegründung mit der Steuervereinfachung begründet, die alle am Besteuerungsprozess beteiligten Personen entlasten soll.[93] Die Steuervereinfachung hat jedoch zur Folge, dass die Bemessungsgrundlagen weniger präzise oder gar pauschal ermittelt werden. Einen gewissen Freiraum zur Typisierung aus Gründen der Praktikabilität hat der Gesetzgeber grundsätzlich. Jedoch muss eine gleichmäßige Behandlung im Sinne einer Typengerechtigkeit erfolgen, also der gleichmäßigen Behandlung eines typischen Tatbestands. Die „steuerlichen Vorteile der Typisierung müssen in einem rechten Verhältnis zu der mit der Typisierung notwendig verbundenen Ungleichheit der steuerlichen Belastung stehen."[94] Für eine verfassungskonforme Steuervereinfachung bedeutet das, dass nur relativ wenige Personen von der Ungleichbehandlung betroffen sein dürfen und die Verletzung der Gleichmäßigkeit nicht sehr stark ist.[95] Wie im Verlauf der Arbeit gezeigt wird, sind die Differenzen zwischen Steuer- und Marktwerten jedoch beträchtlich und betreffen auch die überwiegende Mehrheit der untersuchten Unternehmen.

Der Mittelstandsschutz, aus einer wirtschaftlich und/oder sozial motivierten Perspektive, könnte nach Becker und Horn grundsätzlich eine differenzierte Behandlung von börsennotierten und nicht börsennotierten Unternehmen rechtfertigen. Die Autoren legen jedoch nachvollziehbar dar, dass als Differenzierungskriterium der unterschiedlichen Behandlung nur die Börsennotierung greift. Die generelle Vermutung, dass börsennotierte Unternehmen einen weniger mittelständischen Charakter haben, als nicht börsennotierte Unternehmen reicht nach ihrem Dafürhalten nicht für eine Rechtfertigung einer Bewertung mit unterschiedlichen Maßstäben aus.[96]

Welling und Richter sind hingegen der Meinung, dass die Vorgaben des BVerfG in seinem Vorlagebeschluss vom 22.5.2002 durch die geltenden Bewertungsvorschriften für die

[89] Vgl. Hübner (2000), S. 1212; Becker/Horn (2005), S. 1082; Daragan (2002), S. 649-655.
[90] Vgl. Seer (1999), S. 65.
[91] Maul (1974), S. 137.
[92] Vgl. Leibholz/Rinck/Hesselberger (1988), Art. 3 GG Rz. 528.
[93] Vgl. BT-Drucks. 12/1108, S. 73.
[94] Leibholz/Rinck/Hesselberger (1988), Art. 3 GG Rz. 558.
[95] Vgl. Schmidt-Bleibtreu/Klein (1983), Art. 3 GG Rz. 23.
[96] Vgl. Becker/Horn (2005), S. 1082.

Anteilsbewertung von nicht börsennotierten Kapitalgesellschaften erfüllt werden.[97] Die Entlastung, insbesondere der ertragsstarken Unternehmen, lasse sich mit der in der Regel hohen (latenten) ertragsteuerlichen Belastung rechtfertigen. Außerdem sind sie aufgrund ihrer Bedeutung für die wirtschaftliche Entwicklung zu entlasten. Binz und Sorg beschäftigen sich mit der Frage der Bewertung von Stamm- und Vorzugsaktien und kommen zu dem Schluss, dass nicht die Aktiengattung, sondern die Frage der Börsennotierung ein wertbeeinflussendes Merkmal darstellt.[98] So kann ein Wertaufschlag bei börsennotierten Aktien dadurch gerechtfertigt sein, dass der Inhaber jederzeit die Möglichkeit hat, „zu einem objektiv festgestellten Marktpreis zu verkaufen, was bei der nicht notierten Aktiengattung nicht der Fall ist."[99] Dieser Schluss fußt auf der Feststellung, dass die große Schwankungsbreite der Kursaufschläge für die Stammaktie sich nicht allein durch das Stimmrecht erklären lässt. Eine Verletzung des Gleichheitssatzes liegt hier deswegen nicht vor, da börsennotierte und nicht börsennotierte Unternehmen nicht gleich sind - es existieren wertbeeinflussende Unterschiede.

2.8 Entwicklung der Rechtsprechung zur steuerlichen Anteilsbewertung

Der BFH hat das Stuttgarter Verfahren lange Zeit als ein grundsätzlich „wertvolles und für die Einheitlichkeit der Bewertung geeignetes Verfahren" angesehen.[100] Allerdings hat er auch festgestellt, dass die Werte des Stuttgarter Verfahrens regelmäßig niedriger als die anderer Bewertungsmethoden sind.[101] Dennoch hat sich der BFH lange geweigert, die betriebswirtschaftlichen Einwendungen gegen das Stuttgarter Verfahren anzuerkennen.[102] Zwar würden andere Ansätze eine schnellere und bessere Anpassung an die konjunkturelle Entwicklung zulassen, allerdings könnte die Stetigkeit der Bewertung beeinträchtigt werden. Sauer sieht darin eine Bevorzugung der Typengerechtigkeit gegenüber der individuellen Gerechtigkeit.[103]

Trotz vielfältiger Klagen wurde das Stuttgarter Verfahren in der ständigen Rechtsprechung vom BFH bis 1989 regelmäßig bestätigt.[104] Danach bezog er allerdings nicht näher

[97] Vgl. Welling/Richter (2002), S. 2310.

[98] Vgl. Binz/Sorg (1994), S. 993-997.

[99] Binz/Sorg (1994), S. 997.

[100] Vgl. BFH, 6.4.1962, III 264/59, BStBl III 1962, S. 253; BFH, 23.10.1964, III 365/61, BStBl III 1965, S. 64; BFH, 18.12.1968, III R 135/67, BStBl II 1969, S. 370; BFH, 22.5.1970, III R 72/69, BStBl II 1970, S. 610; BFH, 6.8.1971, III R 88/68, BStBl II 1972, S. 109; BFH, 10.12.1971, III R 43/70, BStBl II 1972, S. 313; BFH, 4.2.1972, III R 98/71, BStBl II 1972, S. 515; BFH, 17.5.1974, III R 156/72, BStBl II 1974, S. 626; BFH, 28.2.1975, III R 19/74, BStBl II 1975, S. 654; BFH, 7.12.1977, II R 164/72, BStBl II 1978, S. 323; BFH, 14.11.1980, III R 81/79, BStBl II 1981, S. 351.

[101] Vgl. BFH, 12.3.1980, II R 143/76, BStBl II 1980, S. 463.

[102] Vgl. für die betriebswirtschaftliche Diskussion des Stuttgarter Verfahrens Abschnitt 3.2.

[103] Vgl. Sauer (1975), S. 271-272.

[104] Vgl. BFH, 6.3.1991, II R 18/88, BStBl II 1991, S. 558; BFH, 5.2.1992, II R 185/87, BStBl II 1993, S. 266; BFH, 9.3.1994, II R 39/90, BStBl II 1994, S. 394; BFH, 28.6.2000, II R 18/98, BFH/NV 2001, S. 426.

Stellung. In seinem Beschluss vom 22.6.1995 hat das BVerfG das ErbStG 1974 wegen Verletzung des Gleichheitsgrundsatzes nach Art. 3 GG für verfassungswidrig erklärt und den Gesetzgeber aufgefordert, die Mängel bis zum 31.12.1996 zu beseitigen.[105] Dabei sollte die gleichmäßige und realitätsgerechte Bewertung von Vermögenseinheiten sichergestellt werden. Der Gesetzgeber nahm daraufhin einige kleinere Korrekturen vor, ohne jedoch das Bewertungsrecht maßgeblich zu reformieren. Das BMF bestätigt in seinem unveröffentlichtem Schreiben vom 18.3.2002, dass für die verschiedenen Vermögensarten, die erbschaftsteuerlich relevant sind, unterschiedliche Wertmaßstäbe gelten.[106] Diese Unterschiede werden mit seiner Lenkungsfunktion und der Förderung des Gemeinwohls begründet. Damit soll das Verhalten der Steuerpflichtigen in einer bestimmten Art und Weise beeinflusst werden. Als Kernargument für den staatlichen Eingriff wird in diesem Fall der Mittelstandsschutz genannt, da die Erben eines Betriebs „vermindert leistungsfähig" seien.

Der BFH legte mit Beschluss vom 22.5.2002 das ErbStG 1996 dem BVerfG zur verfassungsmäßigen Überprüfung vor. Der BFH war demzufolge der Auffassung, „dass die Vorschrift des § 19 Abs. 1 ErbStG i.V. mit u.a. § 12 ErbStG i.V. mit den in dieser Vorschrift in Bezug genommenen Vorschriften des BewG wegen Verstoßes gegen den Gleichheitsgrundsatz aus Art. 3 Abs. 1 GG verfassungswidrig sei."[107] Hauptkritikpunkt ist die Verwendung eines einheitlichen Steuertarifs für alle Vermögensarten, die ihrerseits auf sehr unterschiedlichen Wertansätzen basieren. Seer bezeichnet dies als "Konglomerat von eher zufälligen, nicht aufeinander abgestimmten Bewertungsmaßstäben."[108] So gilt für einige Vermögensarten, z.B. Geldforderungen oder börsennotierte Wertpapiere, der Verkehrswert als Wertmaßstab, für andere Vermögensarten, z.B. Betriebsvermögen und Immobilien, der Steuerwert, der weit unter dem Verkehrswert liegt. Diese Differenzen lassen sich weder mit Steuervereinfachung, Praktikabilität noch mit dem Mittelstandsschutz rechtfertigen. Außerdem bestehen verfassungsrechtliche Zweifel an der kumulierten erbschaftsteuerlichen Begünstigung von Produktivvermögen und den Möglichkeiten des ungekürzten Schuldenabzugs.[109]

Verantwortlich für die Verletzung des Gleichheitsgrundsatzes ist z.B. die Verwendung der Steuerbilanz als Grundlage für den Vermögenswert von Personen- und Kapitalgesellschaften. Diese wurde im Zuge des Steueränderungsgesetzes 1992 eingeführt und löste die Einheitswertermittlung des Betriebsvermögens zu Teilwerten ab. Die dadurch entstehenden potenziellen Probleme bezüglich der Vergleichbarkeit der Unternehmenswerte von nicht börsennotierten und börsennotierten Unternehmen wurden bereits damals antizipiert. So müsste laut der Gesetzesbegründung geprüft werden, "ob aufgrund des nun geringeren Ansatzes des Vermögenswerts der Komponente „Ertragswert" ein größeres Gewicht bei-

105 Vgl. BVerfG, 22.6.1995, 2 BvR 552/91, BStBl II 1995, S. 671.
106 Unveröffentlichtes BMF-Schreiben vom 18.3.2002 aus Becker/Horn (2005), S. 1081.
107 Becker/Horn (2005), S. 1081; BFH, 22.5.2002, II R 61/99, BStBl II 2002, S. 598.
108 Seer (2002), S. 873.
109 Vgl. Welling/Richter (2002), S. 2306.

gemessen werden muss."[110] Erstmalig bestätigt kurz darauf der BFH in seinem Beschluss vom 22.8.2002, dass das Stuttgarter Verfahren den gemeinen Wert seit dem 1.1.1993 regelmäßig nicht mehr erreichen kann.[111]

Dreieinhalb Jahre später, am 7.11.2006, fiel die Entscheidung des Bundesverfassungsgerichts zur Verfassungsmäßigkeit der Erbschaftsteuer.[112] Die gegenwärtige Ausgestaltung der ErbSt ist demnach nicht mit den Anforderungen des Gleichheitssatzes nach Art. 3 GG vereinbar. Das BVerfG schließt sich damit den vorgebrachten Einwänden des BFH-Vorlagebeschlusses vom 22.5.2002 an.[113] Die Erfüllung des Gleichheitsgrundsatzes nach Art. 3 GG setze voraus, dass die Steuerpflichtigen rechtlich und tatsächlich gleichmäßig belastet werden. Die Erbschaftsteuer knüpfe an der finanziellen Leistungsfähigkeit desjenigen an, der durch die Erb- oder Schenkungszuwendung bereichert wurde. Die Belastung setzt sich aus Steuersatz und Bemessungsgrundlage zusammen. Durch die einheitlichen Steuersätze bei der Erbschaftsteuer muss also eine gleichmäßige Bemessungsgrundlage existieren, die die zugewendete Leistungsfähigkeit des Erwerbers widerspiegelt. Mit anderen Worten, alle der Besteuerung unterliegenden Wirtschaftsgüter müssen realitätsgerecht bewertet werden.[114]

Demnach ist die Erhebung der Erbschaftsteuer gem § 19 Abs. 1 ErbStG mit einheitlichen Steuersätzen nicht verfassungskonform, da die für die Bemessungsgrundlage verwendeten Steuerwerte nicht dem Gleichheitssatz entsprechen. Explizit wird die Bewertung von Betriebsvermögen, Grundvermögen, Anteilen an Kapitalgesellschaften und land- und forstwirtschaftlichen Betrieben gerügt. Es ergibt sich also durch die unterschiedlichen Wertmaßstäbe für die erworbenen Wirtschaftsgüter eine gleichheitswidrige Belastungswirkung, da es an einer realitätsgerechten Bemessungsgrundlage fehlt. Für die Bewertung von Anteilen an Kapitalgesellschaften wird zum einen der Ansatz der Steuerbilanzwerte gerügt, da dieser sehr unterschiedliche Auswirkungen auf das einzelne Unternehmen hat. Somit ergibt sich eine hohe Streubreite der Steuerwerte zu den entsprechenden Verkehrswerten. Außerdem führt die „angeordnete Übernahme der Steuerbilanzwerte auch zu einer großen Kluft gegenüber den übrigen Anteilen an Kapitalgesellschaften."[115] Durch die unterschiedlichen Wertmaßstäbe (Verkehrswert vs. Steuerbilanzwert) lässt sich bei der Bewertung von Kapitalgesellschaften keine klare Begünstigungsrichtung erkennen. Bedenkt man, dass bei dem Vorliegen von Verkäufen innerhalb des letzten Jahres der Verkehrswert angesetzt werden muss, während sonst das Stuttgarter Verfahren zum Ansatz kommt, so ergibt sich eine starke Zufallskomponente in der Bewertung, die davon abhängt, wann die letzte Veräußerung vorgenommen wurde. Steuervereinfachung stellt in den Augen von

[110] Gesetzesbegründung BT-Drucks. 12/1108 zu Art. 9, II.
[111] Vgl. BFH, 22.8.2002, II B 170/01, BFH/NV 2003, S. 11.
[112] Vgl. BVerfG, 7.11.2006, 1 BvL 10/02.
[113] Vgl. BFH, 22.5.2002, II R 61/99, BStBl 2002 II, S. 598.
[114] Vgl. BVerfG, 22.6.1995, II R 552/91, BStBl II 1995, S. 673.
[115] Vgl. BVerfG, 7.11.2006, 1 BvL 10/02, Rz. 174-179.

Birk auch keinen ausreichenden Grund für eine Begünstigung dar.[116]

Die bewusste Unterbewertung durch das Stuttgarter Verfahren erklärt sich im Zusammenhang mit ihrer ursprünglichen Anwendung im Rahmen der Vermögensteuer. Die Entlastung der steuerlichen Bemessungsgrundlagen wirkte hier besonders stark, da das Vermögen beim Anteilseigner steuerlich mehrfach belastet wurde. Zur Abmilderung dieser Doppelbesteuerung ließe sich die faktische Subvention rechtfertigen.[117] Im Kontext der Erbschaft- und Schenkungsteuer wurde die Unterbewertung durch das Stuttgarter Verfahren regelmäßig mit den Förderungs- und Lenkungszielen der Bundesregierung begründet. Diese Ziele können durch den Gesetzgeber grundsätzlich auch nach dem Urteil des BVerfG weiterhin verfolgt werden. Jedoch müssen die entsprechenden Maßnahmen nach der Bewertung stattfinden, um die Zielgenauigkeit der Vergünstigung sicherzustellen. Beide Ebenen müssen strikt voneinander getrennt werden.[118] Die Belastung muss in der Art erfolgen, dass die finanzielle Leistungsfähigkeit, die der Steuerpflichtige durch die Bereicherung zusätzlich erhält, besteuert wird. Belastungsgleichheit kann also nur dann gelten, wenn die Werte alle relevanten wirtschaftlichen Einheiten und Wirtschaftsgüter in der Bemessungsgrundlage realitätsgerecht abgebildet werden.[119]

Mit dem Urteil des BVerfG wird zunächst ein Schlussstrich unter die anhaltende Diskussion um die Verfassungsmäßigkeit der Bewertung für Zwecke der ErbSt gezogen. Das BVerfG fordert den Gesetzgeber auf, die Bewertungsmaßstäbe am gemeinen Wert auszurichten.[120] Es geht hierbei um eine Annäherung an den Verkehrswert.[121] Eine punktgenaue Schätzung des Verkehrswertes ist ohnehin sehr häufig nicht möglich.[122] In der Begründung zu der BVerfG-Entscheidung wird dem Gesetzgeber die Wahl der Wertermittlungsmethode für die jeweiligen Vermögensgegenstände explizit freigestellt.[123] Es sind auch Typisierungen und Verfahrensvereinfachungen zulässig, die aus Praktikabilitätsgründen in einem Steuererhebungsverfahren notwendig erscheinen. Allerdings muss sichergestellt sein, dass der gemeine Wert zumindest näherungsweise bestimmt wird. Ansonsten droht wiederum eine Verletzung des Gleichheitssatzes.

[116] Vgl. Birk (2002), S. 1064.
[117] Vgl. Moench/Höll (1997), S. 188; Meincke (2002), § 12 ErbStG Anm. 43f.
[118] Vgl. Pahlke (2007), S. 1576-1577.
[119] Vgl. BVerfG, 7.11.2006, 1 BvL 10/02, Rz. 97 und 128.
[120] Vgl. BVerfG, 7.11.2006, 1 BvL 10/02, Rz. 104.
[121] Großfeld hält den Börsenwert jedoch für ungeeignet, um den Wert des Unternehmens abzubilden; vgl. Großfeld (1988), S. 46-47.
[122] Vgl. Piltz (2007), S. 82.
[123] Vgl. BVerfG, 7.11.2006, 1 BvL 10/02, Rz. 109.

2.9 Vorschläge zur Lösung des Bewertungsproblems in der Literatur

Neben den kritischen Äußerungen zum Stuttgarter Verfahren an sich wurden jedoch auch Ansätze vorgeschlagen, um das Bewertungsproblem zu lösen. Durch die derzeit zwingend notwendige Reform des Bewertungsrechts rücken diese Vorschläge wieder in das Zentrum des Interesses. Das als Massenbewertungsverfahren konzipierte Stuttgarter Verfahren könnte sogar nach Meinung der Juristen durch ein individuelleres Bewertungsverfahren ersetzt werden. Dies begründet sich insbesondere auf die relativ überschaubare Anzahl an Fällen. Die höhere Individualität sollte sich in einer präziseren Bewertung des Steuerfalles niederschlagen.[124] Seer spricht sich für eine gutachterliche Bewertung aus, da es sich um eine einmalige Bedarfsbewertung handelt.[125] Dabei soll sich die Bewertung am Verkehrswert orientieren. Zur Verhinderung der Übermaßbesteuerung sollte eine vorsichtige Bewertung erfolgen. Das Problem der Bewertung nicht realisierter Geschäfts- und Firmenwerte könnte durch Nichtberücksichtigung oder angemessene Sicherheitsabschläge gelöst werden. Die Bewertung anhand von Gutachten entspricht beispielsweise dem üblichen Vorgehen in den USA.[126] Ob das aus der Erbschaftsteuer resultierende Substrat einen entsprechenden Aufwand rechtfertigt muss hierbei jedoch überprüft werden.

Einige Lösungsansätze halten grundsätzlich am Stuttgarter Verfahren fest, schlagen aber Modifikationen vor. Lorenz, Oswald und Renner schlagen vor, dass ein Ansatz der Teilwerte zu einem reellen Verkehrswert der Anteile führen würden und somit die ungerechtfertigte Wertdifferenz im Vergleich zur Bewertung börsennotierter Anteile gemildert werden würde.[127] Durch diese Maßnahme würde wieder der Rechtsstand gelten, der vor dem Steueränderungsgesetz 1992 galt. Die damalige Kritik an dem Verfahren und die mit der Bestimmung der Teilwerte verbundenen Probleme blieben jedoch bestehen.

Die Schwäche des Stuttgarter Verfahrens liegt nach Meinung Wöhes in der Starrheit. Er empfiehlt einen unbestimmten Gewichtungsfaktor von Substanz und Ertrag, um einer individuelleren und damit gleichmäßigeren Bewertung Rechnung zu tragen.[128] Begründet wird dies mit der unterschiedlichen tatsächlichen Wirkungsdauer des Geschäfts- oder Firmenwertes. Wie dieser Gewichtungsfaktor operationalisiert werden sollte, bleibt unklar. Vossloh greift einen ähnlichen Gedanken auf. Er geht davon aus, dass die Annahme einer linearen Beziehung von Vermögenswert und Ertragswert nicht zweckmäßig ist. Stattdessen schlägt er eine Logarithmierung der beiden Komponenten vor, um der vermuteten exponentiellen Beziehung gerecht zu werden.[129]

124 Vgl. Moench/Höll (1997), S. 189; Meincke (2002), § 12 ErbStG Rz. 43.
125 Vgl. Seer (2002), S. 878.
126 Vgl. Olson (1969), S. 35-47; McClellan (1966), S. 47-55.
127 Vgl. Lorenz/Oswald/Renner (2003), S. 360.
128 Vgl. Wöhe (1986), S. 530.
129 Vgl. Vossloh (1975), S. 282.

Eine weitere Gruppe von Autoren schließt sich der in Deutschland gängigen Bewertungspraxis an und spricht sich für ein Ertragswertverfahren aus.[130] Groh argumentiert bereits früh, dass das bewertungsrechtliche Stichtagsprinzip kein Ausschlusskriterium für die Verwendung zukünftiger Ergebnisse sei. Wenn der Geschäftsverkehr und die Bewertungspraxis auf diese Werte zurückgreifen, sind sie auch für die steuerliche Anteilsbewertung maßgebend.[131] Auch Maul empfiehlt eine ausschließliche Fokussierung auf den Ertragswert des Unternehmens. Dies würde der Orientierung am Leistungsfähigkeitsprinzip entsprechen und die mit dem Vermögenswert verbundenen Probleme lösen.[132] Ausgangspunkt sollten die Ergebnisse der, soweit möglich, vergangenen fünf bis zehn Jahre sein. Weiterhin sollen für Plausibilitätsprüfungen Plandaten für die kommenden zwei Jahre zur Verfügung gestellt werden, die bei der nächsten Betriebsprüfung überprüft und endgültig festgesetzt werden.[133] Bippus fordert, dass künftig zu erwartende Jahresergebnisse und Dividendenausschüttungen prognostiziert und in das Verfahren integriert werden. Der gemeine Wert soll dann anhand der originären Ertragsaussichten ermittelt werden.[134]

Becker und Horn wenden gegen ein ausschließliches Ertragswertverfahren ein, dass die Vermögensgegenstände des Unternehmens nicht berücksichtigt würde, „die aber gerade auch den Verkehrswert eines Unternehmens ausmachen."[135] Sie schlagen vor, dass das Stuttgarter Verfahren in seiner Form beibehalten wird und lediglich Korrekturen auf der Aktivseite erfolgen. Hierzu sind sämtliche aktivierten Immobilienwerte nach dem BewG zu ermitteln. Das Anlage- und Umlaufvermögen soll nach Aufdeckung der stillen Reserven zu Verkehrswerten bewertet werden. Schließlich sollen der Firmenwert und firmenwertähnliche Wirtschaftsgüter in den Vermögenswert integriert werden, um den Wert des firmenspezifischen Know-hows, des Rufs und des Kundenstamms widerzugeben.

Sauer schlägt ein Cashflow-Verfahren in Kombination mit den Nettoteilwerten des Betriebsvermögens zur Ermittlung des gemeinen Wertes vor.[136] Dabei soll von einem Prognosezeitraum von zehn Jahren ausgegangen werden. Praktikabilität und Typengerechtigkeit sollen durch eine einheitlich festgelegte Normalverzinsung erreicht werden. Er begründet seinen Vorschlag mit der Berücksichtigung der wirtschaftlichen Leistungsfähigkeit durch die wirtschaftliche Ertragsfähigkeit. Außerdem erfüllt der Vorschlag die Forderung des Richtliniengebers, wonach sich der Wert des Unternehmens an den zukünftigen Jahresergebnissen und dem Vermögen orientieren soll.

---

130 Vgl. Gebhardt (1988), S. 262-300; Hetzel (1988), S. 133-285.
131 Vgl. Groh (1970), S. 774.
132 Z.B. latente Steuerlast; vgl. für viele Barth (1973a), 1140-1144 und 1202-1207.
133 Vgl. Maul (1974), S. 137.
134 Vgl. Bippus (1998), S. 231-232.
135 Becker/Horn (2005), S. 1083.
136 Vgl. Sauer (1975), S. 293-302.

Der Vorschlag von Tischer steht im Gegensatz zu den übrigen Lösungsvorschlägen. Er berücksichtigt die Forderung nach einem Massenbewertungsverfahren, das intersubjektiv nachprüfbar ist und wählt als oberste Prämisse bei der Abwägung der Alternativen das Verbot einer Überbewertung. Als Konsequenz empfiehlt er die Bewertung anhand des bilanziellen Eigenkapitals und argumentiert zusätzlich, dass die finanzielle Leistungsfähigkeit in dieser Größe erkennbar ist.[137] Diese Argumentation entspricht eher einer juristischen Kompromisslösung als der betriebswirtschaftlichen Unternehmensbewertungslehre.

Die folgende Untersuchung wird einige der Lösungsvorschläge integrieren. So werden alternative Gewichtungen von Vermögenswert und Ertragshundertsatz sowie der nicht lineare Zusammenhang der beiden Komponenten überprüft. Die Verwendung von Teilwerten und die damit verbundene Bewertung von stillen Reserven ist mit großen Bewertungsproblemen verbunden. Die Bewertung eines ganzen Unternehmens zum Marktwert ist bereits eine große Herausforderung. Die Ermittlung der stillen Reserven für jedes Wirtschaftsgut ist ungleich aufwendiger. Aus diesem Grund werden diese Lösungsvorschläge nicht weiter verfolgt. Alle anderen Vorschläge, die sich insbesondere auf Ertragswert- oder Cashflow-Verfahren stützen, bedeuten eine Abkehr von der gegenwärtigen Rechtsauffassung, dass ein Massenbewertungsverfahren mit nachvollziehbaren Parametern zu bevorzugen ist.[138] Diese Verfahren sind aus betriebswirtschaftlicher Sicht geeignet, den Marktwert eines Unternehmens zu bestimmen, jedoch sind dazu sehr detaillierte Informationen notwendig. Ob der Gesetzgeber die damit verbundenen hohen Anforderungen den Steuerpflichtigen und der Finanzverwaltung aufbürdet, ist angesichts des Steueraufkommens der Erbschaftsteuer zumindest fragwürdig. Alternativ wird das Multiplikatorverfahren als mögliche Alternative untersucht. Dieses Verfahren wurde auch bereits von Bierle als eine mögliche Alternative diskutiert.[139]

[137] Vgl. Tischer (1997), S. 1285-1290.
[138] Vgl. Hottmann/Grobshäuser/Hübner et al. (2002), P Rz. 47.
[139] Vgl. Bierle (1974), S. 203-207.

3 Einfluss wertbestimmender Faktoren auf die Differenz von Steuer- und Marktwert

3.1 Einführung

Ziel dieses Kapitels ist es, unternehmensendogene und -exogene Einflüsse auf Steuer- und Marktwerte von Unternehmen zu untersuchen. Anhand von sechs durchschnittlichen Modellunternehmen verschiedener Branchen und Größen werden beide Werte ermittelt und die Differenz, die sog. Wertlücke, bestimmt. Anhand von Sensitivitätsanalysen wird verdeutlicht, welche Unternehmenstypen in welchen wirtschaftlichen Konstellationen von einer steuerlichen Unterbewertung im Vergleich zum Marktpreis profitieren und welche durch eine Überbewertung steuerlich diskriminiert werden. Als Marktpreis fungiert hierbei der Wert, der sich etablierten DCF-Verfahren zur Bestimmung des Unternehmenswertes ergibt. Diese Untersuchung ergänzt die in Abschnitt 3.2 vorgestellte betriebswirtschaftliche Literatur zur Regelbewertung des Stuttgarter Verfahrens. Die gewählte Untersuchungsmethodik knüpft an die Arbeit von Göllert und Ringling an, wird jedoch um die Unternehmenstypisierung und weitere Analyseziele erweitert.[1]

Das Referenzmodell zur Bestimmung des Marktwertes, der Adjusted Present Value-Ansatz, wird in Abschnitt 3.3 kurz erläutert. Analog zu den bereits in Abschnitt 2.6 diskutierten Werttreibern des Stuttgarter Verfahrens erfolgt eine kritische Auseinandersetzung der wertbeeinflussenden Faktoren des Adjusted Present Value-Ansatzes in Abschnitt 3.3.2. Gegenstand von Abschnitt 3.4 sind das Bewertungsmodell und die verwendeten Ausgangsdaten. Sie bilden das Fundament für die Analysen in Abschnitt 3.5. Anhand von Sensitivitätsanalysen von Eigen- und Fremdkapitalkosten, Steuereffekten, Kapitalstrukturentscheidungen und Zeiteffekten wird die daraus resultierende Unter- oder Überbewertung der geltenden erbschaftsteuerlichen Bewertungsvorschriften verdeutlicht. Eine kurze Zusammenfassung der Ergebnisse erfolgt in Abschnitt 3.6.

[1] Vgl. Göllert/Ringling (1999), S. 516-519.

3.2 Das Stuttgarter Verfahren in der betriebswirtschaftlichen Literatur

In der wissenschaftlichen Literatur wurde das Stuttgarter Verfahren aus betriebswirtschaftlicher Sicht analysiert und regelmäßig für ungeeignet befunden, den Wert des Unternehmens darzustellen. In seiner Arbeit „Die steuerliche Bewertung unnotierter Anteile“ stellt Hartmann das Stuttgarter Verfahren der damaligen betriebswirtschaftlichen Sichtweise zur Unternehmensbewertung gegenüber.[2] Dabei konzentriert er sich auf die relevanten Werttreiber Vermögenswert, Ertragswert und die Bewertungskonzeption. Er kommt zu dem Ergebnis, dass bei sehr hohen nachhaltigen Erträgen der Wert des Stuttgarter Verfahrens beträchtlich vom gemeinen Wert abweichen wird, da sich die Konzeption nicht an den Ertragsaussichten als entscheidendem Faktor orientiert. Die geltende Praxis der Zu- und Abschläge von dem Wert des Stuttgarter Verfahrens hält er für zweckmäßig, um die individuellen Umstände zu berücksichtigen.

Bolsenkötter untersucht das Stuttgarter Verfahren aus Sicht der betriebswirtschaftlichen Bewertungslehre.[3] Dabei beschäftigt er sich isoliert mit den beiden Werttreibern Vermögens- und Ertragswert. Bezogen auf die Regelbewertung zeigt er, dass der Ertragswert den Vermögenshundertsatz nur um 20% verändern kann. Damit ist der Einfluss des Ertragswerts im Stuttgarter Verfahren der geringste im Vergleich zu den zu der Zeit gebräuchlichen Verfahren. Er bezieht sich hierbei auf die Untersuchung von Jacob.[4] Die Kombination von Vermögens- und Ertragswert ist seiner Meinung nach vor dem Hintergrund der akzeptierten Theorie der Unternehmensbewertung nur zulässig, wenn der Vermögenswert als Teil des Ertragswertes verstanden wird.[5] So versteht sich das Stuttgarter Verfahren aus ewiger Rente der Normalverzinsung (Vermögenswert) und unsicheren Übergewinnen. Er kritisiert jedoch, dass die Korrektur des Vermögenswertes durch den Übergewinn linear und nicht progressiv erfolgt, sowie die willkürliche Annahme der Normalrendite ab dem vierten Jahr. Geht man davon aus, dass der Unternehmenswert dem Ertragswert entspricht, so lässt sich die Kombinationsformel des Stuttgarter Verfahrens nicht mehr ökonomisch interpretieren, wenn die Erträge keine angemessene Verzinsung des Vermögenswertes gewährleisten. Bolsenkötter erläutert, dass der Ansatz der Vermögensgegenstände zu Teilwerten nicht nur zulässig, sondern geboten ist. Weiterhin begründet er, dass die Verwendung historischer Ergebnisse, die durch die BFH-Entscheidung zum Stichtagsprinzip verankert wurden, aus betriebswirtschaftlicher Sicht ungeeignet sind und die Begründung des BFH nicht haltbar ist.[6] Aufwendung und Erträge „sind als Surrogate nur akzeptabel, wenn sie in ihrer zeitlichen Verteilung und in ihrer Höhe nicht wesentlich von

[2] Vgl. Hartmann (1962), S. 31-43.
[3] Vgl. Bolsenkötter (1969), S. 417-429.
[4] Vgl. Jacob (1960a), S. 143.
[5] Vgl. Bolsenkötter (1969), S. 418-419. Vgl. für die Kombination von Vermögens- und Ertragswert Münstermann (1966), S. 113; Schmalenbach (1966), S. 59.
[6] Vgl. BFH, 29.3.1963, III 352/59 U, BStBl III 1963, S. 324.

den Einnahmen und Ausgaben abweichen."[7] Als Gesamtfazit hält er fest, dass die Zusammensetzung des Vermögenswertes betriebswirtschaftlich akzeptabel ist, der Ertragswert zu pauschal ermittelt wird und die Überbetonung des Vermögenswertes im Vergleich zum Ertragswert nicht haltbar ist. Insgesamt ist das Stuttgarter Verfahren „um so weniger vertretbar, je mehr der Ertragswert nach oben oder unten von dem einer Normalverzinsung der betrieblichen Substanz abweicht."[8]

Maul untersucht, ob das Stuttgarter Verfahren sachlich und nach den Bewertungsgrundsätzen gerechtfertigt ist.[9] Im Hinblick auf die Leistungsfähigkeit von Vermögensbesitz kommt er zu dem Schluss, dass die Besteuerungsgrundlage für das Vermögen nur ertragswertorientiert definiert werden darf und damit der Anteilswert identisch mit dem Ertragswert des Anteils sein muss. Die Orientierung am Substanzwert ist somit nicht gerechtfertigt.[10] Stattdessen schlägt er die Umsetzung eines reinen Ertragswertverfahrens vor.

Der Einfluss der Ertragsaussichten auf den Anteilswert steht im Interesse der Studie von Vossloh.[11] Anknüpfend an die Erhöhung des Vergleichszinssatzes von 7% auf 10% und die Erhöhung der Übergewinndauer auf fünf Jahre durch die Vermögensteuer-Ergänzungsrichtlinien 1974 untersucht er, welche Bedeutung der Ertragswert im Rahmen des Stuttgarter Verfahrens durch diese Veränderungen hat. An einfachen Beispielen zeigt er, dass bei hohem Vermögenswert der Einfluss des Ertrags geringer ist als bei einem kleinen Vermögenswert. Die Wirkung gilt für Gewinne, wie für Verluste. Für den Fall, dass ein Unternehmen keinen Gewinn erzielt, beträgt der gemeine Wert nach Anpassung der Richtlinien nur noch 65% des Vermögenswertes. Vor der Reform lag der gemeine Wert noch bei 80% des Vermögenswertes. Damit muss der Ertragshundertsatz 10,71% des Vermögenswertes betragen, um eine Identität von Vermögenswert und gemeinem Wert zu erreichen. In den verschiedenen Beispielen zeigt er, welche negativen Konsequenzen die Linearität in der Formel des Stuttgarter Verfahrens hat und schlägt als Verbesserung eine logarithmische Funktion vor.

Moxter untersucht das Stuttgarter Verfahren im Hinblick auf die Grundsätze ordnungsmäßiger Unternehmensbewertung.[12] Er betont die hohe Substanzwertorientierung und damit die Konservativität des Verfahrens. Dies basiert zum einen auf der damals geltenden Gewichtung von $\frac{2}{3}$ Vermögenswert zu $\frac{1}{3}$ Ertragswert. Zum anderen hängt dies mit der Funktion des Vermögenswertes als Basiswert des Unternehmens zusammen, der nur noch um Mehr- oder Mindererträge korrigiert wird. Dieser Teilreproduktionswert als Aus-

[7] Bolsenkötter (1969), S. 423.
[8] Bolsenkötter (1969), S. 428.
[9] Vgl. Maul (1974), S. 132-138.
[10] Vgl. Maul (1974), S. 136.
[11] Vgl. Vossloh (1975), S. 280-282.
[12] Vgl. Moxter (1976), S. 1585-1589.

gangsgröße wird in der Literatur abgelehnt.[13] Die Kontrollfunktion des Sachwertes wird durch das Konkurrenzmoment begründet.[14] Ist der Ertragswert höher als der Substanzwert, so ist davon auszugehen, dass dies neue Mitbewerber anzieht.[15] Eine über dem Reproduktionskostenwert liegende Verzinsung ist also konkurrenzgefährdet und nicht von Dauer.[16] Die Rolle des Substanzwertes im Sinne eines Kontrollwertes zu dem unsicheren Ertragswert kann jedoch laut Moxter durch „sinnvollere und durchaus praktikable Wege“ erreicht werden.[17] Die Kürzungen von Teilreproduktionswert und Ertrag werden als „sehr schematisch“ und „wenig sinnvoll“ bezeichnet.[18] Die einseitige Berücksichtigung des Risikos durch entsprechende Abschläge bei gleichzeitiger Vernachlässigung der Chancen sei ebenfalls nicht akzeptabel. „Das Stuttgarter Verfahren erweist sich insgesamt als eine wenig zweckmäßige Methode der Unternehmensbewertung“, da sie den Grundsätzen ordnungsmäßiger Unternehmensbewertung zuwiderläuft.[19] Das Verfahren beschreibt er als „eigenwillige Grundkonzeption“ mit „beinahe esoterische[r] Terminologie“ und „eine[r] ganze[n] Reihe von nur flüchtig begründeten Verfahrensdetails“.[20]

Neben dem theoretischen Vergleich des Stuttgarter Verfahrens mit alternativen Unternehmensbewertungsmethoden, wird in einigen Studien auch eine Gegenüberstellung anhand von Beispielen vorgenommen. Groh vergleicht das Stuttgarter Verfahren mit dem Mittelwertverfahren, um zu zeigen, dass die ermittelten Werte in der Regel niedriger liegen.[21] Nur für den Fall einer geringen Rentabilität ist der gemeine Wert größer als beim Mittelwertverfahren. Gerade in diesen Fällen ist seiner Meinung nach ein Vergleich von Liquidations- und Ertragswert des Unternehmens zweckmäßig. Weiterhin beleuchtet er die maßgeblichen Komponenten aus einer betriebswirtschaftlichen Perspektive. So fordert er eine Ermittlung des Substanzwertes einheitlich zu Teilwerten, also auch für Grundstücke und die latente Steuerbelastung auf stille Reserven. Der Ertragswert kann zwar auf Basis eines durchschnittlichen Vergangenheitswertes gebildet werden, jedoch sollten zukünftig erwartete Abweichungen korrigierend erfasst werden. Eine höhere Flexibilität bei der Festlegung des Kapitalisierungszinses ist notwendig, um das unternehmensspezifische Risiko zu berücksichtigen. Die Alternative eines Vergleichs mit ähnlichen börsennotierten Unternehmen lehnt Groh wegen der Unzulänglichkeit eines externen Betriebsvergleichs ab. Insgesamt fordert er, dass sich die Anteilsbewertung stärker an den verkehrsüblichen Bewertungsverfahren orientieren soll.

---

[13] Vgl. Sieben (1963), S. 77; Münstermann (1966), S. 102; Moxter (1983), S. 55. Für den Substanzwert spricht sich Csik (1985), S. 1901-1907 aus.

[14] Vgl. Schmalenbach (1966), S. 59.

[15] Vgl. Hartmann (1962), S. 42.

[16] Vgl. Schöne (1975), S. 125-126.

[17] Vgl. Moxter (1976), S. 1587.

[18] Moxter (1976), S. 1589.

[19] Moxter (1976), S. 1589.

[20] Moxter (1976), S. 1589.

[21] Vgl. Groh (1970), S. 745-749.

Göllert und Ringling fokussieren sich auf die Unternehmens- und Anteilsbewertung im Abfindungsfall und untersuchen, welche wertmäßigen Unterschiede bei der Verwendung von Stuttgarter Verfahren und dem Discounted Cashflow (DCF)-Verfahren entstehen können.[22] Die Analysen beschränken sich ausschließlich auf Variationen des Substanzwertes, des DCF-Kalkulationszinsatzes, des Ergebniswachstums und Kombinationen dieser Komponenten. Sie zeigen, dass in einem stark vereinfachten Szenario der Wert des Stuttgarter Verfahrens zwischen 1% und 185% des DCF-Werts annehmen kann. In ihrem Modell gehen sie davon aus, dass die Erträge der nächsten fünf Jahre bekannt sind. Außerdem wird die Lebensdauer der Unternehmung auf 15 Jahre begrenzt. Diese Begrenzung, die sie selbst als konservativ bezeichnen, hat maßgeblichen Einfluss auf die Höhe des DCF-Wertes. Er wird hierdurch gedeckelt und liegt deutlich unter dem Wert einer üblicherweise in der Praxis angenommenen unendlichen Lebensdauer. Ihr Ergebnisse unterstützen die bisherigen Erkenntnisse. Unternehmen mit niedriger Profitabilität oder in riskanten Geschäftsfeldern aktive werden tendenziell überbewertet, rentable oder wachsende Unternehmen massiv unterbewertet.

Die durchgeführten Studien sind aufgrund der verschiedenen Modifikationen des Stuttgarter Verfahrens nicht ohne Weiteres auf heutige Umweltzustände übertragbar. Besonders der Systemwechsel im Jahr 1993, bei dem der Einheitswert des Betriebsvermögens durch die Übernahme der Steuerbilanzwerte abgelöst wurde, hat zu einem geringeren gemeinen Wert geführt.[23]

3.3 Schätzung eines Marktwertes

In Theorie und Praxis haben sich die Discounted Cashflow (DCF) Verfahren zu Ermittlung des Unternehmenswertes etabliert.[24] Vor dem Hintergrund fehlender Marktwerte wird dieser Ansatz zur Bestimmung eines (fiktiven) Marktwerts als Vergleichsmaßstab für das Stuttgarter Verfahren verwendet. Der Unternehmenswert nach der DCF Bewertung ist gleich der Summe der zukünftigen diskontierten Zahlungsüberschüsse (Cashflows). Durch die Berücksichtigung der Opportunitätskosten wird ein Vergleich mit alternativen Kapitalmarktanlagen möglich. Von den gängigen DCF Ansätzen ist die Weighted Average Cost of Capital (WACC) Methode besonders bekannt. Alle ausschüttungsfähigen Zahlungsüberschüsse werden hierbei mit den durchschnittlichen Kapitalkosten diskontiert. Effekte, die durch die Besteuerung hervorgerufen werden, werden in den Kapitalkosten berücksichtigt. Der Adjusted Present Value (APV) Ansatz hingegen bewertet den Einfluss der Besteuerung separat.[25] Der APV-Ansatz wird im Folgenden weiter verwendet, da durch die Trennung von Leistungs- und Finanzierungsbereich die einzelnen Wertkomponenten

[22] Vgl. Göllert/Ringling (1999), S. 516-519. Das Stuttgarter Verfahren wird freiwillig auch auf gesellschaftsrechtlicher Ebene verwendet, z.B. bei der Anteilsbewertung im Abfindungsfall.

[23] Vgl. Christoffel (1993), S. 206, schätzt die Reduzierung durch diese Maßnahme auf 25%.

[24] Vgl. Copeland/Koller/Murrin (2005), S. 3; Ballwieser (1998), S. 81; Kruschwitz/Löffler (2005), S. 1.

[25] Vgl. Drukarczyk (1995), S. 331.

und deren Einfluss direkt identifiziert werden können.

3.3.1 APV-Ansatz

Die Unternehmenswertbestandteile werden im APV-Ansatz einzeln ermittelt und dann aggregiert.[26] Zunächst wird der Wert eines unverschuldeten Unternehmens (V_U) unabhängig von der tatsächlichen Kapitalstruktur ermittelt (1.).

$$V_U = \sum_{t=1}^{T} \frac{X_t \times (1-s)}{(1+k_s^U)^t} + \frac{X_{T+1} \times (1-s)}{k_s^U \times (1+k_s^U)^T}$$

CF bezeichnet dabei die ausschüttungsfähigen Cashflows. Nach Berücksichtigung der Besteuerung auf Unternehmens- und Unternehmerebene (s) werden die Cashflows diskontiert. Die nachsteuerlichen Kapitalkosten des unverschuldeten Unternehmens (k_S^U) werden angewendet. Das Ergebnis spiegelt den Wert der operativen Tätigkeit des Unternehmens wider, der nicht durch Kapitalstrukturentscheidungen verzerrt wird. In einem zweiten Schritt wird der Steuervorteil, der durch die Finanzierungsaktivitäten hervorgerufen wird, ermittelt und hinzuaddiert (2.). Es wird hierbei angenommen, dass die Fremdkapitalbestände deterministisch festgelegt wurden. Damit sind die daraus resultierenden Steuervorteile bekannt und können mit dem risikolosen Zinssatz diskontiert werden.

$$TS = \sum_{t=1}^{T} \frac{i \times s \times DC_{t-1}}{(1+i)^t} + \frac{i \times s \times DC_T}{i \times (1+i)^T}$$

Dieser Wertbeitrag, auch Tax Shield (TS) genannt, entsteht durch die Abziehbarkeit der Zinsen (i) für verzinsliches Fremdkapital (DC) von der Bemessungsgrundlage und der damit verbundenen Steuerersparnis. Zieht man von diesem vorläufigen Unternehmensgesamtwert ($V_U + TS$) (3.) den Marktwert der Schulden ab, so erhält man den Marktwert des Eigenkapitals und damit den gesuchten Unternehmenswert (4.). Sowohl der Unternehmenswert der operativen Tätigkeit als auch das Tax Shield bestehen aus einer Komponente für den Prognosezeitraum der zukünftigen Cashflows und einer Komponente für darüber hinaus gehende Vorgänge, dem Fortführungswert oder Terminal Value.[27] Dieser berücksichtigt, dass das Unternehmen auch nach dem Ende des Prognosehorizonts fortbesteht.

3.3.2 Werttreiber des APV-Ansatzes

3.3.2.1 Cashflows

Die Cashflows sind das zentrale Element der DCF-Verfahren. Cashflows bezeichnen den Überschuss der Einzahlungen über die Auszahlungen.[28] Es ist zu prüfen, in welchem Umfang die Zahlungsüberschüsse ausschüttungsfähig sind. In der Literatur wird häufig von

---

[26] Vgl. Drukarczyk/Richter (1995), S. 559-580.

[27] Vgl. Dirrigl (1994), S. 428. Zur theoretischen Bestimmung des Terminal Value vgl. Penman (1998a), S. 303-323.

[28] Vgl. Ballwieser (1998), S. 85-86.

einer Vollausschüttung ausgegangen.[29] Alternativ können auch Erhaltungsinvestitionen berücksichtigt werden. In der Praxis spielen Anreize durch das Steuerrecht eine gewichtige Rolle bei der Bestimmung der Ausschüttungsstrategie. Je nach Ausgestaltung behindern oder fördern sie die Ausschüttung von Gewinnen.[30]

3.3.2.2 Kapitalkosten

Zunächst müssen im APV-Ansatz die Cashflows mit den Kapitalkosten bei vollständiger Eigenfinanzierung diskontiert werden. Die Kapitalkosten werden als bekannt vorausgesetzt. Sie können jedoch nicht ohne Weiteres am Kapitalmarkt beobachtet werden, da üblicherweise auch Fremdkapital zur Finanzierung genutzt wird.[31] Das Capital Asset Pricing Model (CAPM)[32] eignet sich grundsätzlich zur Lösung des Problems. Die Kapitalkosten setzen sich danach aus der risikolosen Verzinsung[33] und einer Risikoprämie[34] zusammen.

3.3.2.3 Tax Shield

Die Kapitalstruktur hat einen Einfluss auf den Unternehmenswert, da die durch die Fremdfinanzierung ausgelösten Zinsaufwendungen zu einer Minderung der steuerlichen Bemessungsgrundlage führen und damit die Steuerlast reduzieren. Gegenwärtig mindern Zinsen im deutschen Steuerrecht die GewSt[35] (s_g) und die KSt (s_k). Der Unternehmenssteuersatz errechnet sich somit $s_c = s_g(1 - s_k) + s_k$.[36] Unter Sicherheit können die zukünftigen Steuerersparnisse mit einem risikolosen Zinssatz diskontiert werden, andernfalls ist der risikoadäquate Zinssatz zu verwenden. Es wird im Folgenden von einer autonomen Finanzierungspolitik ausgegangen, bei der die Fremdkapitalbestände deterministisch sind und mit sicheren zukünftigen Steuerersparnissen gerechnet werden kann. Auf Anteilseignerebene wird Einkommensteuer auf die Dividenden erhoben, die mit dem persönlichen Steuersatz (s_p) in der Formel berücksichtigt wird. Außerdem gilt das Halbeinkünfteverfahren.

3.3.2.4 Prognose und Zeithorizont

Der Unternehmenswert wird neben Prognoseunsicherheiten auch vom Planungshorizont beeinflusst. Im Gegensatz zum Stuttgarter Verfahren werden die nach dem Prognosehorizont liegenden Cashflows diskontiert und finden als Terminal Value Eingang in den Unternehmenswert. Die Schätzung der Cashflows nach der Planungsperiode ist sehr schwierig. In

[29] Vgl. IDW (2002), S. 40. Mit der Neuregelung des IDW S 1 ist allerdings eine Abkehr von der Vollausschüttung zu verzeichnen. Es wird nunmehr eine Prognose der Ausschüttung empfohlen.
[30] Vgl. Ohrem (2000).
[31] Vgl. Ballwieser (1998), S. 91.
[32] Vgl. Sharpe (1964), S. 425-442; Lintner (1965), S. 13-37.
[33] Vgl. für eine anschauliche Ableitung der risikolosen Zinssätze aus Kapitalmarktinformationen Gebhardt/Daske (2005), S. 649-655.
[34] Vgl. Stehle (2004), S. 906-927.
[35] Die hälftige Hinzurechung der Dauerschuldzinsen wird nicht berücksichtigt. Die Ergebnisse werden hierdurch nur unwesentlich verändert. Es gilt der Rechtsstand 2007.
[36] Vgl. Baetge/Niemeyer/Kümmel (2005), S. 315-332.

der Regel werden die um Sondereinflüsse bereinigten Cashflows der letzten Planungsperiode als ewige Rente fortgeschrieben.[37] Allerdings kann auch eine Cashflow-Wachstumsrate angenommen werden, die sich zwischen der Inflationsrate und der Eigenkapitalrendite bewegt. Diese Schätzung kann für Unternehmen in jungen Märkten jedoch zu niedrig sein. Analog zu den Cashflows ist auch der Terminal Value des Tax Shields zu ermitteln.

3.4 Modell und Datengrundlage

3.4.1 Modell

Im Folgenden wird die Wertlücke zwischen dem Stuttgarter Verfahren und Marktpreisen sowie der Einfluss verschiedener endogener und exogener Größen quantifiziert.[38] Relevant bei der Analyse sind nicht nur die Fragen einer Unter- oder Überbewertung, die die Ungleichbehandlung von notierten und nicht notierten Unternehmen widerspiegeln, sondern auch die Spanne der Bewertungsunterschiede. Hierdurch erhält man einen Eindruck davon, wie unterschiedlich stark, die Unternehmen von der jeweiligen Fehlbewertung betroffen sind und wie stark damit die Gleichmäßigkeit der Besteuerung verletzt wird.

Da die Substanzbesteuerung nicht an Markttransaktionen ansetzt, können Marktwerte nur geschätzt werden. Der Wert des APV-Verfahrens wird dabei als Ersatz für die nicht beobachtbaren Marktwerte verwendet. Es wird somit davon ausgegangen, dass ein hypothetischer, rationaler Investor den APV-Ansatz verwenden würde, um den Unternehmenswert zu bestimmen. Die Marktkonstellationen und unternehmensspezifische Situationen können hinsichtlich verschiedener Parameter variieren. Kapitalkosten, Gewinnwachstum, Finanzierungsstruktur und Zeiteffekte sind daher Gegenstand der folgenden Sensitivitätsanalysen. Da mit Ausnahme der Besteuerung von Schenkungsvorgängen der Zeitpunkt der Besteuerung nicht selbst bestimmt werden kann und im Falle einer Erbschaftsteuer unerwartet eintrifft, sind die Möglichkeiten, die Vermögensstruktur und Ertragssituation Steuer mindernd zu beeinflussen, sehr beschränkt.[39] Zudem wird der Marktwert eines Unternehmens auch durch die aktuelle Marktsituation und die alternativen Anlagemöglichkeiten mitbestimmt.

3.4.1.1 Modellunternehmen

Die quantitative Untersuchung wird anhand des Beispiels von sechs typisierten Unternehmen durchgeführt:[40]

1. kleines Handwerksunternehmen, KFZ Gewerbe mit 5-10 Angestellten,

[37] Vgl. Schultze (2003), S. 241.
[38] Vgl. Müller (2007), S. 415-426.
[39] Bei einer Schenkung unter Lebenden kann der Vermögenswert jedoch durch bilanzpolitische Maßnahmen reduziert werden.
[40] Vgl. Maiterth/Sureth (2005), S. 116-123 und Sureth/Maiterth (2008), wählen einen vergleichbaren Ansatz.

2. mittelgroßes Handwerksunternehmen, Metallbau mit 10-20 Beschäftigten,
3. kleines Handwerksunternehmen, Feinwerkmechanik mit 5-10 Angestellten,
4. mittleres Unternehmen aus dem verarbeitenden Gewerbe, Umsatz von weniger als 2,5 Mio. €,
5. mittleres Unternehmen aus dem Maschinenbau mit einem Umsatz von weniger als 2,5 Mio. €,
6. mittleres Unternehmen aus dem Dienstleistungssektor mit einem Umsatz von weniger als 2,5 Mio. €.

Die Unternehmen entsprechen einem durchschnittlichen Unternehmen der jeweiligen Branche und Größenklasse und ermöglichen es, repräsentative Unternehmenswerte zu ermitteln. Fünf der ausgewählten Unternehmen sind auf ähnlichen Tätigkeitsfeldern aktiv und sind geeignete Beispiele für deutsche Industrie- und Handwerksunternehmen. Das Dienstleistungsunternehmen wird als Vergleichsunternehmen aus dem nicht produzierenden bzw. nicht verarbeitenden Gewerbe verwendet. Dies erlaubt es uns, zu beurteilen, ob Unternehmen, die üblicherweise eine geringere Kapitalausstattung benötigen, im Vergleich zu produzierenden Unternehmen durch das Stuttgarter Verfahren systematisch anders behandelt werden. Durch die Verwendung von sechs unterschiedlichen Unternehmen lässt sich der Einfluss von Unternehmensgröße, -profitabilität, und -vermögensstruktur auf eine etwaige Fehlbewertung durch das Stuttgarter Verfahren beobachten und somit kann eine mögliche Wertlücke anhand real existierender Konstellationen verdeutlicht werden. Die Daten der Bilanz und Gewinn- und Verlustrechnung für die Unternehmen aus dem KFZ Gewerbe, Metallbau und Feinwerkmechanik-Handwerk wurden Veröffentlichungen der Landes-Gewerbeförderungsstelle des nordrheinwestfälischen Handwerks e.V. entnommen und geben durchschnittliche Größen der Unternehmen wieder, die diese jährlich freiwillig zur Verfügung stellen.[41] Auch die Kennzahlen der Unternehmen 4 bis 6 sind Branchendurchschnitte und entstammen einer Sonderveröffentlichung der Deutschen Bundesbank.[42]

Tabelle 3.1 zeigt, dass sich die Unternehmen hinsichtlich Kapitalausstattung, Kapitalverwendung, Kapitalkosten und Rentabilität unterscheiden. Die Bilanzsummen bewegen sich zwischen 223.106 € und 1.973.889 €. Die relevanten Positionen der Mittelherkunft (Eigenkapital, verzinsliches Fremdkapital, übrige Verbindlichkeiten) und der Mittelverwendung (Grundbesitz und Sachanlagen) werden aus Gründen der besseren Vergleichbarkeit in Prozent der Bilanzsumme angegeben. Besonders auffallend ist die schwache Eigenkapitalausstattung vor allem im KFZ Gewerbe.[43] Typischerweise handelt es sich bei den

[41] Vgl. Landesgewerbeförderungsstelle des nordrhein-westfälischen Handwerks e. V. (2002a); Landesgewerbeförderungsstelle des nordrhein-westfälischen Handwerks e. V. (2000); Landesgewerbeförderungsstelle des nordrhein-westfälischen Handwerks e. V. (2002b).

[42] Vgl. Deutsche Bundesbank (2004).

[43] Allerdings ist eine negative Eigenkapitalausstattung bei Kleinbetrieben auch keine Seltenheit.

	KFZ Gewerbe	Metallbau	Feinwerk-mechanik	Verarbeitendes Gewerbe	Dienst-leistungen	Maschi-nenbau
Bilanzsumme	223.106 €	467.908 €	1.973.889 €	760.719 €	994.898 €	841.837 €
Eigenkapital	5,55%	32,70%	13,59%	14,90%	10,80%	17,30%
Verzinsliches FK	33,85%	22,22%	55,83%	30,90%	44,50%	26,20%
Übrige Verbindlichkeiten	60,60%	45,08%	30,58%	54,20%	55,30%	56,50%
Grundbesitz & Sachanlagen	47,38%	24,45%	54,90%	31,00%	38,60%	28,50%
Umsatz	496.481 €	1.033.597 €	2.688.819 €	1.220.194 €	802.883 €	1.256.862 €
Abschreibungen	14.095 €	42.992 €	191.962 €	55.463 €	36.792 €	58.188 €
Zinsaufwendungen	8.135 €	11.715 €	66.340 €	22.185 €	32.704 €	21.982 €
FK-Zinssatz	10,77%	11,27%	6,02%	9,44%	7,39%	9,96%
Eigenkapitalrendite	196,35%	23,35%	19,33%	14,01%	51,06%	12,19%

Kapital und Vermögen werden als Verhältniszahlen zur Bilanzsumme angegeben. Der FK-Zinssatz ergibt sich aus den Zinsaufwendungen im Verhältnis zum verzinslichen Fremdkapital. Der Jahresüberschuss in Relation zum bilanziellen Eigenkapital bestimmt die Eigenkapitalrendite.

Tabelle 3.1: Vermögens- und Erfolgsstruktur der betrachteten Unternehmen

ausgewählten Unternehmen um Familienbetriebe, die in der Regel durch einen geschäftsführenden Gesellschafter geleitet werden. Da das Geschäftsführergehalt bei den betrachteten Unternehmen noch nicht vom Jahresergebnis abgezogen wurde, ist davon auszugehen, dass große Teile der Überschüsse vom Anteilseigner entnommen werden und nicht im Unternehmen verbleiben.[44] Dies erklärt auch die geringe Eigenkapitalausstattung. Aus der geringen Eigenkapitalquote resultiert auch die zum Teil sehr hohe Eigenkapitalrentabilität. Diese ergibt sich aus dem erzielten Jahresüberschuss in Relation zum Eigenkapital der Unternehmung. Alle Unternehmen erzielen einen Jahresüberschuss. Eine größere Diskrepanz zeigt sich auch bei den Fremdkapitalzinsen (Zinsaufwendungen / verzinsliches Fremdkapital). Sie wird maßgeblich durch die getroffenen Zinsvereinbarungen und den Fremdkapitalbestand am Jahresende beeinflusst.

3.4.1.2 Rahmenbedingungen

Die jeweiligen Unternehmenswerte werden analog zu den beschriebenen Regelungen des Stuttgarter Verfahrens und der Methodik des APV-Ansatzes ermittelt. Der Prognosezeitraum der zukünftigen Cashflows wird in Übereinstimmung mit den Empfehlungen des Instituts der Wirtschaftsprüfer auf fünf Jahre festgelegt. Eine kritische Größe in der Untersuchung ist die Bestimmung des Terminal Value. Es gilt die Annahme, dass die Cashflows nach Ablauf des Planungszeitraums den Cashflows der letzten Planungsperiode entsprechen.[45] Das Tax Shield wird mit der Vorsteuerrendite einer risikolosen Investition diskontiert, da angenommen wird, dass die Steuervorteile sicher sind.[46] Weiterhin wird unterstellt, dass die Unternehmen alle verbleibenden Cashflows an ihre Anteilseigner ausschütten, nachdem in Höhe der Abschreibungen Ersatzinvestitionen vorgenommen

[44] Die Datengrundlage zeigt nur das Jahresergebnis vor Geschäftsführeraufwendungen, um Personen- und Kapitalgesellschaften miteinander vergleichen zu können.

[45] Dies entspricht den Empfehlungen des IDW; vgl. IDW (2002), S. 116.

[46] Die Verwendung eines risikoangepassten Zinssatzes führt zu einem geringeren Tax Shield. Ich beschränke mich in meiner Analyse jedoch auf ein Szenario ohne Unsicherheit.

wurden. Da keine Informationen über die bewertungsrechtlichen Werte des Grundbesitzes vorliegen, werden vereinfachend Bilanzwerte verwendet.[47]

Unternehmensgewinne werden mit 25% KSt besteuert. Weiterhin werden der SolZ mit 5,5% und die GewSt in Höhe von 16,67% berücksichtigt, so dass sich eine Steuerbelastung auf Unternehmensebene in Höhe von 38,65% ergibt. Aus Vereinfachungsgründen wird der persönliche Steuersatz mit 35% festgelegt.[48] Die freien Cashflows berechnen sich wie folgt:

EBIT	
-	Unternehmenssteuern
+	Abschreibungen
-	Veränderung der Rückstellungen
-	Investitionen
-	Veränderung des Nettoumlaufvermögens
=	Freier Cashflow.

3.5 Ergebnisse

Im folgenden Abschnitt werden die wichtigsten Werttreiber variiert. Es handelt sich hierbei um ceteris paribus-Analysen, d.h. alle anderen Faktoren bleiben unverändert. Für die Eigenkapitalkosten nehmen wir, soweit nichts anderes angegeben, 9% an. Die risikoadjustierten Fremdkapitalkosten sind unternehmensindividuell. Der risikolose Zinssatz wird auf 4% festgelegt. Die daraus resultierende Risikoprämie von 5% liegt damit nur leicht unter der Empfehlung von Stehle.[49] Da diese Größe aber von vielen Faktoren abhängt, wie z.B. Markt-, Branchen- oder Zinsentwicklungen, sind Variationsrechnungen sinnvoll. In der Ausgangssituation beobachtet man in allen Branchen eine Unterbewertung. Das Verhältnis von Stuttgarter Verfahren zu Marktwerten (SV/APV) beträgt 31,3% bis 92,4%. Die Einzelwerte des Ausgangsfalles können Tablle 3.2 entnommen werden. Auffällig ist hier bereits die große Spanne zwischen den verschiedenen Unternehmen und die damit verbundene Ungleichbehandlung durch das geltende Recht.

SV / APV	KFZ Gewerbe	Metallbau	Feinwerk-mechanik	Verarbeitendes Gewerbe	Maschinenbau	Dienstleistung
Ausgangssituation	31,3%	51,1%	92,4%	40,5%	41,7%	41,9%

Die Tabelle gibt an, welcher Unternehmenswert nach Anwendung des Stuttgarter Verfahrens (SV) in Relation zum potenziellen Marktwert (APV) für die jeweiligen Unternehmen gilt.

Tabelle 3.2: Wert des Stuttgarter Verfahrens in Relation zum Marktwert im Ausgangsfall

[47] Vgl. zur Problematik der Bewertung von Grundbesitz Bach/Broekelschen/Maiterth (2006a), S. 1961-1968.

[48] Der Arbeitskreis Unternehmensbewertung des IDW empfiehlt bei der Ermittlung des objektivierten Unternehmenswerts einen Steuersatz von 35%, vgl. IDW (1997), S. 33-34.

[49] Stehle (2004), S. 921, hält 5,5% für vertretbar.

3.5.1 Eigenkapitalkosten

Zunächst wird untersucht, welchen Einfluss die Eigenkapitalkosten auf das Verhältnis eines nach dem Stuttgarter Verfahren ermittelten Unternehmenswertes zum Unternehmenswert gemäß APV haben. Die Eigenkapitalkosten werden im APV-Verfahren verwendet, um die künftigen Cashflows zu diskontieren. Das Stuttgarter Verfahren (SV) bleibt von einer Variation der Eigenkapitalkosten hingegen unberührt. Je größer der verwendete Eigenkapitalkostensatz ist, umso geringer ist der Wert, der sich unter Verwendung des APV-Ansatzes ergibt.

Abbildung 3.1 zeigt, dass das Verhältnis der Unternehmenswerte nach dem Stuttgarter Verfahren zu den APV-Werten für die meisten Konstellationen kleiner als eins ist. Damit kommt es häufig zu einer Unterbewertung durch das Stuttgarter Verfahren. Geht man von einer üblichen Eigenkapitalverzinsung eines DAX-Unternehmens in Höhe von 8-10% aus, dann beträgt für fünf der Unternehmen der Wert gemäß Stuttgarter Verfahren lediglich zwischen 28% und 56% des APV-Werts. Ein zusätzlicher Risikoaufschlag oder eine Veränderung der Marktbedingungen können jedoch ursächlich dafür sein, eine höhere Diskontierung vorzunehmen. Die Wertlücke des Stuttgarter Verfahrens beträgt dann, z.B. bei einer 15%igen Eigenkapitalverzinsung, jedoch nur noch 21% bis 49%.

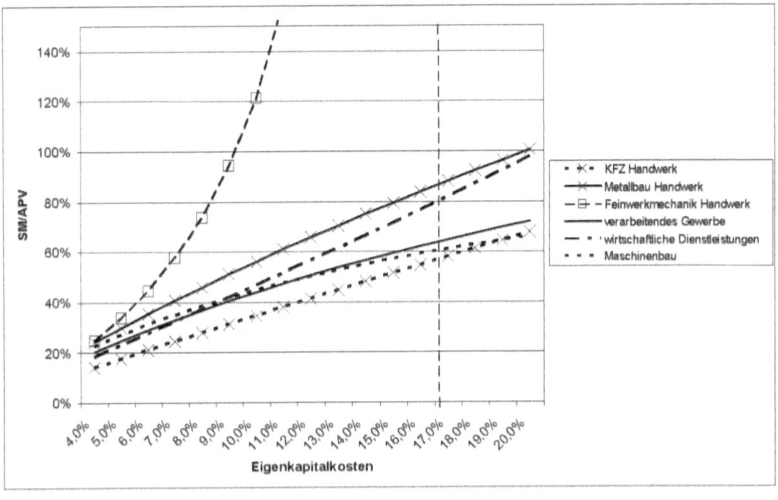

Abbildung 3.1: Verhältnis von Stuttgarter Verfahren zu Marktwerten bei verschiedenen Eigenkapitalkostensätzen k^U

Das KFZ Handwerksunternehmen weist die größten Differenzen zum Marktwert des APV-

Ansatzes auf. Hierfür ist die äußerst geringe Eigenkapitalausstattung des Unternehmens in Höhe von 5,5% der Bilanzsumme verantwortlich.[50] Das Stuttgarter Verfahren liefert für das Metallbau Handwerksunternehmen Werte, bei denen nach dem Feinwerkmechanik Unternehmen die geringsten Abweichungen zum APV-Ansatz resultieren. Ausschlaggebend für die relativ marktnahe Bewertung sind die hohe absolute Kapitalausstattung und die mit 32,7% der Bilanzsumme relativ hohen Eigenmittel. Der APV-Wert des Feinwerkmechanikunternehmens reagiert sehr sensibel auf unterschiedliche Eigenkapitalkostensätze. Bei einem Diskontierungssatz von 9-10% ist der Wert aus dem Stuttgarter Verfahren identisch mit dem Marktwert. Wird eine Eigenkapitalverzinsung von mehr als 16% angenommen, ergibt sich ein negativer Unternehmenswert aus dem APV-Ansatz, da dann die Summe der diskontierten Cashflows geringer ist als die Schulden des Unternehmens. Das resultiert aus den im Vergleich zur Kapitalausstattung niedrigen Cashflows. Abbildung 3.1 illustriert diese Reaktion durch den vertikalen Verlauf der entsprechenden Kurve.

Festzuhalten ist, dass in dem für DAX-Unternehmen recht wahrscheinlichen Szenario (Eigenkapitalverzinsung von 9%) alle Unternehmen mit einer Ausnahme deutlich unter dem Marktwert liegen. Die betrachteten Unternehmen sind von der Unterbewertung allerdings sehr unterschiedlich betroffen. Dies wird deutlich, wenn man sich die Streuung der Werte anschaut: die Lücke zwischen dem Unternehmenswert nach Stuttgarter Verfahren zum Marktwert beträgt 6% bis 69%.

3.5.2 Fremdkapitalkosten

Fremdkapitalzinsen gehören zu den volatilen Werttreibern. Ihre Entwicklung lässt sich von den Unternehmen kaum beeinflussen, sondern hängt weitestgehend von der gesamtwirtschaftlichen Situation ab. Die von den Unternehmen tatsächlich gezahlten Zinsen bewegen sich zwischen 6,02% und 11,27%.[51] Die Gründe für diese deutliche Diskrepanz können in unterschiedlichen Fristigkeiten, Zinsfestschreibungsdauern oder Bonitäten liegen. Für alle Unternehmen wird eine Eigenkapitalverzinsung in Höhe von 9% angenommen.

Abbildung 3.2 zeigt, dass bei einem Fremdkapitalzins von 3% das Stuttgarter Verfahren und die APV-Methode zu nahezu übereinstimmenden Werten für die Unternehmen aus dem verarbeitenden Gewerbe und dem Maschinenbau führen. In beiden Branchen kommt es durchweg zu einer Unterbewertung. Die Unternehmenswerte weichen auch bei höheren Fremdkapitalzinsen nur geringfügig von einander ab. Dies ist auf die sehr ähnliche Jahresabschlussstruktur beider Branchen zurückzuführen bestätigt damit die entsprechenden Ergebnisse bei Betrachtung der Variation der Eigenkapitalkosten. Bei einer Fremdkapitalverzinsung von 5,7% oder weniger führt das Stuttgarter Verfahren für das Feinwerk-

[50] Weitere Veröffentlichungen der Landesgewerbeförderungsstelle des nordrhein-westfälischen Handwerks zeigen, dass Kleinbetriebe häufig eine sehr geringe oder gar negative Eigenkapitalausstattung haben.

[51] Die Zinssätze werden auf Basis der Zinsaufwendungen in Relation zum verzinslichen Fremdkapital errechnet.

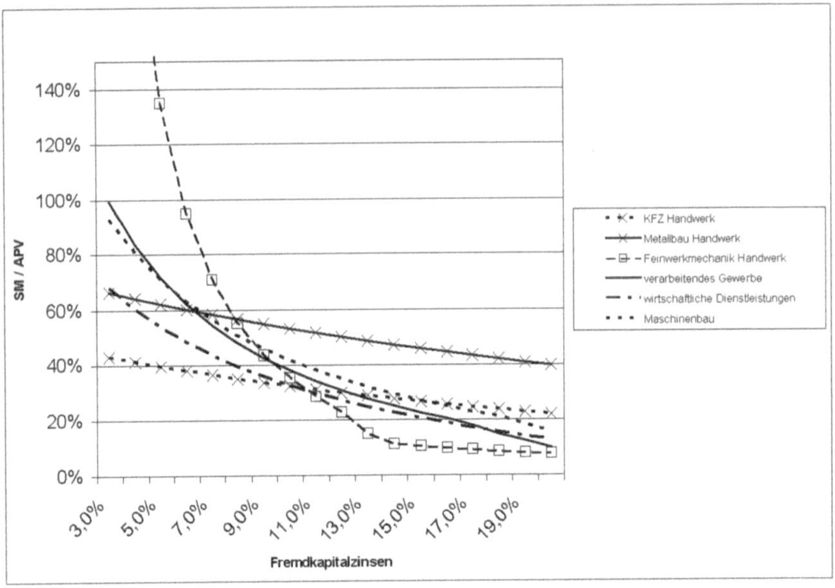

Abbildung 3.2: Verhältnis von Stuttgarter Verfahren zu Marktwerten bei verschiedenen Fremdkapitalzinsen

mechanikunternehmen zu einem Wert der zum Teil deutlich über dem Marktwert liegt. Wird das Fremdkapital mit 8% verzinst, so beträgt die Schätzung durch das Stuttgarter Verfahrens für alle Branchen nur 39% bis 57% des APV-Werts – eine deutliche Unterbewertung.

Insbesondere das Unternehmen aus dem Dienstleistungssektor profitiert von der Unterbewertung. Hierfür sind die hohen Cashflows in Relation zu einer geringen Kapitalausstattung ursächlich. Diese Relation löst zwei Effekte aus. Zum einen liefert das APV-Verfahren, angetrieben von hohen diskontierten Cashflows und niedrigen verzinslichen Schulden, einen recht hohen Unternehmenswert. Zum anderen drückt das relativ geringe Eigenkapital den Wert des Stuttgarter Verfahrens und vergrößert die Lücke zwischen beiden Unternehmenswerten. Steigt das allgemeine Zinsniveau stark an oder sind zusätzliche Risikoaufschläge notwendig, klafft die Wertschere noch weiter auseinander.

Müssen die Unternehmen 15% Zinsen für ihr Fremdkapital aufbringen, so beträgt die Unterbewertung durch das Stuttgarter Verfahren im Verhältnis zum Marktwert 54% bis 90%. Auffällig ist wiederum die Bewertung des Feinwerkmechanikunternehmens. Bei niedrigen Fremdkapitalzinsen konnte man noch eine Überbewertung durch das Stuttgarter Verfahren feststellen. Bei einem hohen Zinsniveau liegt die Schätzung des Stuttgarter Verfahrens jedoch am deutlichsten von allen Unternehmen unter dem Marktwert. Nicht nur die absolute Kapitalausstattung, sondern auch die absolute Verschuldung ist am höchsten von allen Vergleichsunternehmen. Damit sind auch sehr hohe Zinszahlungen verbunden. Während diese den Ertragshundertsatz beim Stuttgarter Verfahren mindern und damit den Unternehmenswert drücken, bewirken sie einen positiven Wertbeitrag für die APV-Bewertung durch ihre steuerliche Abzugsfähigkeit und die damit verbundene niedrigere Steuerlast.

3.5.3 Kapitalstruktur

In den vorhergehenden Abschnitten wurde bereits die Relevanz der Kapitalausstattung und Finanzierung der Unternehmen betont. Nachfolgend werden die Auswirkungen, die durch Kapitalstrukturentscheidungen hervorgerufen werden, untersucht. Bei der Sensitivitätsanalyse wird davon ausgegangen, dass ein Unternehmen frei zwischen Eigen- und Fremdkapital wählen kann. Ich unterstelle, dass neben dem Eigenkapital nur verzinsliches Fremdkapital variiert wird. Alle übrigen Verbindlichkeiten bleiben unberührt. Der Hauptgrund für diese Differenzierung liegt darin, dass der DCF-Ansatz ebenfalls nur verzinsliches Kapital berücksichtigt. Zur Rechtfertigung der Variation der Kapitalstruktur kann aus einer unternehmerischen Perspektive die Flexibilität dieser Positionen angeführt werden. So lange Kapitalgeber bereit sind, Kapital zur Verfügung zu stellen, können diese Positionen beliebig variiert werden. Die Veränderung von Rückstellungen oder Verbindlichkeiten aus Lieferungen und Leistungen, als Beispiel nicht verzinslicher Verbindlichkeiten, hingegen bedarf jedoch entsprechender Grundgeschäfte.

Abbildung 3.3 zeigt, dass Unternehmen, die ihren Kapitalbedarf zu einem überwiegenden Teil mit Fremdkapital abdecken, durch das Stuttgarter Verfahren deutlich bevorzugt werden (Unterbewertung). Werden die Unternehmen nur zu 20% durch Eigenmittel finanziert, so beträgt der Unternehmenswert nach dem Stuttgarter Verfahren 25% bis 42% des Marktwerts. Einzig beim Feinwerkmechanikunternehmen wird, ausgelöst durch die hohe Eigenkapitalausstattung, eine annähernde Übereinstimmung (95%) der beiden Werte erreicht. Je höher der Anteil von Eigenkapital ist, umso geringer fällt die Unterbewertung des Stuttgarter Verfahrens aus. Diese Beobachtung ist nicht weiter überraschend, da das Eigenkapital ein hohes Gewicht bei der Bestimmung des Unternehmenswertes im Stuttgarter Verfahren hat. Dennoch zeigt sich, dass auch bei fast vollständiger Eigenfinanzierung (95%) die Lücke zwischen Stuttgarter Verfahren und Marktwert in den meisten Fällen nicht geschlossen wird. Die Unterbewertung beträgt zwischen 18% im Maschinenbau und 52% im verarbeitenden Gewerbe.

Bei dem Maschinenbauunternehmen fällt auf, dass eine Erhöhung der Eigenkapitalquote besonders starke Auswirkungen hat. Während bei einer Quote von 5% diese Unternehmen die ausgeprägteste Unterbewertung durch das Stuttgarter Verfahren erfahren, kehrt sich

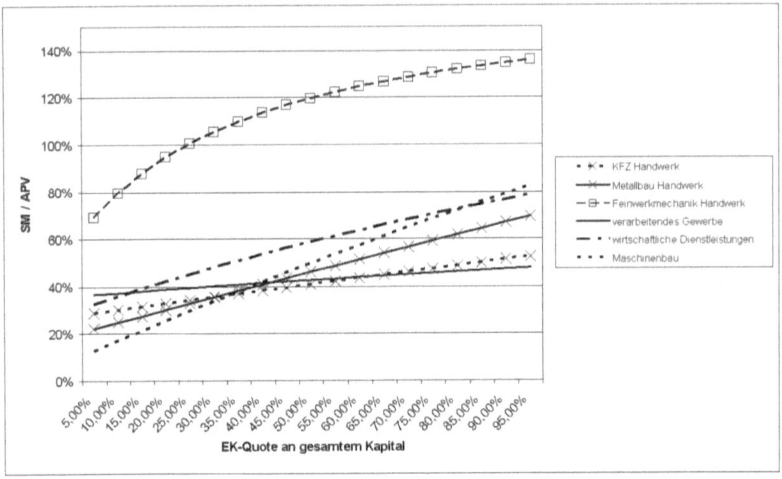

Abbildung 3.3: Verhältnis von Stuttgarter Verfahren zu Marktwerten bei verschiedenen Eigenkapitalquoten

dies bei einer hohen Eigenkapitalquote genau um. Die Verschiebung von der größten zur relativ geringsten Unterbewertung mit zunehmender Eigenfinanzierung des Maschinenbauunternehmens ist der hohen absoluten Kapitalausstattung zuzuschreiben. Zum einen steigt mit höherer Eigenfinanzierung auch der APV-Wert, da die geringere Verschuldung den zurückgehenden Wertbeitrag des Tax Shields überkompensiert. Zum anderen nimmt, angetrieben durch die besonders hohe Substanzkomponente in dieser Branche, der Wert des Stuttgarter Verfahrens überproportional zu. Ein entsprechender Effekt tritt beim Feinwerkmechanikunternehmen auf, das ab einer Eigenkapitalquote von mehr als 25% eine Überbewertung von bis zu 36% im Vergleich zum Marktpreis aufweist.

	EK / Bilanzsumme	EK / gesamtes Kapital
KFZ Handwerk	5,5%	13,97%
Metallbau Handwerk	32,7%	59,54%
Feinwerkmechanik Handwerk	13,6%	19,58%
Verarbeitendes Gewerbe	14,9%	32,52%
Wirtschaftliche Dienstleistungen	10,8%	19,52%
Maschinenbau	17,3%	39,77%

EK/Bilanzsumme bezeichnet die Eigenkapitalquote in Relation zur Bilanzsumme. EK/gesamtes Kapital gibt die Eigenkapitalquote in Relation zu der Summe aus Eigenkapital und verzinslichem Fremdkapital an.

Tabelle 3.3: Eigenkapitalquoten der betrachteten Unternehmen

3.5.4 Steuersatz

Die Belastung der Unternehmensgewinne mit Steuern hat einen direkten Einfluss auf die Ergebnisse beider Bewertungsmethoden. Der Ertragshundertsatz wird nach Abzug von GewSt und KSt ermittelt und erhöht (vermindert) sich bei niedrigeren (höheren) Unternehmenssteuern. Im APV-Ansatz übt die Besteuerung in zwei Aspekten Einfluss aus. Zum einen reduziert die Besteuerung die Cashflows des unverschuldeten Unternehmens. Zum anderen wird ein positiver Wertbeitrag durch die Abzugsfähigkeit der Fremdkapitalzinsen durch die steuerliche Bemessungsgrundlage generiert (Tax Shield).

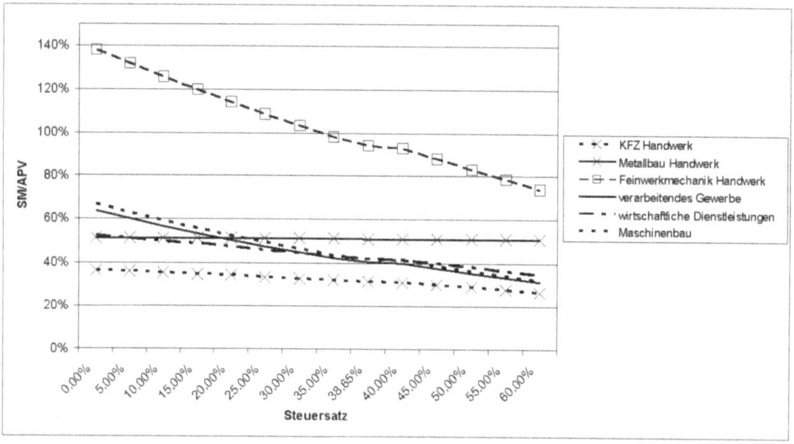

Abbildung 3.4: Verhältnis von Stuttgarter Verfahren zu Marktwerten bei verschiedenen Unternehmenssteuersätzen

Würde man etwa die Folgen der Unternehmensteuerreform 2008 berücksichtigen, dann führt dies zunächst einmal zu einer Erhöhung der Unternehmenswerte beider Ansätze. Nach geltendem Rechtsstand 2007 mit einem kombinierten Unternehmenssteuersatz aus Körperschaft- und Gewerbesteuer von 38,65% liegt das Verhältnis von Stuttgarter Verfahren zum APV-Wert zwischen 31% (KFZ Handwerk) und 51% (Metallbau Handwerk) und dem Feinwerkmechanik Handwerk bei 94%. Eine Reduzierung der gesamten unternehmerischen Steuerlast auf 20% verändert das Verhältnis der beiden Unternehmenswerte kaum. Auch hier fällt das Feinwerkmechanikunternehmen auf. Im Gegensatz zu den anderen Unternehmen liegt der Wert des Stuttgarter Verfahrens in dieser Branche um 14% über dem Marktwert.

Bemerkenswert ist weiterhin, dass eine Veränderung des Steuersatzes bei dem Metallbau Unternehmen keinerlei Einfluss auf das Verhältnis der beiden Unternehmenswerte zueinander hat. Die Erhöhung des Unternehmenswertes durch eine Steuersatzreduzierung erfolgt in diesem Fall im gleichen Verhältnis. Insgesamt lässt sich festhalten, dass eine Steuersatzänderung in einem moderaten Umfang nur geringe Auswirkungen auf die Relation der beiden Unternehmenswerte hat. Es scheint jedoch eine Abhängigkeit von der Höhe des verzinslichen Fremdkapitals zu geben. Je größer das Fremdkapital ist, umso stärker verändert sich der Unterschied zwischen Stuttgarter Verfahren und dem Marktwert. Diese Differenz wird durch den steuersatzabhängigen Wert des Tax Shields im APV hervorgerufen.

3.5.5 Zeiteffekte durch Umsatzsprünge

Ein zentraler Unterschied zwischen dem Stuttgarter Verfahren und dem APV-Ansatz ist die zeitliche Perspektive der Erfolgsgrößen. Im Stuttgarter Verfahren werden historische Ergebnisse als Schätzgröße für zukünftige Erträge verwendet. Der Wert des APV-Verfahrens basiert hingegen auf prognostizierten Cashflows. In diesem Abschnitt wird ein Szenario untersucht, in dem sich die zukünftigen Umsätze im Vergleich zur Vergangenheit einmalig sprungartig verändern und in den Folgejahren auf diesem neuen Niveau bleiben. In der Praxis sind Preissteigerungen oder -rückgänge häufig Auslöser für diese Entwicklung. Da man alle anderen Variablen unverändert lässt, wirkt sich die Veränderung des Umsatzes auf das Jahresergebnis aus.

Dass eine zukünftige Umsatzveränderung die Schere zwischen den beiden Unternehmenswerten vergrößert, ist intuitiv nachvollziehbar, da das Stuttgarter Verfahren diese zukünftige Entwicklung gerade nicht berücksichtigt und damit das Ausmaß der verfahrensimmanenten Unterbewertung zunimmt. Interessant ist hier vor allem, wie groß die Effekte sein können. Verdeutlicht am modellierten repräsentativen Unternehmen zeigt sich, dass der geschätzte Unternehmenswert für steuerliche Zwecke verändert sich somit in keinem Szenario. Dafür steigt jedoch der APV-Wert. Dies erklärt auch, warum die Kurven in Abbildung 3.5 gegen einen gemeinsamen Grenzwert tendieren. Bewegt sich die SV/APV-Relation im Ausgangsfall noch zwischen 31% und 94%, so rückt die Spanne bei einer Umsatzerhöhung um 4% im Zeitpunkt auf 23% bis 47% enger zusammen. Damit verstärkt sich jedoch auch die Unterbewertung durch das Stuttgarter Verfahren merklich. Bei einem Umsatzsprung um 8% erreicht das Stuttgarter Verfahren nur noch 17% bis 32% des jeweiligen Marktwerts.

Eine Umsatzreduzierung um 4% hat weniger eindeutige Folgen. Da der Marktwert durch die zu erwartenden niedrigeren Cashflows sinkt, ist davon auszugehen, dass die Lücke zwischen beiden Unternehmenswerten geringer wird. Die Unternehmen aus dem KFZ Gewerbe, Metallbau und wirtschaftlichen Dienstleistungen erhöhen ihre SV/APV-Relation auf 47% bis 83%.

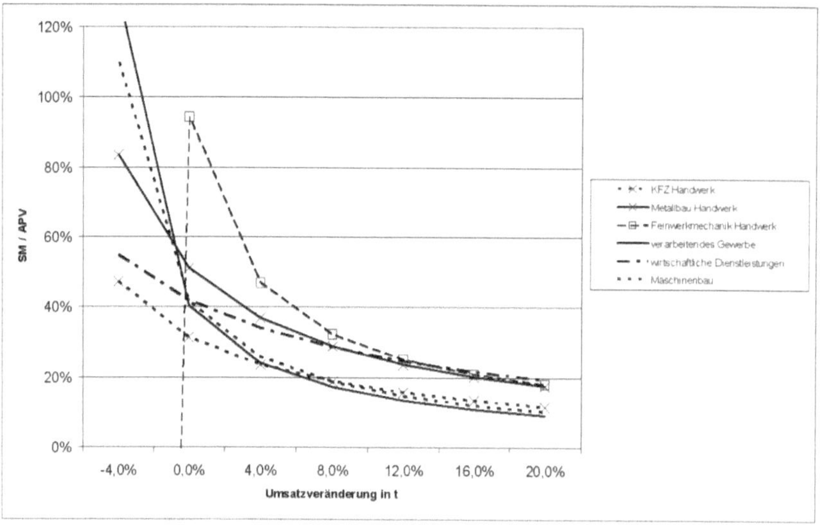

Abbildung 3.5: Verhältnis von Stuttgarter Verfahren zu Marktwerten bei Veränderung der Umsätze im Bewertungszeitpunkt t

Bei den Unternehmen aus dem Maschinenbau und dem verarbeitenden Gewerbe liefert das Stuttgarter Verfahren im Falle einer Umsatzreduzierung einen Wert, der 10% bis 29% über dem Marktwert liegt. Diese Unternehmen würden durch das Stuttgarter Verfahren schlechter gestellt, als ein börsennotiertes Unternehmen, das nach Marktpreisen bewertet wird. Verantwortlich hierfür ist jeweils die Tatsache, dass die diskontierten Cashflows durch den Umsatzrückgang einen Wert annehmen, der nur unwesentlich größer als null ist. Dies kann durch das Tax Shield nicht kompensiert werden. Dieser Effekt wird bei dem Feinwerkmechanikunternehmen noch einmal gesteigert. Die relativ geringen diskontierten Cashflows decken in dieser Branche nicht den Wert der Schulden hieraus resultiert ein negativer Unternehmenswert. Ursächlich ist die schwache Rentabilität des Unternehmens bereits im Grundfall. Ein Umsatzrückgang von 4% hat bei dem Feinwerkmechanikunternehmen deshalb so starke Konsequenzen. Ein negativer Unternehmenswert kann jedoch nur in diesem theoretischen Fall auftreten, da bei ertragschwachen Unternehmen Anpassungen hinsichtlich der Kapitalkosten vorgenommen werden müssten.

Es wird deutlich, dass positive zukünftige Ertragsaussichten die Unterbewertung durch das Stuttgarter Verfahren deutlich forcieren. Schon bei relativ geringen erwarteten Ertragsrückgängen wird die Unterbewertung gemildert oder es kommt bereits zu einer Überbewertung durch das Stuttgarter Verfahren.

3.5.6 Wachstum

In den bisherigen Untersuchungen wurden Veränderungen ausschließlich in einer statischen Umgebung untersucht. In diesem Abschnitt werden nun die Effekte betrachtet, die durch ein konstantes jährliches Umsatzwachstum ausgelöst werden. Dieses Wachstum wird für die Vergangenheit, wie auch für den zukünftigen Planungszeitraum angenommen. Es zeigt sich, dass die Berücksichtigung eines konstanten negativen Wachstums zu negativen Unternehmenswerten führt.

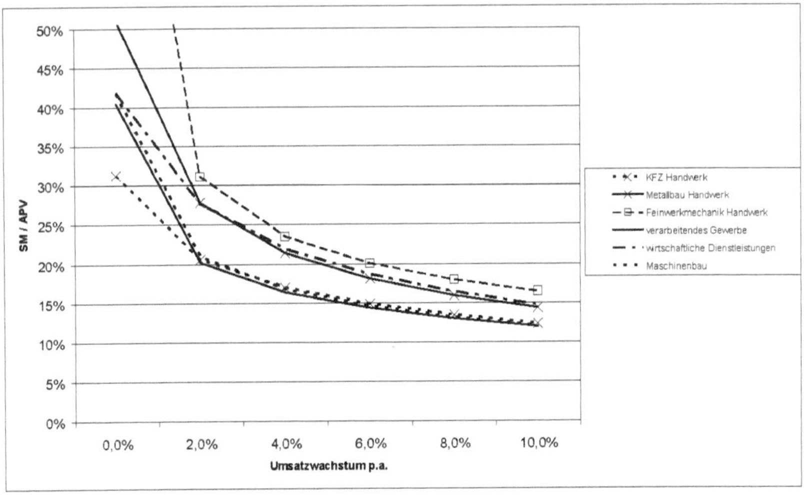

Abbildung 3.6: Verhältnis von Stuttgarter Verfahren zu Marktwerten bei jährlichem Umsatzwachstum

Treten in der Praxis kontinuierliche Umsatzrückgänge auf, werden die betroffenen Unternehmen mit der Zeit insolvent. Aus diesem Grund wird ausschließlich auf ein positives Umsatzwachstum fokussiert. Abbildung 3.6 veranschaulicht, dass je größer die Wachstumsrate ist, umso größer ist die Wertlücke zwischen Stuttgarter Verfahren und dem Marktwert. Bereits bei einem Wachstum von 2% p.a. beträgt die Unterbewertung bei allen untersuchten Unternehmen zwischen 69% und 80%. Offensichtlich wird Wachstum im Stuttgarter Verfahren nur unzureichend abgebildet. Neben der Substanzkomponente kann man hierfür die Gewichtung der Jahre im Ertragshundertsatz verantwortlich machen. Der Ertragshundertsatz wird zur Hälfte durch das letzte (das aktuellste) Jahresergebnis bestimmt. Der Wert der zukünftigen Cashflows wird aber nur zu 20% bis 30%, je nach Diskontierungsfaktor, durch das erste zukünftige Jahresergebnis geprägt. Veränderungen der Ertragssituation fließen hierdurch gleichmäßiger in den Unternehmenswert als in den

Wert des Stuttgarter Verfahrens. Da der Wert des Stuttgarter Verfahrens viel weniger durch die Änderung der Erträge bestimmt wird, konvergieren alle SV/APV-Relationen mit zunehmender Wachstumsrate gegen einen Wert nahe null.

3.6 Zusammenfassung

Ziel dieser Untersuchung war es festzustellen, wie groß die Wertlücke zwischen dem Stuttgarter Verfahren und einem (fiktiven) Marktwert ist und wie sensitiv diese Differenz auf Variationen der werttreibenden Faktoren reagiert. Der nicht beobachtbare Marktwert wurde hierbei durch das APV-Verfahren bestimmt. Die Sensitivitätsanalysen wurden für sechs Modellunternehmen durchgeführt. Die Unternehmen entsprechen jeweils einem durchschnittlichen Unternehmen aus einer von sechs verschiedenen Branchen. Ausgewählt wurden drei Handwerks-, zwei kleine Industrie- und ein Dienstleistungsunternehmen.

Im Ausgangsfall zeigt sich bei allen Unternehmen eine Unterbewertung. Die Verhältnisse von steuerlichem Wertansatz zu Marktwerten reichen von 31,3% bis 92,4%. Damit liegen die durch das Stuttgarter Verfahren ermittelten Unternehmenswerte 7,6% bis 68,7% unter den jeweiligen Marktwerten. Die allgemeine Vermutung, dass der Wert des Stuttgarter Verfahrens deutlich niedriger als der Marktwert liegt, wird hiermit unterstützt. Der Gleichheitsgrundsatz nach Art. 3 GG wird somit in zweierlei Hinsicht verletzt. Zunächst haben nicht börsennotierte Unternehmen durch dieses Verfahren einen zum Teil immensen Vorteil gegenüber börsennotierten Unternehmen, da die Bemessungsgrundlage für Zwecke der Erbschaft- und Schenkungsteuer erheblich niedriger ausfällt. Es wird jedoch auch deutlich, dass die gleichmäßige Behandlung der nichtbörsennotierten Unternehmen untereinander verletzt wird, da nicht alle Unternehmen von der Unterbewertung im gleichen Maße profitieren.

Die Variationen von Eigenkapitalkosten und Eigenkapitalquote zeigen: Je höher der Werttreiber, desto höher ist der Wert des Stuttgarter Verfahrens relativ zum Marktwert. Die Anreize zur Vermeidung einer Eigenkapitalfinanzierung sind offensichtlich. Die umgekehrte Wirkungsrichtung gilt für Erhöhungen des Fremdkapitalzinses, des Steuersatzes, des Umsatzes und der Berücksichtigung von positivem Wachstum. Tabelle 3.4 veranschaulicht die Auswirkungen ausgewählter Variationen. Insgesamt belegen die Sensitivitätsanalysen, wie stark sich das Ausmaß der zum Teil erheblichen Unterbewertung bei einer Parametervariation noch erhöhen kann.

Die Ungleichbehandlung der untersuchten Unternehmen kann anhand der Spannweite der Verhältnisse zwischen Stuttgarter Verfahren und Marktwerten beurteilt werden. Das KFZ Gewerbe (31,3% des Marktwerts) profitiert von einer deutlich stärkeren Unterbewertung im Vergleich zum Metallbau bzw. dem Feinwerkmechanikunternehmen (92,4% des Marktwerts), da es über die geringste Eigenkapitalausstattung aller Unternehmen verfügt. In

SV / APV		KFZ	Metallbau	Feinwerk-mechanik	verarb. Gewerbe	Maschi-nenbau	Dienst-leistung
Ausgangs-situation		31,3%	51,1%	92,4%	40,5%	41,7%	41,9%
EK-Kosten	12%	41,4%	65,8%	212,9%	50,6%	50,1%	56,5%
FK-Zins	8%	35,0%	56,5%	55,0%	48,0%	50,7%	39,4%
	aktuell	(10,8%)	(11,3%)	(6,0%)	(9,4%)	(10,0%)	(7,4%)
EK-Quote	30%	35,6%	35,5%	105,5%	40,1%	33,8%	48,0%
	aktuell	(14,0%)	(59,5%)	(19,6%)	(32,5%)	(39,8%)	(19,5%)
Steuersatz	25%	33,5%	51,2%	108,5%	47,5%	49,2%	45,9%
Umsatz-veränderung	8%	18,7%	28,8%	32,2%	17,1%	18,6%	28,5%
Wachstum	4% p.a.	17,0%	21,4%	23,4%	16,4%	16,7%	21,9%

In den Spalten werden die SV/APV-Relationen für die jeweiligen Unternehmen bei Variation der verschiedenen Werttreiber ceteris paribus angegeben. Die Werte in Klammern in den Zeilen „aktuell" geben die Ausgangswerte für die Unternehmen in der jeweiligen Branche an. EK bezeichnet dabei das Eigenkapital, FK für Fremdkapital.

Tabelle 3.4: Übersicht der Relation von Stuttgarter Verfahren zu Marktpreisen

verschiedenen Szenarios (Eigenkapitalkosten > 10%, Fremdkapitalkosten < 6%, EK-Quote > 30%, Steuersatz > 30% oder Umsatzveränderung < 0%) werden einige Unternehmen steuerlich niedriger und mindestens ein Unternehmen steuerlich höher bewertet als der entsprechende Marktwert. Damit kommt es in diesen Fällen nicht nur zu einer ungleichen Bevorteilung der Unternehmen, sondern zusätzlich zu einer Benachteiligung im Fall des Feinwerkmechanikunternehmens.

Betrachtet man nur unterbewertete Unternehmen, so liegt die Spannweite der SV/APV-Relationen, und damit die Ungleichbehandlung der Unternehmen, häufig bei 20% und mehr. Bei einem Fremdkapitalzins von einheitlich 8% auf das verzinsliche Fremdkapital beträgt der steuerliche Unternehmenswert des KFZ-Gewerbes 35% des Marktwertes im Vergleich zu 56,5% bei dem Metallbau-Unternehmen. Bei einem jährlichen Umsatzwachstum von 4% liegt die Unterbewertung zwischen 76,6% und 83,6%. Eine Reduzierung der Fremdkapitalzinsen um ca. 2% des aktuell geltenden Zinssatzes hat mit 5% bis 10% eher geringere Auswirkungen auf die Wertlücke.

Die Ergebnisse zeigen deutlich, dass es regelmäßig zu einer erheblichen Unterbewertung und damit zu einem gravierenden Verstoß gegen die Gleichmäßigkeit der Bewertung ähnlicher Unternehmen kommt. Zudem zeigt sich, dass die Bewertungsunterschiede zwischen verschiedenen Branchen sehr groß sein können. Ein Reformkonzept, das eine gleichmäßige Besteuerung gewährleistet und damit zugleich steuerbedingte Verzerrungen vermeidet, muss diese schwerwiegenden Mängel beseitigen. Soll sich die Bewertung an Markt- oder Verkehrswerten orientieren, so müssen zukünftige steuerliche Bewertungsverfahren auch die Faktoren erfassen, die nach den Erkenntnissen über die Unternehmensbewertung relevant sind (insbes. prognostizierte Cashflows und Kapitalkosten). Dazu sind jedoch individuelle Gutachten über die entsprechenden Steuerobjekte nötig. Ob sich der Gesetzgeber von der einheitlichen Bewertung aller Unternehmungen trennen wird und wie diese administriert werden könnte, ist allerdings ungeklärt.[52] Als standardisiertes Verfahren könnte sich der Multiplikatoransatz anbieten. Dieser Ansatz wird in Kapitel 5 näher untersucht.

[52] Vgl. Bach/Haan/Maiterth et al. (2004), S. 25-46.

4 Empirische Untersuchung der Differenz von Steuer- und Marktwert

4.1 Einführung

Das vorherige Kapitel hat verdeutlicht, dass das Stuttgarter Verfahren nur in seltenen Fällen zu einer Bewertung führt, die mit dem Wert des DCF-Verfahrens übereinstimmt. In der Regel liegt der steuerliche Wert deutlich unter dem potenziellen Marktwert nach DCF. Allerdings sind auch Konstellationen möglich, in denen das Stuttgarter Verfahren den Unternehmenswert höher schätzt als das DCF-Verfahren. Wie stark und wie häufig der steuerliche Unternehmenswert vom Marktwert abweicht, wurde in der Vergangenheit kaum untersucht. Diese Frage ist jedoch bedeutsam, soll doch durch das Stuttgarter Verfahren der gemeine Wert nach § 9 Abs. 2 BewG von Anteilen an Kapitalgesellschaften für erbschaftsteuerliche Zwecke geschätzt werden. Eine Darstellung der bisherigen Arbeiten zur Quantifizierung der Wertlücke von Steuer- und Marktwerten erfolgt in Abschnitt 4.2.

Ziel der folgenden Analyse ist es, die Differenz zwischen dem Wert des Stuttgarter Verfahrens und Marktwerten empirisch zu untersuchen. Im Gegensatz zu der Veranlagungssimulation in Kapitel 3 werden hier jedoch tatsächlich existierende Marktpreise verwendet, um eine empirische Analyse durchzuführen. Es soll dabei getestet werden, ob das Stuttgarter Verfahren gegen den Gleichheitssatz nach Art. 3 GG verstößt.[1] Die zu testenden Hypothesen werden in Abschnitt 4.3 entwickelt, sowie Modell und Datengrundlage vorgestellt. In der empirischen Untersuchung wird zunächst überprüft, ob eine Differenz zwischen Marktwert und Steuerwert existiert, also ein Verstoß gegen die gleichmäßige Besteuerung von börsen- und nicht börsennotierten Unternehmen vorliegt. In einem zweiten Schritt steht die Frage der gleichmäßigen Behandlung zwischen den nicht börsennotierten Unternehmen im Vordergrund. Eine ungleichmäßige Behandlung liegt dann vor, wenn eine zu vermutende Begünstigung durch das steuerliche Bewertungsverfahren nicht für alle Unternehmen gleichermaßen wirkt oder es zu einer Benachteiligung kommt. Die Analyse erfolgt sowohl für alle in die Untersuchung eingebundenen Unternehmen, als auch separat für jede Branche (Abschnitt 4.4.2), jedes Untersuchungsjahr (Abschnitt 4.4.3) und verschiedene Rentabilitätsgruppen (Abschnitt 4.4.4). Darauf aufbauend untersuche ich

[1] Vgl. Abschnitte 2.7 und 2.8.

mögliche andere funktionale Zusammenhänge von Vermögenswert und Ertragsaussichten als alternative steuerliche Bewertungsverfahren zur Schätzung des gemeinen Wertes (Abschnitt 4.4.5). Damit schließe ich an die Bewertungsvorschrift von § 11 Abs. 2 Satz 2 BewG an, die fordert, dass der gemeine Wert unter Berücksichtigung des Vermögens und der Ertragsaussichten der Kapitalgesellschaft zu schätzen ist.

4.2 Die Quantifizierung der Wertlücke in der Literatur

Obwohl das Stuttgarter Verfahren ein Unternehmensbewertungsverfahren ist, das ca. 50 Jahre lang angewendet wurde und dessen Eignung zur Schätzung eines Marktwertes in der Literatur stets angezweifelt wurde, existieren äußerst wenige Untersuchungen, die sich diesem Problemfeld quantitativ nähern. Die älteste veröffentlichte Untersuchung und zugleich die, mit dem vermutlich geeignetesten Datenmaterial, stammt aus dem Jahr 1976. Diese Untersuchung einzelner Finanzämter im Jahre 1976 zeigt, dass „der Kaufpreis bzw. Börsenkurs in 27% der Fälle um 0 bis 50% über dem Wert nach dem Stuttgarter Verfahren lag, in 23% der Fälle um 50 bis 100%, in 11% um 100 bis 200% und in 3% um 200 bis 900%. Der Kaufpreis bzw. Börsenkurs lag in 25% der Fälle um 0 bis 50% unter dem Richtlinienwert, in 11% der Fälle um 50 bis 100%.“ [2]

Eine von nur zwei weiteren empirischen Untersuchungen zu diesem Themenkomplex stammt von Schoenfeld aus dem Jahr 1984.[3] Er setzt die Werte des Stuttgarter Verfahrens in Relation zu den Marktpreisen börsennotierter Unternehmen. Auf Basis einer Stichprobe von 60 Unternehmen aus dem Handel oder dem produzierenden Gewerbe stellt Schoenfeld für den Untersuchungszeitraum von 1977 bis 1981 fest, dass der gemeine Wert, ermittelt durch das Stuttgarter Verfahren, im Durchschnitt ca. 50% des Kurswerts beträgt. Produzierende Unternehmen weisen dabei eine geringere Abweichung auf als Handelsunternehmen. Er bestätigt die These, dass der Einfluss des Vermögenswertes bei Produktionsunternehmen größer ist als bei Handelsunternehmen. Weiterhin betrachtet er die Entwicklung des Vermögenswertes und des Ertragswertes im Zeitverlauf. Er stellt für den Untersuchungszeitraum fest, dass die prozentualen Veränderungen des Ertragswertes relativ stark sind, wohingegen sich der Substanzwert nur in engen Grenzen bewegt. Anzumerken ist hierbei, dass der Untersuchung der damalige Rechtsstand zugrunde lag. Der Vermögenswert wurde zu der Zeit weitestgehend auf Basis der Werte aus der Vermögensaufstellung, die den Verkehrswerten nahe kamen, ermittelt. Durch die Aufdeckung der stillen Reserven wird der Vermögenswert somit regelmäßig höher liegen, als er heute unter Verwendung der Steuerbilanzansätze sein würde. Methodisch löst Schoenfeld das Problem der Verkehrswertbestimmung durch einen Zuschlagssatz. Diesen kann er aus zur Verfügung gestellten und nach steuerlichen Vorschriften ermittelten Daten von 15 Unternehmen ableiten. Für den Ertragswert stützt sich Schoenfeld nicht auf das vorgeschriebene Ermittlungssche-

[2] Vgl. Schneider (1978), S. 203 aus Troll (1977), S. 22.
[3] Vgl. Schoenfeld (1984), S. 425-430.

ma, sondern orientiert sich an der ausgeschütteten Dividende und bezieht sich dabei auf Abschnitt 80 Abs. 2 VStR für Anteile ohne Einfluss auf die Geschäftsführung. Ingesamt lautet das Resümee, dass „der nachrangige Hilfswert des Stuttgarter Verfahrens kein geeigneter Ansatz ist, den gemeinen Wert zu repräsentieren."[4]

In einer zweiten empirischen Untersuchung auf Basis einer Geschäftsberichtauswertung von 30 börsennotierten Familienunternehmen kommt Rödder zu dem Ergebnis, dass die Regelungen der VStR 1993 bei einem auf 100% normierten Einheitswert des Betriebsvermögens durchschnittlich zu einem Stuttgarter Verfahrenswert von rund 150% bei einem Kurswert von rund 250% führen. Der gemeine Wert des Anteils erreicht somit rund 60% der Marktbewertung.[5]

Die Umstellung der Einheitsbewertung des Betriebsvermögens auf Steuerbilanzwerte war Auslöser für weitere Studien. Christoffel schätzt die Minderbewertung durch die Umstellung von Einheitswerten auf Steuerbilanzwerte für das Stuttgarter Verfahren auf 25%. Er leitet seine Vermutung dabei aus dem im Finanztableau zum Entwurf des StÄndG 1992 angesetzten Mindereinnahmen ab. Nach Berücksichtigung der Korrektur von Betriebsgrundstücken und des entfallenden Pauschalabschlags von 15% auf den Vermögenswert reduziert sich der Vermögenswert nach dem StÄndG 1992 um 22,7%. Gewinner dieser Reform sind demnach kapitalintensive und ertragsschwächere Unternehmen.[6] Ein erhöhter Anteilswert ergibt sich nur für die Unternehmen, deren Gewinnrendite bezogen auf den Vermögenswert größer als 30% ist.[7]

Nach Binz und Sorg erreicht der gemeine Wert des Stuttgarter Verfahrens häufig nur 25% bis 33% des Börsenwerts, in Extremfällen sogar nur 12,5%.[8] Diese Ergebnisse basieren auf Sensitivitätsanalysen. Einen ähnlichen Ansatz, allerdings angewendet auf die ErbStR 1998, verwendet Müller.[9] Nach der Anpassung der Vermögensaufstellung an die Steuerbilanz durch das StÄndG 1992 gehen Binz und Sorg von einer Unterbewertung i.H.v. 50% aus.[10] Diese Differenz ist insoweit überraschend, als durch die Einführung der Steuerwerte zumindest der Vermögenswert deutlich reduziert wurde und es zweifelhaft ist, ob dieser Effekt durch die stärkere Gewichtung des Ertragswerts kompensiert wird, um die Wertlücke zwischen Steuer- und Marktwerten zu verringern.[11]

Daneben werden in einigen Arbeiten Schätzungen der Wertlücke genannt, ohne jedoch die Datengrundlage dieser Vermutung Preis zu geben. So schätzen Herzig und Ebeling,

[4] Schoenfeld (1984), S. 430.
[5] Vgl. Rödder (1993), S. 2137-2147.
[6] Hübner zeigt dies anhand einer Sensitivitätsanalyse Hübner (1993), S. 1657.
[7] Vgl. Christoffel (1993), S. 206-207.
[8] Vgl. Binz/Sorg (1987), S. 1997.
[9] Vgl. Müller (2007), S. 415-426.
[10] Vgl. Binz/Sorg (1994), S. 993.
[11] Vgl. Christoffel (1993), S. 206-207.

dass der Börsenwert der Stammaktien zwei- bis viermal so hoch ist, wie der Wert des Stuttgarter Verfahrens.[12] Nach Schätzungen Meinckes, der sich auf andere ungenannte Quellen stützt, beträgt der gemeine Wert von Betriebsvermögen etwa 44%. Die Berücksichtigung von betriebsvermögenspezifischem Bewertungsabschlag und Freibetrag drückt die tatsächliche Erfassung in der Bemessungsgrundlage der Erbschaft- und Schenkungsteuer noch weiter.[13] Weiterhin beträgt die Unterbewertung durch das Stuttgarter Verfahren im Vergleich zum Verkehrswert laut Welling und Richter ein Drittel. Die Datenbasis der Schätzung wird hier ebenfalls nicht genannt.[14]

Lediglich eine Arbeit findet sich, die nicht von einer Unterbewertung durch das Stuttgarter Verfahren ausgeht. So kommt Horn, bezugnehmend auf Barths Arbeit „Die Bewertung von Anteilen an Kapitalgesellschaften für Zwecke der Vermögensteuer", erstaunlicherweise zu dem Schluss, dass die Anteilsbewertung häufig zu überhöhten Wertfeststellungen führt und die Ergebnisse deswegen ungleich und damit ungerecht sind.[15] Genauere Werte werden jedoch nicht genannt.

4.3 Hypothesen, Modell und Datengrundlage

4.3.1 Hypothesen

Mit dieser empirischen Untersuchung sollen einige Forschungsfragen beantwortet werden, die unmittelbar an die Diskussion in der Literatur anschließen und damit einen Beitrag für eine Diskussion leisten, die auch die quantitativen Dimensionen umfasst. Die von mir aufgestellten Hypothesen werden getestet, d.h. validiert oder verworfen.

- *Hypothese H0: Der Wert nach dem Stuttgarter Verfahren ist identisch mit dem Marktpreis.* Ist diese Hypothese erfüllt, so liegt eine Gleichbehandlung von börsennotierten und nicht börsennotierten Unternehmen vor. Im Schrifttum besteht Einigkeit darüber, dass dieser Zustand jedoch nicht existiert. Auch das Bundesverfassungsgericht schließt sich dieser Meinung mit Verweis auf die einschlägige Literatur an und bestätigt den Verstoß gegen den Gleichheitssatz nach Art.3 GG. Diese Entscheidung soll durch einen entsprechenden statistischen Test validiert werden.

- *Hypothese H2: Das Verhältnis des Wertes nach dem Stuttgarter Verfahren zum Marktpreis ist für alle Branchen identisch.* Als unmittelbare Anschlussüberlegung an Hypothese 2 wird vermutet, dass sich die Wertrelationen der Branchen signifikant unterscheiden. Damit würde eine Verletzung der gleichmäßigen Behandlung der nicht börsennotierten Unternehmen untereinander bestätigt werden.

[12] Vgl. Herzig/Ebeling (1989), S. 222.

[13] Vgl. Meincke (1996), S. 309; § 13a ErbStG.

[14] Vgl. Welling/Richter (2002), S. 2310. Die Verfasser geben zwar das Ausmaß der Unterbewertung durch das Stuttgarter Verfahren im Vergleich zum gemeinen Wert an, meinen jedoch vermutlich den Verkehrswert. Der gemeine Wert ist ja gerade durch das Stuttgarter Verfahren zu schätzen.

[15] Vgl. Horn (1975), S. 66; Barth (1974).

- *Hypothese H4: Für jede einzelne Branche ist der Wert nach dem Stuttgarter Verfahren identisch mit dem Marktpreis.* Durch die Tatsache, dass Unternehmen mit einem hohen absoluten Kapitalbestand bei gleichem wirtschaftlichem Erfolg einen höheren Steuerwert zugewiesen bekommen als kapitalschwache Unternehmen, kann vermutet werden, dass eine Minderbewertung nicht für alle Unternehmen gleichermaßen wirkt. Da sich die Unternehmenscharakteristika zwischen den verschiedenen Branchen häufig stark unterscheiden, gilt es die Frage zu beantworten, bei welchen Branchen die Differenz zum Marktwert groß bzw. klein ist.

- *Hypothese H6: Für jedes einzelne Jahr ist der Wert nach dem Stuttgarter Verfahren identisch mit dem Marktpreis.* Analog zu Hypothese 2 stellt sich die Frage, ob das Stuttgarter Verfahren in bestimmten Jahren zu einer guten Approximation des Marktwertes führt. Aufgrund der deutlich niedrigeren Volatilität des Steuerwertes und der tendenziellen Unterbewertung im Vergleich zum Börsenpreis ist die Wertlücke in Zeiten schlechter Börsenentwicklung vermutlich kleiner.

- *Hypothese H8: Das Verhältnis des Wertes nach dem Stuttgarter Verfahren zum Marktpreis ist für alle Jahre identisch.* In Verbindung mit Hypothese 6 gilt es hier, die gleichmäßige Bewertung im Zeitverlauf zu testen.

- *Hypothese H10: Für jede einzelne Renditegruppe ist der Wert nach dem Stuttgarter Verfahren identisch mit dem Marktpreis.* Durch die Vorgabe der Normalrendite und die Sonderabschläge aufgrund mangelnder Profitabilität lassen sich die Unternehmen in vier Profitabilitätsgruppen einteilen, die durch das Stuttgarter Verfahren verschieden behandelt werden. Zunächst stellt sich die Frage, ob bestimmte Gruppen hierdurch eine bessere Approximation des Marktwertes erreichen. Dies könnte bereits einen Anhaltspunkt für die Weiterentwicklung des Verfahrens bieten.

- *Hypothese H12: Das Verhältnis des Wertes nach dem Stuttgarter Verfahren zum Marktpreis ist für alle Renditegruppen identisch.* Die unterschiedliche Behandlung der verschiedenen Profitabilitätsgruppen durch das Stuttgarter Verfahren ist dann gerechtfertigt, wenn sich die Relation zum Marktpreis nicht verändert, alle Unternehmen also gleichmäßig behandelt werden.

- *Hypothese H14: Für einzelne verschiedene Kombinationen alternativer Ertragshundertsätze und Übergewinndauern ist der Wert nach dem Stuttgarter Verfahren identisch mit dem Marktpreis.* Ein Kritikpunkt an dem Stuttgarter Verfahren richtet sich gegen die starke Gewichtung des Vermögenswertes. Durch eine Erhöhung der Übergewinndauer kann die Gewichtung des Ertragshundertsatzes verstärkt werden. Fraglich ist jedoch, welcher Wert notwendig ist, um eine genaue Schätzung des Marktwertes zu erreichen. Darüber hinaus wird überprüft, ob eine alternative Ermittlung des Ertragshundertsatzes der gegenwärtigen Gewichtung der Einzelergebnisse überlegen ist. Beide Varianten werden kombiniert miteinander überprüft.

- *Hypothese H16: Eine Linearkombination von Vermögenswert und Ertragshundertsatz ist identisch mit dem Marktpreis.* Da § 11 Abs. 2 Satz 2 BewG lediglich vorschreibt, dass der Wert des Unternehmens auf Basis seiner Vermögens- und Ertragsaussichten zu schätzen ist, müssen die beiden Wertkomponenten möglicherweise nur mit realitätsnäheren Gewichten versehen werden, um den Marktpreis abzubilden. Die Bestimmung der Gewichtungsfaktoren kann einfach durch die lineare Regression erfolgen. Die theoretische Fundierung für die Gewichtung von Vermögen und Erträgen stellt das Ohlson-Modell bereit.[16] Demnach setzt sich der Wert eines Unternehmens aus dem Buchwert des Eigenkapitals und den zukünftigen diskontierten Residualgewinnen zusammen. Eine Gewichtung kann dann erfolgen, wenn die Bedingungen der Clean-Surplus-Relation nicht erfüllt sind.[17] Entsprechend der in der Literatur üblichen Methodik wird die Güte der Verfahren anhand des Bestimmtheitsmaßes R^2 beurteilt.

4.3.2 Modell

Die Untersuchung der Differenz zwischen Steuer- und Marktwert der Unternehmen führe ich auf Basis von Modellen durch. Für jede der aufgestellten Hypothesen gehe ich in gleicher Weise vor. Ausgangspunkt bildet immer die Relation von Steuer- zu Marktwert SV/MW. Anhand dieser Verhältniszahl kann die Unter- oder Überbewertung durch das Stuttgarter Verfahren leicht illustriert werden. Eine Relation von eins bedeutet Wertidentität. Bei einem Wert kleiner (größer) eins kommt es zu einer Unterbewertung (Überbewertung) durch die steuerliche Bewertung im Vergleich zum Marktwert. Zunächst betrachte ich die Lage- und Streuungsparameter von SV/MW. Die Lageparameter Mittelwert und Median vermitteln hierbei einen Eindruck von dem Grad der Gleichbehandlung von börsen- und nicht börsennotierten Unternehmen. Die Streuungsparameter geben an, wie stark SV/MW schwankt, wie gleichmäßig die steuerliche Bewertung also auf die verschiedenen nicht börsennotierten Unternehmen wirkt. Eine hohe Streuung bedeutet somit eine hohe Ungleichbehandlung. Dieses Vorgehen entspricht der Methodik, die auch Bach, Broekelschen und Maiterth für die Analyse der Bewertung von Grundvermögen verwenden.[18]

In einem zweiten Schritt werden jeweils die in Abschnitt 4.3.1 aufgestellten Hypothesen getestet. Dabei wird im Ausgangsfall ein einfaches lineares Regressionsmodell aufgestellt, bei dem die erklärende Variable der Wert des Stuttgarter Verfahrens SV ist und die zu erklärende Variable der Marktpreis P also:

$$P = \alpha + \beta SV + \epsilon + \beta_i JahrDummy.$$

[16] Vgl. Ohlson (1995), S. 661-687, Feltham/Ohlson (1995), S. 689-731.
[17] Vgl. auch Kapitel 5.3.2
[18] Vgl. Bach/Broekelschen/Maiterth (2006a), S. 1961-1968; Bach/Broekelschen/Maiterth (2006b), S. 617-623.

Die Untersuchung der Grunddaten zeigt, dass die Residuen tendenziell heteroskedastisch und autokorreliert sind. Hierdurch ist zwar die Schätzung des Koeffizienten nicht beeinträchtigt, jedoch können Verzerrungen hinsichtlich der Signifikanz der Testergebnisse auftreten. Petersen belegt, dass diese Problematik korrigiert werden kann, indem Jahresdummies (*JahrDummy*) in die Regression aufgenommen werden, um die zeitliche Abhängigkeit zu kontrollieren und ein Standardfehler verwendet wird, der auf einer Clusterung nach Unternehmen basiert. Auf diesem Weg wird der firmenspezifische Effekt kontrolliert, der die Heteroskedastizität verursacht.[19] Der robuste Standardfehler hat zur Folge, dass die Konfidenzintervalle vergrößert werden und die Nullhypothese dementsprechend weniger leicht abgelehnt werden kann.

Die Hypothesen werden anschließend mittels t-Tests und F-Tests überprüft. Dieses einfache Vorgehen ist in der Literatur etabliert. So testen z.B. Kaplan und Ruback sowie Berkman, Bradbury und Ferguson die Schätzgenauigkeit im Vergleich zum Marktpreis mit der Nullhypothese, dass α gleich null und β gleich eins sei, also identische Werte vorliegen.[20] Zum Teil werden als Gütekriterium für die Approximation des geschätzten Wertes zum Marktpreis auch R^2 oder der Mean Standard Error MSE der Modelle verwendet.[21]

4.3.3 Unternehmen der Stichprobe

Der Vergleich von Unternehmenswerten nach dem Stuttgarter Verfahren und Marktwerten ist auf direktem Weg kaum möglich, da Marktwerte von nicht börsennotierten Unternehmen nur bei einem Unternehmenskauf oder -verkauf festgestellt werden. In Ermangelung einer geeigneten Datengrundlage für die Marktwerte in diesen Fällen muss für eine vergleichende Gegenüberstellung ein alternatives Vorgehen gewählt werden. In der folgenden Analyse werden deshalb ersatzweise die Daten von geeigneten börsennotierten Unternehmen verwendet. Dieses Vorgehen ist gleichzusetzen mit der Fiktion, dass das Stuttgarter Verfahren auch für börsennotierte Unternehmen anzuwenden sei. Zugleich kann auf diese Weise überprüft werden, wie weit in Fällen, in denen Marktwerte tatsächlich beobachtet werden können, nach dem Stuttgarter Verfahren ermittelte Werte von diesen abweichen. Auf der Grundlage der so identifizierten Abweichungsmuster können schließlich Rückschlüsse über entsprechende Abweichungen bei nicht börsennotierten Unternehmen gezogen werden.

Grundlage für die folgenden Analysen ist die Datenbank Worldscope Datastream von Thomson Financial, die sowohl Finanzkennzahlen als auch Börsenpreise zur Verfügung stellt. Die ausgewählten Unternehmen sollen möglichst repräsentativ für nicht börseno-

[19] Vgl. Petersen (2006), S. 39-40.
[20] Vgl. Kaplan/Ruback (1995), S. 1080 oder Berkman/Bradbury/Ferguson (2000), S. 81; in leicht verändertem Anwendungskontext Kim/Ritter (1999), S. 417.
[21] Vgl. Courteau/Kao/O´Keefe et al. (2003), S. 25.

tierte Unternehmen sein. Diese Forderung ist jedoch nicht ohne Weiteres überprüfbar. Als praktikabler Maßstab eignet sich die Selektion nach der Unternehmensgröße. Es werden nur Unternehmen in die Untersuchung einbezogen, deren Marktkapitalisierung geringer als 0,05% des Total Germany Market Index ist. Die größten deutschen Unternehmen sind somit ausgeschlossen. Durch diese Auswahl sind die börsennotierten Unternehmen der Stichprobe den nicht börsennotierten Unternehmen ähnlicher. Durch eine Berücksichtigung der größten deutschen Unternehmen wären Verzerrungen durch Größeneffekte, stärkere Diversifizierung oder Börsensegmentzugehörigkeit denkbar. Des Weiteren wurden Finanzdienstleistungsunternehmen nicht berücksichtigt. Durch die im Vergleich zu Industrieunternehmen stark abweichenden Bilanzstruktur ergäben sich verzerrende Effekte in der Analyse. Die Stichprobe umfasst damit insgesamt 307 Unternehmen in einem Zeitraum von 1989 bis 2004.

Damit der Wert des Stuttgarter Verfahrens korrekt ermittelt werden kann, müsste die Steuerbilanz als Grundlage verwendet werden. Diese Informationen sind jedoch nicht publizitätspflichtig und somit nicht öffentlich zugänglich. Aufgrund der in Deutschland geltenden Maßgeblichkeit der Handelsbilanz für die Steuerbilanz (§ 5 Abs. 1 Satz 1 EStG) steht jedoch eine Näherungslösung zur Verfügung. Für die Untersuchung werden im Folgenden nur Jahresabschlüsse berücksichtigt, die nach handelsrechtlichen Vorschriften erstellt wurden. Es können zwar Unterschiede zwischen beiden Abschlüssen durch die Ausübung von Wahlrechten auftreten, deren Auswirkungen lassen sich jedoch mangels genauerer Informationen nicht exakt bestimmen. Es ist allerdings nicht davon auszugehen, dass die steuerbilanziellen Werte höher sind als die handelsrechtlichen.[22] Hierdurch besteht also lediglich die Gefahr der Überbewertung durch Anwendung des Stuttgarter Verfahrens. Dies muss bei der Beurteilung der Ergebnisse berücksichtigt werden. Die Beschränkung der Bilanzierungsvorschriften auf das Handelsgesetzbuch (HGB) hat zur Folge, dass weitere Unterschiede, die durch die Anwendung alternativer Bewertungsnormen, wie etwa US-GAAP oder IFRS, auftreten können, aus der Analyse ausgeschlossen werden. Im Zuge der internationalen Harmonisierung der Rechnungslegungsstandards erstellen seit Mitte der 90er Jahre viele börsennotierte Unternehmen einen Jahresabschluss nach internationalen Normen. Diese Unternehmen sind somit nicht im Untersuchungsspektrum enthalten. Der Verlust dieser Beobachtungen wird jedoch durch den Vorteil der einheitlicheren Datengrundlage überkompensiert. Die Verwendung von Jahresabschlussdaten, die auf unterschiedliche Rechnungslegungsnormen basieren und die insbesondere in keiner Verbindung zu den steuerbilanziellen Werten stehen, ist für die Analyse des Stuttgarter Verfahrens ungeeignet.

Die Stichprobe entspricht einem unbalancierten Panel. Das bedeutet, dass nicht für alle Unternehmen Informationen für jedes Untersuchungsjahr zur Verfügung stehen. Zwei

[22] Da die Steuerbilanz als Grundlage für die Steuerbemessung fungiert, ist davon auszugehen, dass die Steuerpflichtigen ihre Wahlrechte so ausüben, dass die Steuerlast minimiert wird.

Hauptgründe können hierfür verantwortlich gemacht werden. Wie bereits dargelegt, haben einige Unternehmen den Wechsel von handelsrechtlichen zu internationalen Standards vollzogen. Das gilt insbesondere für zwei Gruppen von Unternehmen. Zum einen sind dies die großen DAX-Konzerne, die zum Teil noch an anderen internationalen Börsen gehandelt werden. Zum anderen sind es kleine aufstrebende Unternehmen, die in speziellen Marktsegmenten, wie etwa dem Neuen Markt, gehandelt werden. Die erste Gruppe von Unternehmen würde bereits aufgrund der Größenkriterien nicht in die Untersuchung aufgenommen werden. Die zweite Gruppe von Unternehmen könnte zwar unter Größengesichtspunkten als Proxy für nicht börsennotierte Unternehmen dienen, jedoch handelt es sich hierbei häufig um einen sehr einheitlichen Unternehmenstyp. Gerade junge Unternehmen in aufstrebenden Branchen finden Kapitalgeber an der Börse. Dieser Unternehmenstyp ist vermutlich nicht repräsentativ für die Mehrheit der nicht börsennotierten Unternehmen, die es hier abzubilden gilt. Das Selektionskriterium Rechnungslegungsstandard erhöht somit sogar indirekt die Repräsentativität der Stichprobe. Ab dem Umstellungsjahr fallen die entsprechenden Unternehmen also aus der Untersuchungsgruppe heraus.

Des Weiteren sind nicht alle Unternehmen über den kompletten Zeitraum an einer deutschen Börse notiert. Hierfür sind Unternehmensentscheidungen über einen Börsengang, ein Delisting oder ein Unternehmenszusammenschluss verantwortlich. Durch die Beschränkung auf ein balanciertes Panel, also einen Datensatz bei dem sämtliche Informationen für jedes Unternehmen zu allen Beobachtungszeitpunkten zur Verfügung stehen, gingen jedoch sehr viele Beobachtungen verloren. Verallgemeinerbare Aussagen könnten somit nicht ohne Weiteres getroffen werden. Um die tatsächliche Leistungsfähigkeit des Stuttgarter Verfahrens beurteilen zu können, sind möglichst allgemeingültige Aussagen jedoch von hohem Interesse. Durch die deutlich größere Fallzahl ist die Verwendung eines unbalancierten Panels also somit zweckmäßig.

Eine weitere Reduzierung der theoretisch maximal möglichen Beobachtungen ist jedoch unumgänglich. Da das Stuttgarter Verfahren die Ergebnisse der letzten drei Geschäftsjahre in die Bewertungsformel integriert, müssen zu jedem Unternehmensjahr auch die Ergebnisse der beiden vorhergehenden Jahre verfügbar sein. Andernfalls kann das Verhältnis von Marktwert und steuerlichem Wert nicht ermittelt werden. Sämtliche Datenpunkte, die diese Voraussetzungen nicht erfüllen, werden folgerichtig ausgeschlossen. Die Daten der Jahre 1989 und 1990 können ausschließlich für das erste Untersuchungsjahr 1991 verwendet werden. Ein früherer Ausgangspunkt der Untersuchung scheitert an der Verfügbarkeit der jeweils vorhergehenden Jahresergebnisse.

Die Unternehmen werden einer Branche analog zu dem Hauptbetätigungsfeld des Unternehmens zugeordnet. Der zweistellige Worldscope-Code wird dabei im Folgenden für die Klassifizierung verwendet. Branchen, die nur aus wenigen Unternehmen bestehen, werden mit ähnlichen Branchen zusammengefasst. So bilden Metallproduzenten mit Metallproduktproduzenten, Pharmazie und Kosmetik mit Chemie, Öl, Gas und Kohle mit Versorgern und Papier- mit der Druckindustrie jeweils eine Einheit. Insgesamt wird sichergestellt, dass je Jahr und Branche mindestens sechs Unternehmen existieren, um aussagekräftige Ergebnisse zu liefern.[23]

4.3.4 Datengrundlage

Zur Bestimmung des Unternehmenswertes wird auf Marktdaten und auf Daten des externen Rechnungswesens zurückgegriffen. Zunächst müssen für alle Beobachtungen Informationen hinsichtlich des Börsenkurses am Bilanzstichtag und der Anzahl der ausgegebenen Aktien vorliegen. Ein Rückgriff auf die Anzahl der ausgegebenen Aktien ist notwendig, damit der Wert des Stuttgarter Verfahrens pro Aktie angegeben und damit in der gleichen Dimension abgebildet werden kann, wie der Börsenpreis. Weiterhin werden durch die Normierung auf den Wert je Aktie Größeneffekte ausgeblendet. Außerdem wird festgelegt, dass der Buchwert des Eigenkapitals der zu untersuchenden Unternehmen nicht negativ sein darf. Der Fall einer bilanziellen Überschuldung tritt ohnehin nur in wenigen Fällen auf.

Bei der Umsetzung der Bewertungsvorschriften des Stuttgarter Verfahrens sind im Rahmen dieser Untersuchung weitere vereinfachende Annahmen zu treffen. Der Vermögenswert wird ermittelt, indem von der Bilanzsumme sämtliche Verbindlichkeiten abgezogen werden. Der resultierende Wert entspricht damit dem Buchwert des Eigenkapitals bzw. dem Reinvermögen. Bei dieser Vorgehensweise wird vernachlässigt, dass Grundbesitz, zum Betriebsvermögen gehörende Wertpapiere und Anteile an anderen Unternehmen ebenfalls mit steuerlichen Werten in den Unternehmenswert eingehen müssten.[24] Informationen über entsprechende steuerliche Wertansätze sind jedoch nicht verfügbar und werden durch den handelsrechtlichen Ansatz ersetzt. Da sich der handelsrechtliche Wertansatz nach den fortgeführten Anschaffungs- und Herstellungskosten bemisst, ist grundsätzlich möglich, dass Immobilienvermögen, das vor langer Zeit zu entsprechend geringen Preisen erworben wurde, unter einem entsprechenden Steuerwert liegt. Durch die vergleichsweise realitätsferne Bewertung des Grundvermögens können die Steuerwerte jedoch unter dem handelsrechtlichen Wertansatz liegen.[25] Mangels detaillierterer Informationen wird aus diesem Grund auf einen pauschalen Ab- oder Zuschlag verzichtet.

Die Erbschaftsteuerrichtlinien 2003 schreiben weiterhin vor, dass Geschäfts- und Firmenwerte oder firmenwertähnliche Wirtschaftsgüter nicht einzubeziehen sind. Der Abzug des Geschäfts- und Firmenwertes wird damit begründet, dass die Übergewinne, die annahmegemäß aus dem Geschäfts- und Firmenwertes resultieren, bereits in der Bewertungsformel erfasst werden.[26] In der Bewertungsformel erhöhen demnach die Übergewinne den Unter-

[23] Vgl. Cheng/McNamara (2000), S. 363, für die Validierung durch Sensitivitätsanalysen.
[24] Vgl. R 98 Abs. 1 Satz 3 ErbStR.
[25] Vgl. Bach/Broekelschen/Maiterth (2006a), S. 1961-1968.
[26] Vgl. Viskorf (2001), Rz. 47.

nehmenswert über den Vermögenshundertsatz. Allerdings gehen nur Übergewinne für fünf Jahre in die Bewertung mit ein. Es ist davon auszugehen, dass die Summe der fünfjährigen Übergewinne in den meisten Fällen deutlich kleiner sein wird als der Geschäfts- und Firmenwert. Zum Teil ergibt sich durch den Abzug eines Geschäfts- oder Firmenwertes auch ein negativer Vermögenshundertsatz und damit ein minimaler Steuerwert. Der Wert des Stuttgarter Verfahrens wird durch diesen Abzug systematisch zu niedrig gehalten. Die Einbindung des Geschäfts- und Firmenwertes in die Bewertungsformel erscheint somit gerechtfertigt. Da die mir zur Verfügung stehenden Daten keine detaillierten Angaben über den Geschäfts- und Firmenwert enthalten, nehme ich im Folgenden keinen Abzug vor. Die in dieser Untersuchung ermittelten Werte des Stuttgarter Verfahrens sind demzufolge tendenziell höher als durch die steuerliche Regelung vorgesehen. Eine Quantifizierung dieses Effektes ist jedoch nicht möglich.

Vereinfachende Annahmen sind ebenfalls bei der Ermittlung des Ertragshundertsatzes notwendig. Die verfügbare Datenlage erlaubt es nicht, zwischen einmaligen, außerordentlichen und ordentlichen Aufwendungen und Erträgen zu unterscheiden. Die Korrektur der nicht ordentlichen Ergebnisse wäre jedoch nötig, um das vom Stuttgarter Verfahren gewünschte regelmäßige Betriebsergebnis zu bestimmen. Diese rigide Annahme kann im Einzelfall verzerrende Effekte auslösen. Geht man jedoch von der Annahme aus, dass außerordentliche Aufwendungen und Erträge gleichverteilt sind, so erfolgt eine Kompensation der Einzeleffekte über die große Zahl der Beobachtungen. Das Betriebsergebnis berechnet sich somit aus dem EBIT (earnings before interest and taxes) des Unternehmens abzüglich der gezahlten Einkommensteuer und dem Zinsergebnis.

Die Kontrolle der Ausreißer in den maßgeblichen Variablen SV (Stuttgarter Verfahren) und MW (Marktwert) erfolgt über die Eliminierung des ersten und letzten Perzentils. Dies entspricht der gängigen Praxis in der Literatur.[27] Die deskriptiven Statistiken ergeben das in Tabelle 4.1 dargestellte Bild:

	Median	Mittelwert	Standard-abweichung	Min.	Max.	Erstes Quartil	Drittes Quartil
MW_{it}	14,80	62,81	119,447	0,59	1000	6,793	53,619
SV_{it}	8,66	25,35	40,96	0,1298	299,43	3,356	25,552
B_{it}	9,93	28,47	43,008	0,017	408,32	4,679	33,42
E_{it}	0,518	-0,84	25,258	-431,4	104,80	-0,368	2

Der Index i bezeichnet jeweils das Unternehmen und t den Zeitpunkt. MW ist der Marktwert des Unternehmens, SV der Wert des Stuttgarter Verfahrens. Der Buchwert des Eigenkapitals wird mit B und der Jahresüberschuss mit E abgebildet. Alle Variablen geben den Wert je Aktie an.

Tabelle 4.1: Deskriptive Statistik für die Variablen im Ausgangsfall

[27] Vgl. Yoo (2006), S. 113; Liu/Nissim/Thomas (2002), S. 145; Liu/Nissim/Thomas (2007), S. 60; Bhojraj/Lee (2002), S. 416.

Die Variablen geben den Wert je Aktie an. Marktwert, Steuerwert und Buchwert des Eigenkapitals können annahmegemäß nicht negativ sein. Dies gilt nicht für die jährlichen Erträge der Unternehmen. Erst für den Fall, in dem sich ein negativer Ertragshundertsatz ergibt, erfolgt durch das Regelwerk des Stuttgarter Verfahrens eine Korrektur auf null. Es zeigt sich bereits, dass im Durchschnitt der Marktwert höher liegt als der Wert des Stuttgarter Verfahrens. Überraschenderweise liegt sogar der Buchwert des Eigenkapitals durchschnittlich leicht über dem Wert des Stuttgarter Verfahrens. Offensichtlich erreicht der Ertragshundertsatz nicht die Alternativrendite von 9% und der Steuerwert wird als Folge der Methodik des Stuttgarter Verfahrens unter den Buchwert des Eigenkapitals gedrückt.

4.4 Ergebnisse

4.4.1 Grundsätzliche Eignung des Stuttgarter Verfahrens

Ausgangspunkt für die folgende Untersuchung ist die Frage, ob das Stuttgarter Verfahren geeignet ist, Marktwerte präzise zu schätzen. Als Kriterium zur Beurteilung der Schätzqualität dient zunächst das Verhältnis von Stuttgarter Verfahren zu Marktwerten (SV/MW). Bei einer SV/MW-Relation von 1 reproduziert das Stuttgarter Verfahren den Marktwert des Unternehmens perfekt. Bei einem Verhältnis von $SV/MW < 1$ (bzw. $SV/MW>1$) kommt es zu einer Unterbewertung (Überbewertung) durch die steuerliche Bewertung im Vergleich zur Marktbewertung. Tabelle 4.2 zeigt die Charakteristik des SV/MW-Kriteriums für die gesamte Stichprobe. Die Lageparameter haben die Werte 52,7% für den Median und 69,0% für das arithmetische Mittel. Über die gesamte Stichprobe ist somit eine durchschnittliche Unterbewertung zwischen 31% und 47,3% durch das Stuttgarter Verfahren zu beobachten. Derart deutliche Abweichungen zeigen, dass das steuerliche Bewertungsverfahren nicht geeignet ist, um Marktwerte zu approximieren.

	N	Median	Mittelwert	Standard-abweichung	Variations-koeffizient	Min.	Max.
SV/MW	2335	52,7%	69,0%	0,778	112,8%	3,9%	1451,7%

SV/MW gibt die Relation von Werten des Stuttgarter Verfahrens zu Marktwerten an. N bezeichnet die Anzahl der Beobachtungen, $Min.$ das Minimum und $Max.$ das Maximum der SV/MW-Ausprägungen.

Tabelle 4.2: Deskriptive Statistik für SV/MW-Relation

Dass der Median kleiner ist als der Mittelwert, wird durch die rechtsschiefe Verteilung des SV/MW-Verhältnisses ausgelöst. Der kleinstmögliche Wert ist 0%. Der größtmögliche Wert tendiert jedoch gegen unendlich. Die Differenz zwischen Median und Mittelwert beträgt rund 16%. Hierdurch wird deutlich, wie stark Extremwerte, auch nach Eliminierung des ersten und letzten Perzentils der Beobachtungen, den Mittelwert beeinflussen. Die ungleiche Behandlung durch das Stuttgarter Verfahren im Vergleich zum Marktpreis ist offensichtlich beträchtlich. Minimum und Maximum der Beobachtungen untermauern dieses Bild. Die Beobachtungen bewegen sich zwischen 3,9% und 1451,7%. Diese immense Spannweite spiegelt sich auch in der Streuung der Beobachtungen wider. Die Standardabweichung liegt bei 0,778. Der Variationskoeffizient von 112,8% belegt, dass man nicht von einem einheitlichen Verhältnis von Steuer- zu Marktwerten ausgehen kann, sondern dass dieses Verhältnis sehr stark vom Einzelfall abhängt. Eine verallgemeinerbare Aussage über die Wertlücke lässt sich somit nicht treffen.

Im Folgenden soll der Zusammenhang zwischen Stuttgarter Verfahren und Marktwert durch eine OLS-Regression untersucht werden. Die abhängige Variable ist der Marktwert des Unternehmens. Der Wert nach dem Stuttgarter Verfahren ist die unabhängige Variable. Dieses Verhältnis unterliegt der Annahme, dass ein hypothetischer Investor seine Kaufentscheidung und damit seinen Grenzpreis auf Basis des Stuttgarter Verfahrens trifft. Da es das Ziel des Stuttgarter Verfahrens ist, den gemeinen Wert des Unternehmens zu bestimmen, erscheint diese Annahme plausibel.

Für die beiden Bestandteile des Stuttgarter Verfahrens, den Vermögenswert und den Ertragshundertsatz, wurde bereits eine Wertrelevanz in Bezug auf den Marktpreis eines Unternehmens bekräftigt.[28] Die Vermutung, dass die Bewertung durch das Stuttgarter Verfahren insgesamt auch entscheidungsrelevante Informationen liefert, ist somit äußerst nahe liegend. Bewirkt das Stuttgarter Verfahren eine exakte Abbildung des Marktwertes, dann müsste der β-Faktor gleich eins und die Standardabweichung gleich null sein.[29]

Hypothese H0: Der Wert nach dem Stuttgarter Verfahren ist identisch mit dem Marktpreis.

$$H0 : \beta = 1 \text{ und } H1 : \beta \neq 1$$

Folgende Regressionsfunktion wird geschätzt: $MW = \alpha + \beta SV + \beta_i JahrDummy$.

	N	α	β	Std. Err.	F	P	R^2
MW	2335	9,9999	2,1884	0,2010	34,95	0,0000	0,5674

Der Marktwert des Unternehmens wird durch MW dargestellt. α gibt den Achsenabschnitt der Regressionsfunktion an. β bezeichnet den Koeffizienten der unabhängigen Variable *Wert des Stuttgarter Verfahrens SV*. Der Standardfehler des Koeffizienten wird durch *Std.Err.* wiedergegeben. Es wurde ein geclusterter White-Standardfehler verwendet, um die Heteroskedastizität zu kontrollieren.[30] Die Jahresdummies in der Regressionsfunktion zur Kontrolle einer möglichen Autokorrelation sind jeweils nicht signifikant. Für die F-Werte gilt ein Signifikanzniveau von 95%.

Tabelle 4.3: Signifikanztest Stuttgarter Verfahren

Die Regressionsanalyse zeigt, dass das Stuttgarter Verfahren nur bedingt geeignet ist, Marktwerte zu approximieren. Zwar besitzt das Stuttgarter Verfahren eine Relevanz für

[28] Vgl. Easton (1985), S. 54-77; Kaplan/Ruback (1995), S. 1059-1093.
[29] Vgl. zur Methodik Abschnitt 4.3.
[30] Vgl. White (1980), S. 817-838.

die Abschätzung des Marktwertes, jedoch können insgesamt nur 56,74% der Variation des Marktwertes durch das Stuttgarter Verfahren erklärt werden. Das zeigt sich auch an dem hohen Achsenabschnitt α von 9,9999. Der Achsenabschnitt enthält alle wertrelevanten Informationen, die nicht durch die erklärende Variable abgedeckt werden. Der Koeffizient des Stuttgarter Verfahrens beträgt 2,1884. Jeder Euro, mit dem ein Unternehmen für steuerliche Zwecke bewertet wird, entspricht einem Marktwert von 2,19 Euro. Damit beträgt der steuerliche Unternehmenswert ungefährt 45,7% des Marktwertes. Der Hypothesentest soll überprüfen, ob die Abweichungen vom Marktwert statistisch signifikant sind. Nach der H0-Hypothese müsste der steuerliche Unternehmenswert dem Marktwert entsprechen. Die H0-Hypothese muss nach Berücksichtigung des F-Tests (34,95) jedoch abgelehnt werden. Es kann keine signifikante Bestätigung für die Einheit von Markt- und Steuerwerten für die gesamte Stichprobe gefunden werden.

4.4.2 Branchenspezifische Eignung des Stuttgarter Verfahrens

Die bisherige Analyse hat gezeigt, dass die steuerliche Bewertung den Marktwert für alle zu untersuchenden Unternehmen nur unzureichend approximieren kann. Es liegt jedoch die Vermutung nahe, dass diese Fehlbewertung nicht für alle Unternehmen im gleichen Umfang erfolgt. Da sowohl die Bilanzstrukturen als auch die Jahresergebnisse zwischen den Unternehmen stark variieren, gibt es auch eine Reihe von Unternehmen, bei denen die Approximation gelingt. So kann beispielsweise vermutet werden, dass Branchen, deren Anlageintensität relativ hoch ist, eine geringere Wertlücke zwischen Markt- und Steuerwerten aufweisen. Diese Vermutung stützt sich auf das hohe Gewicht des Vermögenshundertsatzes in der steuerlichen Bewertungsformel. Bei gleicher Eigenkapitalquote und gleichen durchschnittlichen Erträgen liegt der Steuerwert bei Unternehmen mit einer hohen Bilanzsumme über dem Wert von Unternehmen mit geringen Bilanzsummen. Im Umkehrschluss kann man für Unternehmen, die eine geringere Kapitalausstattung benötigen, beispielsweise Dienstleistungsunternehmen, von geringeren Steuerwerten und damit von einer größeren Lücke zwischen Steuer- und Marktwerten ausgehen. Eine nach Branchen differenzierte Untersuchung erlaubt hier genauere Einblicke. Tabelle 4.4 zeigt die Steuer-/Marktwertrelation für jede Branche auf.

Maßgebend für die Branchenzuordnung ist der von Worldscope verwendete Schlüssel. Es wird deutlich, dass alle Branchen im Durchschnitt für steuerliche Zwecke niedriger bewertet werden als am Kapitalmarkt, da die Mittelwerte der SM/MW-Relation immer kleiner als 100% sind. Das gilt zumindest, wenn der weniger Ausreißer anfällige Median als Maßstab verwendet wird. Allerdings profitieren die verschiedenen Branchen sehr unterschiedlich von der steuerlichen Unterbewertung. Einzelhandelsunternehmen liegen mit einer SV/MW-Relation von 72,8% am nächsten an der Marktbewertung. Die größte Unterbewertung ist bei den Unternehmen der Getränkeindustrie zu beobachten. Hier erreichen die Steuerwerte nur 29,8% des jeweiligen Marktwertes.

Branche	N	Median	Mittelwert	Standardabweichung	Variationskoeffizient	Min.	Max.
Einzelhandel	71	72,8%	97,4%	0,773	79,4%	6,6%	297,2%
Metallverarbeitung	83	72,8%	74,4%	0,519	69,8%	2,0%	327,0%
Ernährung	76	62,1%	76,9%	0,582	75,6%	18,8%	425,3%
Automobil	80	61,8%	67,1%	0,422	62,8%	8,3%	246,8%
Bau	189	61,3%	75,8%	0,640	84,4%	4,8%	556,2%
Sonstige	255	61,0%	80,4%	1,197	148,9%	0,4%	1451,7%
Chemie	94	60,9%	65,0%	0,539	82,9%	2,6%	317,3%
Druck	50	58,5%	113,5%	1,618	142,5%	6,0%	748,5%
Großhandel	136	56,8%	68,9%	0,649	94,1%	2,4%	452,7%
Maschinenbau	294	55,5%	64,9%	0,447	69,0%	0,8%	283,5%
Textilien	214	55,2%	71,2%	0,588	82,6%	5,7%	467,9%
Versorger	45	52,6%	54,5%	0,155	28,4%	25,2%	91,3%
Transport	66	48,6%	69,1%	0,604	87,3%	3,5%	229,9%
Elektrotechnik	227	44,6%	54,1%	0,442	81,7%	1,6%	247,2%
Dienstleistungen	222	40,6%	73,1%	0,128	175,5%	2,7%	1012,7%
Freizeit	66	40,1%	72,2%	0,706	97,8%	4,9%	328,2%
Getränke	167	29,8%	36,9%	0,298	80,7%	3,1%	171,1%

SV/MW gibt die Relation von Werten des Stuttgarter Verfahrens zu Marktwerten an. *N* bezeichnet die Anzahl der Beobachtungen, *Min.* das Minimum und *Max.* das Maximum der *SVM/MW*-Ausprägungen. Die Branchenzuordnung erfolgt auf Basis des Worldscope-Schlüssels.

Tabelle 4.4: SM/MW-Verhältnis je Branche

Zieht man das arithmetische Mittel für jede Branche zu Rate, so ergeben sich einige Verschiebungen. Zunächst bleibt festzuhalten, dass das arithmetische Mittel durchweg höhere Werte annimmt als der Median. Hier wirken sich die Extremwerte in den jeweiligen Branchen sehr stark aus. Die Unternehmen der Druckindustrie werden, gemessen an einer durchschnittlichen SV/MW-Relation von 113,5%, überbewertet. Ein durchschnittliches Unternehmen dieser Branche wird somit im Vergleich zu Marktbewertung durch die steuerliche Bewertung diskriminiert. Bei allen anderen Branchen ist jedoch die erwartete Unterbewertung im Vergleich zu Marktpreisen zu beobachten. Am stärksten ist diese wieder bei den Unternehmen der Getränkeindustrie ausgeprägt. Das arithmetische Mittel der SV/MW-Relation von 36,9% liegt hier zudem nur rund 7% höher als der Median.

Die Unterschiede zwischen Median und arithmetischem Mittel verdeutlichen, dass die steuerliche Behandlung innerhalb der einzelnen Branchen sehr heterogen ist. Das zeigt sich auch an den Variationskoeffizienten, der die Streuung relativ zum Mittelwert der Beobachtungen angibt. Zunächst fallen die Branchen „Dienstleistungen" und „Sonstige" auf. Variationskoeffizienten von 175,5% bzw. 148,9% verdeutlichen die große relative Streuung innerhalb der beiden Branchen. Das ist jedoch nicht besonders überraschend, da es sich bei diesen Gruppierungen eher um Sammelbegriffe für eine Vielzahl von sehr unterschiedlichen wirtschaftlichen Aktivitäten handelt. Führt man sich nochmals die Ausgangsannahme, dass die steuerliche Bewertung für kapitalintensive Branchen eine besseren Approximation des Marktwertes liefert, vor Augen, dann wird klar, dass eine Klassifizierung dieser beiden Branchen in Relation zu ihrer Kapitalintensität nicht möglich ist. Vielmehr unterstützen die empirischen Daten die Vermutung, dass innerhalb dieser Gruppen sehr unterschiedliche Ausprägungen der Kapitalintensität vorkommen.

Für die meisten Branchen ergeben sich Variationskoeffizienten zwischen rund 80% und 95%. Angesichts dieser konstant großen Streuung der SV/MW-Relationen kann man zunächst nicht von einer homogenen Behandlung durch die steuerliche Bewertung innerhalb einer Branche ausgehen. Offensichtlich kommt es nicht nur zu einer Unterbewertung, sondern häufig auch zu einer Bewertung, die deutlich über den jeweiligen Marktwerten liegt. Besonders überraschend ist die hohe Diskrepanz zwischen den Unternehmen im „Druck-, Papier und Verlagswesen". Der Variationskoeffizient von 142,5% reicht fast an die Streuung der „sonstigen Unternehmen" heran. Verantwortlich hierfür sind die Beobachtungen der Jahre 2002 bis 2004 der beiden Unternehmen Curtis 100 Europe AG und Herlitz AG. SV/MW-Relationen zwischen 358% und 748%, ausgelöst durch sehr schlechte Zukunftserwartungen und eine damit verbundene sehr niedrige Börsenbewertung, unterscheiden sich sehr stark von den restlichen Branchenbeobachtungen und sind für die starke Streuung innerhalb der Branche verantwortlich.

In einem gänzlich anderen Licht stehen die „Versorger". Die Streuung der Unterschiede zwischen Steuer- und Marktwerten ist, gemessen am Variationskoeffizienten von 28,4%, sehr gering. Die sechs in der Untersuchung vertretenen Unternehmen werden steuerlich recht ähnlich behandelt. Insgesamt bewegen sich die SV/MW-Relationen in einer Spanne von 25,2% bis 91,3% und liegen damit im Vergleich zu allen anderen Branchen am engsten zusammen. Die großen Streuungen der unterschiedlichen Bewertungen durch das Stuttgarter Verfahren und durch die Marktteilnehmer spiegelt sich besonders deutlich in den Extremwerten wider. Die kleinste SV/MW-Relation und damit die größte Begünstigung durch das steuerliche Bewertungsverfahren beträgt 0,4%. Aufgeteilt auf die jeweiligen Branchen liegen, mit zwei Ausnahmen, die Minima jeweils im einstelligen Prozentbereich. Die höchste SV/MW-Relation findet sich ebenfalls, wie das Minimum, in der Gruppe der sonstigen Unternehmen. Bei diesen Unternehmen liegt der Wert nach dem Stuttgarter Verfahren 14,5-fach über dem entsprechenden Marktwert. Diese Werte, die insbesondere bei den beiden Unternehmen Roeder Zeltsysteme und Service AG und Bremer Lagerhaus Gesellschaft AG zu beobachten sind, sind sicherlich ungewöhnliche Extremwerte. Hier zeigt sich, dass trotz der Kontrolle für Ausreißer durch Eleminierung des ersten und letzten Perzentils, immer noch einige Unternehmen mit Extremwerten in der Untersuchung enthalten sind. Anhand der immer noch verbliebenen Extremwerten kann man erkennen, dass die Schwankungsbreite der Ausprägungen in der Grundgesamtheit äußerst groß ist.

In dieser Stichprobe lassen sich jedoch in allen Branchen eine Reihe von Unternehmen identifizieren, bei denen eine Bewertung durch das Stuttgarter Verfahren zu einer rund zwei- bis vierfachen Überbewertung im Vergleich zur Bewertung an der Börse stattfindet. Diese Unternehmen würden somit diskriminiert. Ein ausschlaggebender Grund für die niedrige Börsenbewertung können schwache Ertragsaussichten und drohende Unternehmenskonkurse gewesen sein.

Die deskriptiven Ergebnisse zeigen, dass nicht alle Branchen in gleichem Umfang von der Unterbewertung durch das Stuttgarter Verfahren profitieren. Die Mittelwerte der SV/MW-Relationen unterscheiden sich zum Teil sehr deutlich. Die nun folgenden Signifikanztests sollen empirisch überprüfen, ob man von den Ergebnissen der Stichprobe auch auf die Grundgesamtheit aller Unternehmen schließen kann.

Die Identität von Steuer- und Marktwert ist die Grundanforderung an die steuerliche Unternehmensbewertung, wenn der Gleichheitsgrundsatz nach Art. 3 GG gilt. Für die gesamte Stichprobe konnte bereits gezeigt werden, dass diese Anforderung nicht erfüllt ist. Möglicherweise gilt dies jedoch nicht für alle Branchen gleichermaßen. Zur Beantwortung dieser Frage wird ein lineares Regressionsverfahren verwendet.

Das zu schätzende Regressionsmodell besteht aus der abhängigen Variable Marktwert und den unabhängigen Interaktionsvariablen Ind_jSV. Für jede der in der Untersuchung enthaltenen Branchen j wird eine Dummyvariable Ind_j geschaffen, die den Wert eins annimmt, wenn das jeweilige Unternehmen zu dieser Branche gehört oder null, wenn diese Bedingung nicht erfüllt ist. Die Interaktionsvariable Ind_jSV ergibt sich aus dem Produkt jedes Branchendummys mit dem Wert des Stuttgarter Verfahrens der jeweiligen Beobachtung. Dadurch wird es möglich, für jede einzelne Branche einen individuellen Koeffizienten zu bestimmen, der das lineare Verhältnis von Stuttgarter Verfahren zum Marktwert angibt. Somit wird folgendes Modell geschätzt:

$$MW = \alpha + \beta_{Ind1} Ind1SV + \beta_{Ind2} Ind2SV + \ldots + \beta_{Indj} IndjSV + \beta_i JahrDummy.$$

Zunächst wird empirisch überprüft, ob signifikante Unterschiede zwischen den Branchen bei der Approximationsgüte des Stuttgarter Verfahrens zu beobachten sind.

Hypothese H2: Das Verhältnis des Wertes nach dem Stuttgarter Verfahren zum Marktpreis ist für alle Branchen identisch.

H2: $\beta_{Ind1} = \beta_{Ind2} = \ldots = \beta_{Ind_j}$ und H3: $\beta_{Ind1} \neq \beta_{Ind2} \neq \ldots \neq \beta_{Ind_j}$

Die H2-Hypothese kann auf einem 99%-Signifikanzniveau mit einem F-Wert von 11,43 abgelehnt werden. Es existieren somit signifikante Unterschiede zwischen den Branchen im Hinblick auf die Annäherung an Marktwerte durch das steuerliche Bewertungsverfahren.

In einem zweiten Schritt, wird nun getestet, welche Branchen eine relativ höhere Assoziation zwischen Steuer- und Marktwerte aufweisen und welche Branchen nicht. Ausgehend von der Forderung nach Bewertungsidentität von Steuer- und Marktwerten lautet die zu testende Hypothese:

Hypothese H4: Für jede einzelne Branche ist der Wert nach dem Stuttgarter Verfahren identisch mit dem Marktpreis.

$$H4 : \beta_{Ind_j} = 1 \text{ und } H5 : \beta_{Ind_j} \neq 1$$

Die Ergebnisse des Tests werden in Tabelle 4.5 präsentiert. Die Branchen sind nach absteigendem F-Wert sortiert.

Branche	N	β	Std. Err.	F	P
Textilien	214	2,0256	0,1234	69,11	0,0000
Versorger	45	1,7448	0,0921	65,40	0,0000
Getränke	167	4,3123	0,5069	42,71	0,0000
Chemie	94	1,2114	0,0326	42,10	0,0000
Druck	50	1,6565	0,1102	35,47	0,0000
Bau	189	2,0347	0,2546	16,51	0,0001
Transport	66	3,5089	0,7032	12,73	0,0004
Metallverarbeitung	83	1,3802	0,1122	11,49	0,0008
Dienstleistung	222	2,4361	0,4785	9,01	0,0029
Maschinenbau	294	1,5967	0,2671	4,99	0,0263
Großhandel	136	2,1184	0,6635	2,84	0,0929
Elektrotechnik	227	1,8552	0,5088	2,83	0,0938
Sonstige	255	1,6766	0,4193	2,63	0,1059
Freizeit	66	2,1812	0,8881	1,77	0,1846
Automobilbau	80	0,8071	0,2172	0,79	0,3753
Nahrung	76	1,4346	0,5038	0,74	0,3891
Einzelhandel	71	0,9471	0,4872	0,01	0,9136
α		20,0774	6,6092	3,04	0,0300

Der Marktwert des Unternehmens wird durch MW dargestellt. α gibt den Achsenabschnitt der Regressionsfunktion an. β bezeichnet den Koeffizienten der unabhängigen Variable *Wert des Stuttgarter Verfahrens SV* je Branche Ind_j. Der Standardfehler des Koeffizienten wird durch *Std.Err.* wiedergegeben. Es wurde ein geclusterter White-Standardfehler verwendet, um die Heteroskedastizität zu kontrollieren.[31] Die Jahresdummies in der Regressionsfunktion zur Kontrolle einer möglichen Autokorrelation sind jeweils nicht signifikant. Für die F-Werte gilt ein Signifikanzniveau von 95%. Die Branchenzuordnung erfolgt auf Basis des Worldscope-Schlüssels.

Tabelle 4.5: Signifikanztest Stuttgarter Verfahren je Branche

[31] Vgl. White (1980), S. 817-838.

Die Signifikanztests bestätigen zunächst einmal die Ergebnisse der deskriptiven Statistik. Die H4-Hypothese $\beta = 1$ kann für zehn der siebzehn Branchen auf einem Signifikanzniveau von 95% abgelehnt werden. Für die Unternehmen aus dem Großhandel und der Elektrotechnik erfolgt die Ablehnung der H4-Hypothese immerhin noch auf einem 90%-Niveau. Für die übrigen fünf Branchen kann die H4-Hypothese nicht abgelehnt werden, so dass eine hinreichend hohe Wahrscheinlichkeit für das Vorliegen einer exakten Abbildung des Marktwertes durch das Stuttgarter Verfahren gibt. Mit den Branchen Einzelhandel, Nahrung, Automobil und Sonstige wird die H4-Hypothese am deutlichsten für die Unternehmen nicht abgelehnt, die auch in der deskriptiven Statistik bereits die beste Approximation des Marktwertes erreicht haben. Für Einzelhandel und Automobil liegen die Koeffizienten sogar sehr nahe an eins. Betrachtet man diese fünf Branchen genauer, so gehört dieser Gruppe auch eine Branche an, die man hier nicht vermuten durfte. Für die Unternehmen der Branchen Freizeit besteht ebenfalls keine hinreichend starke Evidenz, um die H4-Hypothese abzulehnen. Die deskriptive Statistik hat jedoch die Vermutung nahe gelegt, dass die Wertlücke zwischen Stuttgarter Verfahren und Marktwerten in der Freizeitbranche besonders ausgeprägt ist und die H4-Hypothese deswegen abgelehnt werden dürfte. Durch den vergleichsweise großen Standardfehler von 0,8881 liegt der Koeffizient der Branche noch im Annahmebereich. Bei einem F-Wert von 1,77 liegt die Eintrittswahrscheinlichkeit der H4-Hypothese bei immerhin noch 18,46%.

Die Identität von Steuer- und Marktwerten setzt nicht nur einen β-Koeffizienten von eins voraus, sondern zudem auch einen Achsenabschnitt von null. Das untersuchte Modell hat jedoch eine Konstante von 20,0774. Der t-Wert von 3,04 unterstreicht, dass sich die Konstante signifikant von null unterscheidet. Diese Zahlen stellen einen weiteren Beleg für die Ungleichheit der Bewertung dar. Es werden also nicht alle wertrelevanten Informationen in den jeweiligen Variablen und damit in der Bewertung durch das Stuttgarter Verfahren abgedeckt. Selbst für den Fall, dass ein linearer Zusammenhang von eins zwischen beiden Unternehmenswerten beobachtet werden kann, zeigt der positive Achsenabschnitt, dass ein zusätzlicher Aufschlag notwendig ist, um eine Bewertungsidentität herzustellen. Für die Jahresdummies kann kein signifikanter Einfluss auf den Marktwert festgestellt werden.

4.4.3 Jahresspezifische Eignung des Stuttgarter Verfahrens

Der folgende Abschnitt beschäftigt sich mit der Frage, wie sich die Wertlücke zwischen Stuttgarter Verfahren und Marktpreis im Zeitverlauf entwickelt. Im Sinne einer gleichmäßigen Behandlung aller Steuerfälle sollte die Wertlücke zumindest in jedem Jahr gleich hoch sein. Das bedeutet, dass der Vorteil, den gegenwärtig ein nicht börsennotiertes Unternehmen durch die Unterbewertung im Vergleich zu einem börsennotierten genießt, über die Jahre konstant sein sollte. Diese Forderung ist deswegen so wichtig, da die Erbschaft- und Schenkungsteuer nicht periodisch anfällt, sondern nur im jeweiligen Besteuerungsfall. Damit können sich relative Vor- und Nachteile im Zeitablauf nicht ausgleichen.

Marktpreise sind immer das Resultat einer Beurteilung der erwarteten Gewinne eines Unternehmens im Vergleich zu den alternativen Anlagemöglichkeiten. Das Ergebnis unterschiedlicher Erwartungen der Marktteilnehmer sind häufige Preisschwankungen der einzelnen Unternehmen oder auch des gesamten Marktes. Der Wert eines nicht börsennotierten Unternehmens setzt sich grundsätzlich aus dem gleichen Bewertungskalkül zusammen, wie der Wert eines börsennotierten.[32] In Folge dessen muss ein geeignetes Bewertungsverfahren dieses Verhalten auch abbilden. Es ist jedoch fraglich, ob das Stuttgarter Verfahren in seiner gegenwärtigen Form dies leisten kann.

Betrachtet man den Gesamtmarkt, so konnte man Ende der neunziger Jahre einen Börsenboom und zu Beginn des neuen Jahrtausends eine negative Marktentwicklung beobachten. Dieser Verlauf müsste sich dann auch im Steuerwert der Unternehmen widerspiegeln. Variiert die Lücke zwischen Steuer- und Marktwerten im Zeitablauf, dann verändert sich auch die relative Vorteilhaftigkeit nicht börsennotierter Unternehmen im Vergleich zu börsennotierten Unternehmen. So wird der Steuerpflichtige relativ begünstigt, der von einer großen Wertlücke profitiert. Da jedoch Börsenpreise in der Regel viel stärker schwanken als Bilanzwerte und Jahresergebnisse der Unternehmen, liegt die Vermutung nahe, dass das Verhältnis von Steuer- zu Marktwerten im Zeitablauf nicht konstant ist. Ziel der folgenden Untersuchung ist es, genau diese Vermutung zu überprüfen.

Die Tabelle 4.6 gibt einen Überblick über das Verhältnis von Steuer- zu Marktwert für jedes in die Untersuchung einbezogene Jahr. Insgesamt stehen Daten aus 13 Jahren zur Verfügung. Der Median der SV/MW-Relationen liegt zwischen 38,4% im Jahr 1993 und 68,4% im Jahr 2002. Die Spannweite von 30% ist sehr groß. Es fällt auf, dass die Wertrelation einem zeitlichen Trend folgt. Während zwischen 1992 und 1998 der Median der SV/MW-Relation zwischen 38,4% und 55,2% beträgt, so erhöht sich der Median von 1999 bis 2004 auf 58,3% bis 68,4%.

Das ausreißeranfällige arithmetische Mittel unterstützt diese Beobachtung. Mit einem Minimum von 38,6% im Jahr 1993 und einem Maximum von 103,7% im Jahr 2002 decken sich die Zeitpunkte der Extremwerte mit denen des Medians. Allerdings steigt die Schwankungsbreite auf 65,1 Prozentpunkte deutlich an. Analog zum Median lassen sich auch für das arithmetische Mittel zwei Gruppen mit unterschiedlichen Niveaus der Wertrelationen beobachten. Zudem erstrecken sich die Gruppen über den gleichen Zeitraum. Von 1992 bis 1998 bewegt sich die SV/MW-Relation zwischen 38,6% und 62,1% und steigt zwischen 1999 und 2004 auf 70,3% bis 103,7%. Damit reduziert sich die Lücke zwischen Steuer- und Marktwerten in dieser Periode und es kommt zu einer besseren Approximation des

[32] Allerdings wird in der Regel ein Abschlag aufgrund geringerer Fungibilität der Anteile vorgenommen. Die Höhe des Abschlags schwankt in der Regel zwischen 10 und 50%. Vgl. z.B. Böcking/Nowak (1999), S. 174, Buchner/Englert (1994), S. 1577, Finnerty/Emery (2004), S. 91-99, Officer (2007), S. 571-598 Rijken/Booij/Buckley (1999), S. 256-275.

Jahr	N	Median	Mittelwert	Standard-abweichung	Variations-koeffizient	Min.	Max.
1992	116	47,1%	51,4%	0,299	58,1%	3,7%	189,6%
1993	119	38,4%	38,6%	0,207	53,7%	1,6%	102,8%
1994	130	41,3%	43,7%	0,235	53,7%	2,6%	111,6%
1995	154	48,8%	52,6%	0,307	58,5%	0,8%	173,4%
1996	153	55,2%	61,2%	0,465	75,9%	0,4%	425,3%
1997	163	48,4%	51,2%	0,314	61,2%	1,7%	223,0%
1998	202	55,2%	62,1%	0,643	103,6%	2,5%	807,1%
1999	218	61,5%	70,3%	0,690	98,2%	2,8%	747,2%
2000	238	59,6%	75,7%	0,807	106,5%	2,0%	1012,7%
2001	219	65,3%	90,7%	0,960	105,9%	2,7%	909,6%
2002	197	68,4%	103,7%	1,364	131,6%	3,9%	1451,7%
2003	173	61,4%	91,2%	1,158	127,0%	5,7%	767,5%
2004	155	58,3%	78,2%	0,778	99,4%	3,5%	557,7%

SV/MW gibt die Relation von Werten des Stuttgarter Verfahrens zu Marktwerten an. N bezeichnet die Anzahl der Beobachtungen, *Min.* das Minimum und *Max.* das Maximum der SV/MW-Ausprägungen.

Tabelle 4.6: SV/MW-Relation nach Jahren

gemeinen Wertes. Welche Auslöser für diesen Effekt verantwortlich sind, ist jedoch offensichtlich und wird im Folgenden näher beleuchtet.

Einen ersten Anhaltspunkt für die Zweiteilung in der Untersuchung liefert die beobachtete Streuung. Liegt der Variationskoeffizient in den Jahren 1992 bis 1997 noch zwischen 53,7% und 75,9%, so springt er von 1998 bis 2004 auf 98,2% bis 131,6%. Verantwortlich hierfür sind die sprunghaft angestiegenen Extremwerte. Die maximale SV/MW-Relation liegt zwischen 1992 und 1997 zwischen 102,8% und 425,3%. Ab 1998 liegen die höchsten Relationen zwischen 557,7% und 1451,7%. Das bedeutet, dass in diesem Zeitfenster die Anzahl und die Ausprägungen der steuerlichen Überbewertung im Vergleich zum Marktwert drastisch zugenommen hat.

Die Gründe für diesen sprunghaften Anstieg sind jedoch vermutlich weniger beim Stuttgarter Verfahren als vielmehr in der Bewertung an der Börse zu suchen. Da die Bewertungen des Stuttgarter Verfahrens stark vom bilanziellen Reinvermögen der Unternehmen abhängen und nur in geringem Maß von der Ertragssituation, sind bei der steuerlichen Unternehmensbewertung nur kleinere Wertschwankungen zu erwarten. Im Gegensatz dazu kann der Marktwert eines Unternehmens, gemessen am Börsenpreis, sehr volatil sein. Gerade negative Nachrichten und damit getrübte Ertragsaussichten führen häufig zu einem Kurseinbruch und einem Verharren auf niedrigem Niveau. Eine SV/MW-Relation von mehr als 100% könnte durch einen entsprechend geringen Börsenpreis begründet werden.

	< 1€	< 2€	< 3€	< 4€	< 5€	< 6€	< 7€	< 8€	< 9€	< 10€	insgesamt
1992	0	0	0	1	1	1	2	2	3	3	6
1993	0	0	0	0	0	0	0	0	0	0	1
1994	0	0	0	0	1	1	1	1	1	1	2
1995	0	0	1	2	3	3	3	3	5	5	11
1996	0	0	1	1	1	1	1	2	3	5	12
1997	0	0	0	0	0	0	0	1	1	2	10
1998	0	0	1	1	4	4	4	5	9	9	24
1999	0	1	2	2	4	9	11	18	21	22	44
2000	0	4	11	13	15	19	22	26	30	31	59
2001	3	9	18	21	25	30	36	37	39	41	69
2002	6	17	24	32	38	47	49	54	55	59	76
2003	2	8	17	20	23	28	31	34	36	37	47
2004	3	9	11	17	20	20	25	28	31	31	39

In jeder Spalte ist die Anzahl der Unternehmen angegeben, die eine SV/MV-Relation von $SV/MW > 100\%$ und einen Börsenpreis unter dem im Spaltenkopf angegebenen Euro-Betrag haben. SV/MW gibt die Relation von Werten des Stuttgarter Verfahrens zu Marktwerten an. Zur Verdeutlichung: Im Jahr 1992 gibt es in der Sichprobe drei Unternehmen, deren Börsenpreis geringer als 10€ ist und die einen Wert je Aktie nach Anwendung des Stuttgarter Verfahrens haben, der über dem Marktpreis liegt.

Tabelle 4.7: Anzahl der Unternehmen mit einem Börsenpreis von weniger als x€ und einer SV/MV-Relation von $SV/MW > 100\%$

Im Folgenden wird das Augenmerk insbesondere auf Unternehmen mit einem geringen Börsenpreis gerichtet. Ein niedriger Preis je Aktie bedeutet zwar nicht notwendigerweise, dass das Unternehmen eine geringe Marktkapitalisierung hat, da die Anzahl der Aktien auch zu berücksichtigen ist. Jedoch zeigt sich, dass Börsenkurse von weniger als 10€ bei deutschen Unternehmen nur selten zu beobachten sind und häufig Ausdruck einer schlechten Beurteilung der Zukunftschancen durch die Marktteilnehmer sind. Tabelle 4.7 zeigt, wie viele Unternehmen in der Stichprobe enthalten sind, die eine SV/MW-Relation von größer eins und einen Börsenpreis je Aktie kleiner x€ vorweisen. Seit 1999 haben jeweils mehr als 50% (22 von 44 bis 31 von 39) der steuerlich benachteiligten Unternehmen einen Börsenpreis von weniger als 10€. Von 1992 bis 1998 bewegt sich die Quote der steuerlich benachteiligten Unternehmen zwischen 0% und 50% (3 von 6). Somit kann festgehalten werden, dass nicht nur die Anzahl der Unternehmen, die eine SV/MW-Relation größer eins haben und einen geringen Börsenpreis aufweisen, deutlich angestiegen ist, sondern auch der Anteil an der Gesamtheit der steuerlich diskriminierten Unternehmen in diesem Preisbereich.

Es muss jedoch geklärt werden, ob dieser Effekt nicht ausschließlich dadurch hervorgerufen wird, dass in den Jahren nach 1998 insgesamt deutlich mehr Aktien an der Börse niedrig bewertet werden und dies die vorherigen Beobachtungen stark beeinflusst. Tabelle 4.8 stellt die Anteile der steuerlich überbewerteten Unternehmen an der Gesamtanzahl der Aktien, die einen Preis kleiner x€ haben, dar. Bezogen auf die Gesamtzahl der Unternehmen, die einen Kurswert von weniger als 10€ haben, würden von 1999 bis 2004 zwischen rund 31% und 50% der Unternehmen nach steuerlichen Maßstäben höher bewertet werden als durch die Marktteilnehmer. Im Vergleich dazu liegt der Anteil in den Jahren von 1992 bis 1998 zwischen 0% und 17,3%. Es wird deutlich, dass nicht nur die Anzahl der niedrigpreisigen Aktien seit 1999 angestiegen ist, sondern auch der Anteil der steuerlich diskriminierten Unternehmen. Hierfür können mehrere Gründe verantwortlich sein.

Der Preis je Aktie wird unter anderem durch seinen Anteil am Nennkapital bestimmt. Durch Veränderungen der Stückelungen können die Preise leicht reduziert werden, ohne jedoch das Eigenkapital zu verändern. Dadurch werden die Aktien optisch billiger und leichter zu handeln.[33] Mit der insgesamt gestiegenen Anzahl an Börsennotierungen wächst unweigerlich auch die Anzahl der Unternehmen, für die die Marktteilnehmer schlechte Aussichten prognostizieren und somit niedrige Aktienkurse nach sich ziehen. Drittens kann dieses Ergebnis auch durch die Selektion der Stichprobe beeinflusst sein. Seit 1998 stellen viele börsennotierte Unternehmen ihren Konzernabschluss nach internationalen Richtlinien auf und fallen damit aus dieser Untersuchung heraus. Folgt man der Vermutung, dass insbesondere große und profitable Unternehmen die freiwillige Umstellung vorgenommen haben, dann kann im Umkehrschluss vermutet werden, dass kleine und weniger profitable Unternehmen die Umstellung aufschieben und weiterhin nach handelsrechtlichen Maßstäben bilanzieren.[34] An dieser Stelle soll jedoch keine Überprüfung der Vermutungen vorgenommen werden.

Die Ergebnisse der deskriptiven Statistik haben gezeigt, dass das Verhältnis von Stuttgarter Verfahren zu Marktwerten in der Regeln kleiner eins ist, also eine Unterbewertung durch die steuerliche Unternehmensbewertung zu beobachten ist. Allerdings ist dieser Effekt nicht für alle Jahre gleich groß. Zur Überprüfung der Verallgemeinerbarkeit werden wieder Signifikanztests durchgeführt. Es wird folgendes Modell geschätzt:

$$MW = \alpha + \beta_t SV_t + \beta_{t+1} SV_{t+1} + \ldots + \beta_T SV_T.$$

SV_t bezeichnet hierbei wieder eine Interaktionsvariable, die sich in diesem Fall aus dem Wert des Stuttgarter Verfahrens je Unternehmen und einer Dummyvariable für das jeweilige Untersuchungsjahr t zusammensetzt. Da jedes Unternehmen in jedem Jahr maximal einmal erfasst wird, kann auf die unternehmensspezifische Clusterung verzichtet werden. Durch die Betrachtung der einzelnen Jahrgänge existiert kein Autokorrelationsproblem, da die Ausprägungen jeder Interaktionsvariablen unabhängig von einander sind. Die Verwendung eines einfachen Regressionsmodells ist somit zweckmäßig.

Im Ausgangsfall soll folgende Hypothese überprüft werden:

[33] Seit 1996 finden z.B. häufig Umstellungen von Nennwert- auf Stückaktien statt.
[34] Vgl. Leuz/Verrecchia (2000), S. 105 und Cuijpers/Buijink (2005), S. 518.
[35] Vgl. White (1980), S. 817-838.

	< 1€	< 2€	< 3€	< 4€	< 5€	< 6€	< 7€	< 8€	< 9€	< 10€
1992	0,0%	0,0%	0,0%	12,5%	8,3%	6,3%	10,5%	8,0%	9,7%	8,6%
1993	0,0%	0,0%	0,0%	0,0%	0,0%	0,0%	0,0%	0,0%	0,0%	0,0%
1994	0,0%	0,0%	0,0%	0,0%	14,3%	9,1%	6,7%	5,6%	4,5%	4,2%
1995	0,0%	0,0%	25,0%	20,0%	21,4%	15,8%	12,5%	10,3%	13,5%	11,9%
1996	0,0%	0,0%	16,7%	8,3%	5,3%	4,3%	3,7%	5,9%	6,7%	9,6%
1997	0,0%	0,0%	0,0%	0,0%	0,0%	0,0%	0,0%	3,4%	2,9%	4,9%
1998	0,0%	0,0%	14,3%	8,3%	18,2%	14,8%	12,9%	14,3%	19,1%	17,3%
1999	0,0%	25,0%	22,2%	13,3%	17,4%	25,7%	25,0%	31,0%	31,3%	30,6%
2000	0,0%	50,0%	52,4%	37,1%	32,6%	35,8%	34,4%	34,7%	35,7%	35,6%
2001	75,0%	50,0%	48,6%	44,7%	41,0%	40,0%	42,4%	39,4%	38,2%	38,0%
2002	54,5%	45,9%	49,0%	46,4%	47,5%	50,0%	49,5%	50,9%	49,5%	50,0%
2003	33,3%	33,3%	39,5%	35,7%	33,8%	36,8%	36,0%	37,0%	37,9%	37,4%
2004	60,0%	37,5%	29,7%	34,0%	34,5%	33,3%	37,3%	37,3%	35,6%	35,2%

In jeder Spalte ist der Anteil der Unternehmen, die eine SV/MV-Relation von $SV/MW > 100\%$ und einen Börsenpreis unter dem im Spaltenkopf angegebenen Euro-Betrag haben, in Relation zur gesamten Anzahl der Unternehmen unterhalb der jeweiligen Preisgrenze angegeben. SV/MW gibt die Relation von Werten des Stuttgarter Verfahrens zu Marktwerten an. Zur Verdeutlichung: Im Jahr 1992 haben in der Sichprobe 8,6% der Unternehmen mit einem Börsenpreis von weniger als 10€ eine SV/MW-Relation > 100%.

Tabelle 4.8: Relation der steuerlich überbewerteten Unternehmen an der Gesamtheit der Unternehmen mit einem Börsenpreis < x€

Hypothese H6: Für jedes einzelne Jahr ist der Wert nach dem Stuttgarter Verfahren identisch mit dem Marktpreis.

$$H6 : \beta_t = 1 \text{ und } H7 : \beta_t \neq 1$$

Tabelle 4.9 zeigt die Ergebnisse des Modells. Die Koeffizienten der Interaktionsvariablen nehmen mindestens einen Wert von 1,7183 an und steigen bis auf 2,8106. Damit werden die zentralen Erkenntnisse der deskriptiven Analyse bestätigt. Die F-Werte liegen in jedem Jahr über 10,94, so dass die H6-Hypothese für jedes Jahr bei einem Signifikanzniveau von 99% verworfen werden muss. Der Achsenabschnitt α liegt bei 11,0193 und enthält somit viele wertrelevante Informationen. Der F-Wert von 9,39 belegt, dass α signifikant verschieden von null ist. Die Ergebnisse zeigen deutlich, dass keine hinreichend hohe Wahrscheinlichkeit existiert, dass in irgendeinem der betrachteten Jahre der Marktwert der Unternehmen durch das steuerliche Bewertungsverfahren approximiert werden kann.

Die Unterbewertung durch das Stuttgarter Verfahren könnte gegebenenfalls toleriert werden, wenn sie über die Zeit hinweg konstant ist. Das würde bedeuten, dass die zeitliche Komponente keine Rolle spielt und es unerheblich ist, wann der Zeitpunkt der Besteuerung ist, da der relative Vorteil gegenüber der Marktbewertung immer gleich groß ist. In diesem Fall müssten alle Koeffizienten des Regressionsmodells gleich groß sein. Damit werden folgende Hypothesen getestet:

Hypothese H8: Das Verhältnis des Werts nach dem Stuttgarter Verfahren zum Marktpreis ist für alle Jahre identisch.

Jahr	N	β_t	*Std.Err.*	*F*	*P*
1992	116	1,9538	0,1675	32,43	0,0000
1993	119	2,6594	0,3275	25,68	0,0000
1994	130	2,2587	0,2561	24,16	0,0000
1995	154	2,4861	0,3251	20,90	0,0000
1996	153	2,2742	0,3302	14,89	0,0001
1997	163	2,2423	0,2627	22,37	0,0000
1998	202	1,7885	0,2185	13,02	0,0004
1999	218	1,7183	0,1983	13,12	0,0003
2000	238	1,9098	0,2689	11,45	0,0008
2001	219	1,8645	0,2570	11,31	0,0009
2002	197	2,4111	0,3956	12,72	0,0004
2003	173	2,8106	0,4484	16,30	0,0001
2004	155	2,5018	0,4540	10,94	0,0011
α		11,0193	3,5964	9,39	0,0024

Es wird die Regressionsfunktion $MW = \alpha + \beta_t SV_t + \beta_{t+1} SV_{t+1} + \ldots + \beta_T SV_T$ geschätzt. Der Marktwert des Unternehmens wird durch MW dargestellt. α gibt den Achsenabschnitt der Regressionsfunktion an. β_t bezeichnet den Koeffizienten der unabhängigen Variable *Wert des Stuttgarter Verfahrens SV* multipliziert mit einem Jahresdummy für jedes in dem Modell enthaltene Jahr. Der Standardfehler des Koeffizienten wird durch *Std.Err.* widergegeben. Es wurde ein geclusterter White-Standardfehler verwendet, um die Heteroskedastizität zu kontrollieren.[35] Für die F-Werte gilt ein Signifikanzniveau von 95%.

Tabelle 4.9: Signifikanztest Stuttgarter Verfahren nach Jahren

$$H8 : \beta_t = \beta_{t+1} = \ldots = \beta_T \text{ und } H9 : \beta_t \neq \beta_{t+1} \neq \ldots \neq \beta_T.$$

Der F-Wert von 2,33 gibt an, dass die H8-Hypothese nur mit einer Wahrscheinlichkeit von rund 0,72% gilt. Die H8-Hypothese ist somit abzulehnen. Es kann also, bezogen auf ein Signifikanzniveau von 99%, ausgeschlossen werden, dass das Verhältnis von Steuer- zu Marktwerten über alle Jahre des Beobachtungszeitraums gleich ist. Betrachtet man die verschiedenen Koeffizienten, so fallen insbesondere die Jahre 1998 bis 2001 auf. Hier bewegen sich die Koeffizienten zwischen 1,71 und 1,90 und liegen damit deutlich unter 2. In den übrigen Jahren, mit Ausnahme von 1992, beträgt der niedrigste Faktor 2,24. Vereinfacht gesprochen bedeutet das, von 1998 bis 2001 die Steuerwerte etwas mehr als 50% des Marktwertes betragen, wohingegen in den übrigen Jahren, die Steuerwerte unter 50% liegen. Die Unterbewertung fällt also in diesem Vierjahreszeitraum nicht ganz so stark aus.

Dieses Ergebnis verwundert aus zweierlei Gründen. Zum einen fällt in diesen Zeitraum der Börsenboom in Deutschland. Hohe Kurssprünge lassen auch eine deutliche Diskrepanz zu den Steuerwerten vermuten, da diese weniger volatil sein dürften. Der gegenteilige Effekt tritt jedoch in dieser Stichprobe auf. Ein Erklärung für diesen Effekt kann in der Selektion der in der Untersuchung enthaltenen Unternehmen liegen. Der Börsenboom am Ende der

90er Jahre wurde maßgeblich durch zwei Marktsegmente bestimmt, den DAX 30 und den Neuen Markt. Unternehmen aus diesen Indizes sind jedoch in der Stichprobe nicht enthalten. Verantwortlich hierfür sind zwei Ausschlußkriterien. Neben dem Kriterium der hohen Marktkapitalisierung, das insbesondere bei sämtlichen Dax 30-Unternehmen greift, spielen die angewendeten Rechnungslegungsstandards beim Konzernabschluss eine gewichtige Rolle. Da Unternehmen des Neuen Markts verpflichtet waren, ihren Jahresabschluss nach internationalen Standards anzufertigen, scheiden sie ebenfalls aus der Analyse aus. Die verbleibenden Unternehmen gehören dementsprechend entweder dem MDax oder gar keinem Börsenindex an. Kapitalströme und Euphorie der Anleger sind an dieser Gruppe von Unternehmen offensichtlich vorbei gegangen, so dass sich die Börsenkurse nur unterdurchschnittlich entwickelt haben. Zum anderen wird das Ergebnis nicht durch die deskriptive Statistik unterstützt. Die vergleichsweise großen Schwankungen der Beobachtungen führen dazu, dass nicht alle Informationen in den Koeffizienten der jeweiligen Variable eingehen, sondern im Achsenabschnitt α abgebildet werden.

4.4.4 Rentabilitätsspezifische Eignung des Stuttgarter Verfahrens

Die Analysen zur branchenabhängigen Schätzgüte des Stuttgarter Verfahrens haben gezeigt, dass es zwar eine Reihe von Unternehmen gibt, bei denen das Stuttgarter Verfahren zu einer verlässlichen Approximation führt, es in den meisten Fällen jedoch zu einer steuerlichen Unterbewertung kommt. Es kommt auch innerhalb der Branchen zu teilweise sehr großen Unterschieden.[36] Eine Selektion nach Branchenzugehörigkeit wirft immer wieder Abgrenzungsprobleme auf. In der Regel werden Unternehmen anhand des umsatzstärksten Tätigkeitsfeld klassifiziert. Erzielt ein Unternehmen auf mehreren, unterschiedlichen Gebieten seine Umsätze, so wird es sich vermutlich in Bezug auf Rentabilität und Risiko von einem durchschnittlichen Branchenunternehmen deutlich unterscheiden. Treten derartige Beobachtungen häufiger auf, so könnte eine Klassifizierung auf Basis von Fundamentaldaten, die für die Bewertung von Unternehmen relevant sind, zu homogeneren Gruppen führen. Eine Verallgemeinerbarkeit für Ergebnisse dieser Gruppen ist damit wahrscheinlicher. Als relevante Entscheidungsgrößen potenzieller Anleger kommen dabei Indikatoren für die Rentabilität, das Risiko und die Liquidität des Unternehmens in Frage. Da das Risiko und die Liquidität, im Sinne einer Handelbarkeit von Anteilen eines Unternehmens, bei nicht börsennotierten Unternehmen nur sehr schwer zu ermitteln sind, wird im Folgenden auf die Rentabilität zurückgegriffen.

In diesem Abschnitt soll nun untersucht werden, welches Verhältnis von Stuttgarter Verfahren zu Marktwerten für verschiedene Renditegruppen gilt.[37] Als Maßgröße wird hierbei die Eigenkapitalrendite verwendet. Sie ergibt sich aus dem Jahresergebnis E in Relation zum Buchwert des Eigenkapitals B. Diese Größe wird auch in den Regelungen des Stutt-

[36] Vgl. Abschnitt 4.4.2

[37] Piltz schlägt eine Dreiteilung nach Rentabilität der Unternehmen vor; vgl. Piltz (1975), S. 68.

garter Verfahrens verwendet, um den Abschlag auf Grund mangelnder Profitabilität zu bestimmen.[38]

Das Stuttgarter Verfahren nimmt in seiner Konzeption an verschiedenen Stellen Bezug auf die Rendite. Bei Überschreiten der Normalrendite von 9% steigt der steuerliche Unternehmenswert über das Reinvermögen. Die Gruppe der Unternehmen, bei denen dieser Effekt auftritt, erfüllt die Bedingung $E/B > 9\%$. Eine weitere Renditeschwelle im Stuttgarter Verfahren liegt bei 4,5%. Bei einem Verhältnis von $E/B < 4,5\%$ kann der Unternehmenswert um bis zu 30% reduziert werden. Dies soll insbesondere Kapital intensive Unternehmen vor einer zu hohen steuerlichen Belastung schützen. Aus dieser Regelung ergeben sich zwei weitere Renditegruppen: $4,5\% < E/B \leq 9\%$ und $0\% < E/B \leq 4,5\%$. Die letzte Gruppe setzt sich aus den Unternehmen zusammen, die kein positives Jahresergebnis erzielen. In diesem Fall wird der Ertragswert E im Rahmen des Stuttgarter Verfahrens gleich null gesetzt. Folglich muss die Rendite E/B=0% sein.

	N	Median	Mittelwert	Standard-abweichung	Variations-koeffizient	Min.	Max.
$\frac{E}{B} = 0\%$ (R1)	760	30,0%	42,6%	41,2%	96,6%	0,4%	354,2%
$0\% < \frac{E}{B} \leq 4,5\%$ (R2)	339	48,7%	62,2%	49,3%	79,3%	1,7%	335,1%
$4,5\% < \frac{E}{B} \leq 9\%$ (R3)	432	60,7%	77,2%	84,9%	110,0%	5,0%	1012,7%
$\frac{E}{B} > 9\%$ (R4)	804	68,1%	92,3%	99,2%	107,5%	3,1%	1451,7%

Die vier Rentabilitätsklassen (R1 bis R4) ergeben sich aus dem Verhältnis von Ertragshundertsatz E zum Vermögenswert B. Die Parameter der SV/MW Relation werden für jede Rentabilitätsklasse angegeben. N bezeichnet die Anzahl der Beobachtungen, $Min.$ das Minimum und $Max.$ das Maximum der SV/MW-Ausprägungen. Die Branchenzuordnung erfolgt auf Basis des Worldscope-Schlüssels.

Tabelle 4.10: SV/MW-Relation nach Rentabilitätsgruppen

Die deskriptive Statistik belegt, dass die verschiedenen Profitabilitätsgruppen sehr unterschiedlich vom steuerlichen Unternehmensbewertungsverfahren profitieren. Die größte Diskrepanz zwischen Markt- und Steuerwerten kann in der Rentabilitätsgruppe R1 beobachtet werden. Der Median der SV/MW-Relation liegt bei 30%, das arithmetische Mittel bei 42,6%. Das bedeutet, dass die steuerlichen Unternehmenswerte im Durchschnitt um 60% bis 70% geringer als die jeweiligen Marktwerte ausfallen. Ein ähnliches Bild zeigt sich bei den Unternehmen der Gruppe R2. Hier liegt der Median bei 48,7% und das arithmetische Mittel bei 62,2%. Für dieses Ergebnis können zwei Gründe verantwortlich sein. Entweder wird die schlechte aktuelle Ertragssituation von den Marktteilnehmern nicht so negativ bewertet, wie dies in der Regelbewertung des Stuttgarter Verfahrens geschieht, oder die zusätzlichen Abzüge vom gemeinen Wert auf Grund schwacher Profitabilität sind zu hoch angesetzt. Dies wird insbesondere im Vergleich zu den beiden Gruppen R3 und R4 deutlich. Die geringsten Unterschiede zwischen Steuer- und Marktwerten können mit rund 8% (arithmetisches Mittel) und 32% (Median) in der Gruppe der hochprofitablen

[38] Vgl. Abschnitt 2.5

Unternehmen beobachtet werden.

Diese Beobachtung überrascht zunächst, da der steuerliche Unternehmenswert maßgeblich vom bilanziellen Eigenkapital bestimmt wird. Üblicherweise wird angenommen, dass der Substanzwert des Unternehmens deutlich geringer ist als sein Marktwert. Lediglich für Unternehmen, die finanzielle Probleme haben, könnte der Substanzwert im Sinne eines Realisationswertes ein geeigneter Wertmaßstab sein. Der Grund für den beobachteten gegenläufigen Effekt liegt in der Reduzierung des Steuerwertes unter den Wert des Reinvermögens. Führt man sich die vereinfachte Bewertungsformel des Stuttgarter Verfahrens vor Augen ($SV = 0,68(B + 5E)$), so wird deutlich, dass für jedes Unternehmen, das weniger als die Normalrendite von 9% erwirtschaftet, der Steuerwert unter dem Reinvermögen liegt. Bereits in der Regelbewertung wird häufig nicht einmal der Substanzwert des Unternehmens als Steuerwert verwendet. Die weiteren Abschläge auf Grund mangelnder Profitabilität verschärfen diesen Effekt zusätzlich.

Interessanterweise ist die Streuung der Beobachtungen in den jeweiligen Gruppen recht homogen. Der Variationskoeffizient bewegt sich zwischen 79,3% für die Gruppe R2 und 110,0% für die Gruppe R3. Die absolute Höhe der Streuung ist jedoch sehr groß. Als Zwischenfazit bleibt festzuhalten, dass insbesondere bei den weniger profitablen Unternehmen auf Grund der großen Abweichungen vom Marktwert Handlungsbedarf für ein verändertes Bewertungsverfahren existiert.

Die Überprüfung der Ergebnisse der deskriptiven Statistik erfolgt wiederum mittels Signifikanztests. Das zu schätzende Modell lautet:

$$MW = \alpha + \beta_1 SV_{R1} + \beta_2 SV_{R2} + +\beta_3 SV_{R3} + \beta_4 SV_{R4} + \beta_i JahrDummy.$$

SV_{Ri} ist eine Interaktionsvariable, die sich aus dem Wert des Stuttgarter Verfahrens und einer Dummyvariable für die jeweilige Rentabilitätsgruppe zusammensetzt. Durch den Signifikanztest soll zunächst geprüft werden, ob sich Steuer- und Marktwerte für jede Rentabilitätsgruppe signifikant unterscheiden. Die Hypothesen lauten dementsprechend:

Hypothese H10: Für jede einzelne Renditegruppe ist der Wert nach dem Stuttgarter Verfahren identisch mit dem Marktpreis.

$$H10 : \beta = 1 \text{ und } H11 : \beta \neq 1$$

Die Ergebnisse der Tests werden in Tabelle 4.11 dargestellt. Mit F-Werten zwischen 12,53 und 35,64 muss die H10-Hypothese auf einem Signifikanzniveau von 99% für jede der vier Profitabilitätsgruppen verworfen werden. Es kann somit nicht von einer Identität von Steuer- und Marktwerten für eine der Profitabilitätsgruppen ausgegangen werden. Für die Unternehmen der Gruppen R1 und R2 ist dieses Ergebnis nicht verwunderlich, da die Mittelwerte der SV/MW-Relationen nur um 50% lagen. Für die Gruppen R3 und

[39] Vgl. White (1980), S. 817-838.

Profitabilität	N	β	*Std.Err.*	*F*	*P*
$\frac{E}{B} = 0\%$ (R1)	760	4,0743	0,5150	35,64	0,0000
$0\% < \frac{E}{B} \leq 4,5\%$ (R2)	339	2,7152	0,4845	12,53	0,0001
$4,5\% < \frac{E}{B} \leq 9\%$ (R3)	432	2,4519	0,3004	23,35	0,0000
$\frac{E}{B} > 9\%$ (R4)	804	1,9606	0,2334	16,94	0,0001
α		-1,1634	8,7004	0,02	0,8937

Die vier Rentabilitätsklassen (R1 bis R4) ergeben sich aus dem Verhältnis von Ertragshundertsatz E zum Vermögenswert B. Folgendes Modell wird geschätzt: $MW = \alpha + \beta_1 SV_{R1} + \beta_2 SV_{R2} + + \beta_3 SV_{R3} + \beta_4 SV_{R4} + \beta_i JahrDummy$. Der Marktwert des Unternehmens wird durch MW dargestellt. α gibt den Achsenabschnitt der Regressionsfunktion an. β bezeichnet den Koeffizienten der unabhängigen Variable *Wert des Stuttgarter Verfahrens SV*. Der Standardfehler des Koeffizienten wird durch *Std.Err.* wiedergegeben. Es wurde ein geclusterter White-Standardfehler verwendet, um die Heteroskedastizität zu kontrollieren.[39] Die Jahresdummies in der Regressionsfunktion zur Kontrolle einer möglichen Autokorrelation sind jeweils nicht signifikant. Für die F-Werte gilt ein Signifikanzniveau von 95%.

Tabelle 4.11: Signifikanztest Suttgarter Verfahren nach Profitabilitätsgruppen

insbesondere R4 wäre aufgrund der Ergebnisse der deskriptiven Statistik, insbesondere der arithmetischen Mittel, eine höhere Korrelation beider Unternehmenswerte zu erwarten gewesen. Die Koeffizienten von 2,45 (R3) und 1,96 (R4) unterscheiden sich jedoch deutlich von dem Zielwert 1.

Die deutliche Differenz zwischen der deskriptiven Statistik und den Ergebnissen der Signifikanztests erklärt sich aus den unterschiedlichen Annahmen beider Konzepte. Die lineare Regression reagiert sensibler auf Extremwerte. Die Regressionsgerade ergibt sich aus der Optimierung der Beobachtungen unter der Prämisse der kleinsten Quadrate. Da hier nur wenige Ausreißer eine schwache Abweichung von den restlichen Beobachtungen verursachen, erfolgt auch nur eine geringe Anpassung der Regressionsgerade zur Minimierung der quadrierten Abweichung. Gäbe es jedoch mehrere Extremwerte, dann ist ihr Einfluss sehr groß. Außerdem sind im Achsenabschnitt wertrelevante Informationen enthalten, die in Kombination mit den Koeffizienten zu beurteilen sind. Der negative Achsenabschnitt deutet an, dass die Koeffizienten tendenziell zu zu hohen Marktwerten führen. Die Wertrelation entspricht insgesamt eher der des Medians der SV/MW-Relationen.

Der Achsenabschnitt beträgt -1,16 und ist damit sehr klein. Zwar enthält er wertrelevante Informationen, die H10-Hypothese, dass er gleich null ist, lässt sich jedoch nicht widerlegen. Mit einem t-Wert von 0,02 wird die H10-Hypothese sogar sehr deutlich unterstützt. Das bedeutet im Umkehrschluss, dass die verfügbaren Informationen bestmöglich in den Koeffizienten der Variablen abgebildet werden. Da diese signifikant verschieden von 1 sind, kann festgehalten werden, dass auch die Gruppierung auf Basis vergleichbarer Rentabilitäten keinen Unternehmenstyp identifiziert, bei dem das Stuttgarter Verfahren den Marktwert reproduziert. Allerdings ist die Abweichung bei hochrentablen Unternehmen deutlich kleiner als bei ertragsschwachen Unternehmen. Dies wird durch folgenden Signifikanztest bestätigt.

Es gelte die Vermutung, dass alle Profitabilitätsgruppen in gleicher Weise von der steuerlichen Unterbewertung profitieren. In diesem Fall müssten alle Koeffizienten gleich sein. Die Hypothese lautet somit:

Hypothese H12: Das Verhältnis des Wertes nach dem Stuttgarter Verfahren zum Marktpreis ist für alle Renditegruppen identisch.

$$H12 : \beta_1 = \beta_2 = \beta_3 = \beta_4 \text{ und } H13 : \beta_1 \neq \beta_2 \neq \beta_3 \neq \beta_4$$

Die F-Statistik liefert einen Wert von 5,95. Auf einem 99%igen Signifikanzniveau muss somit die H12-Hypothese abgelehnt werden. Eine vergleichbare Behandlung von Unternehmen mit verschiedenen Rentabilitäten kann somit nicht angenommen werden. Neben der bereits beobachteten Unterbewertung durch das Stuttgarter Verfahren führen die steuerlichen Bewertungsvorschriften auch zu einer signifikanten Ungleichbehandlung der zu bewertenden Untenehmen. Diese Ungleichbehandlung wiegt schwer, da die Gruppierung der Unternehmen anhand von Fundamentaldaten zu einer recht homogenen Zusammensetzung der verschiedenen Gruppen führen sollte. Im Gegensatz dazu ist bei der Branchengruppierung davon auszugehen, dass nicht alle Unternehmen der gleichen Branche den gleichen ökonomischen Erfolg erzielen. Da Investoren an der Mischung aus Ertrag und Risiko interessiert sind, sollte eine größere Homogenität hinsichtlich der Unternehmensrendite zu einer einheitlicheren Bewertung führen. Bezogen auf die geforderte Gleichbehandlung durch das Stuttgarter Verfahren bedeutet das, dass die Wertlücke zwischen Stuttgarter Verfahren und Marktpreis für die verschiedenen Renditegruppen gleich groß sein sollte. Wie bereits dargestellt, ist dies jedoch nicht der Fall.

4.4.5 Alternative Bewertungsformeln

Die bisherigen Analysen zeigen zwar die Schwächen des Stuttgarter Verfahrens auf, bieten jedoch keinen direkten Lösungsansatz. Im folgenden Abschnitt werden verschiedene alternative Lösungsansätze vorgestellt, die direkt auf dem Grundkonzept des Stuttgarter Verfahrens basieren. Dazu wird angenommen, dass sich der Unternehmenswert aus einem funktionalen Zusammenhang von Reinvermögen und Ertragswert ergibt. Für diese Annahme gibt es zwei Gründe. Zum einen legen Studien diesen Zusammenhang in Theorie und Empirie nahe.[40] Zum anderen würde eine derartige Reform der Bewertungsmodalitäten nur relativ geringere Anpassungen für die Steuerpflichtigen und die Finanzverwaltung zur Folge haben im Gegensatz zu einem komplett neuen Verfahren. Die aus der Steuerreform resultierenden Anpassungen würden dann niedrigere Transaktionskosten für die Informationsbeschaffung und -verarbeitung für alle Beteiligten entstehen. Auch aus verfassungsrechtlicher Sicht spricht vieles dafür, dass ein neues Bewertungsverfahren auf diese beiden Komponenten basieren muss.

[40] Vgl. Ohlson (1995), S. 661-687; Feltham/Ohlson (1995), S. 689-731.

Als Stellschrauben für die Verbesserung der Prognosegenauigkeit des Stuttgarter Verfahrens kommen drei Elemente in Frage:

1. Vermögenshundertsatz/Reinvermögen

2. Ertragshundertsatz/Ertragswert

3. Funktionaler Zusammenhang von Reinvermögen und Ertragswert

Der Vermögenshundertsatz im Sinne des Stuttgarter Verfahrens entspricht dem bilanziellen Eigenkapital abzüglich eines bilanzierten Geschäfts- oder Firmenwertes. Eine Alternative, die im Rahmen dieser Untersuchungen bereits integriert wurde, besteht darin, den Geschäfts- oder Firmenwert nicht vom bilanziellen Eigenkapital abzuziehen.[41] Im Folgenden wird auf das Reinvermögen zur Bestimmung eines Unternehmenssubstanzwertes zurückgegriffen.

Das Stuttgarter Verfahren bezieht sich mit dem Ertragshundertsatz auf einen Wert, der sich aus den durchschnittlichen Erträgen der letzten drei Jahre ergibt. Die Erträge werden hierbei in Abhängigkeit von der Nähe zum Bewertungsjahr mit den Faktoren drei, zwei und eins gewichtet. Ziel dieser Gewichtung ist es, einen robusten Schätzer für die zukünftige Ertragsentwicklung zu bestimmen, der auch durch den Steuerpflichtigen nicht ohne Weiteres manipuliert werden kann. Eine verbesserte Schätzung des Ertragspotenzials könnte durch einen anderen Umfang historischer Ergebnisse und/oder eine andere Gewichtung der Ergebnisse erzielt werden. Beide Alternativen werden im Anschluss überprüft.

Der funktionale Zusammenhang von Vermögenswert und Ertragshundertsatz wird gegenwärtig beim Stuttgarter Verfahren durch

1. die erwartete Normalrendite von 9%,

2. die festgeschriebene Dauer des Übergewinns von fünf Jahren und

3. das additive Verhältnis von Vermögenswert und Ertragshundertsatz bestimmt.

Veränderungen des Stuttgarter Verfahrens könnten nun direkt an diesen Parametern ansetzen. In diesem Fall wird das grundsätzliche Konstrukt des Verfahrens übernommen und die Parameter an veränderte Rahmenbedingungen angepasst. Die Normalrendite könnte beispielsweise erhöht oder reduziert werden, da sich die Bedingungen am Kapitalmarkt grundlegend verändert haben. Weiterhin könnte man der Ansicht sein, dass sich der Übergewinn über mehr oder weniger als fünf Jahre realisieren lässt. Veränderungen dieser Parameter führen zu einer Anpassung der Bewertungsformel. Die Bewertungsformel

[41] Vgl. Abschnitt 4.3.4.

selbst, unabhängig von der Wahl der jeweiligen Parameter, entspricht jedoch keiner anerkannten Theorie der Unternehmensbewertung, sondern basiert lediglich auf einer praktischen Konvention. Eine theoretische Fundierung für die Bewertung von Unternehmen mittels Reinvermögen und Erträgen bietet das Ohlson-Modell[42], das von der Gültigkeit der Clean-Surplus-Relation ausgeht. Dieses Modell führt theoretisch zu dem gleichen Unternehmenswert, wie das Dividendendiskontmodell. Allerdings müssen hierfür sämtliche Erträge, die nicht ausgeschüttet werden, annahmegemäß das bilanzielle Eigenkapital des Unternehmens erhöhen. Der funktionale Zusammenhang von Reinvermögen und Erträgen ist hierbei unternehmensspezifisch. Diese Methodik wird im Folgenden aufgegriffen, um eine möglichst exakte Abbildung des Marktwertes durch die verfügbaren Daten zu erreichen.

4.4.5.1 Variation des Ertragshundertsatzes

Für die gegenwärtige Ermittlung des Ertragshundertsatzes gilt: $E = \frac{E_{t-2}\times 1+E_{t_1}\times 2+E_t\times 3}{6}$. Der gewichtete Durchschnitt der vergangenen Ergebnisse soll zum einen die Trendentwicklung der Jahresergebnisse widerspiegeln, zum anderen die Möglichkeiten des Steuerpflichtigen zur Manipulation beschneiden. Warum gerade diese Art der Durchschnittsermittlung die geeigneteste sein soll, kann theoretisch nicht begründet werden. Allerdings gibt es auch keine Theorie für einen alternativen Ansatz.[43] Um die Qualität des gewichteten Durchschnitts zu beurteilen, werden im Folgenden denkbare Alternativen in die Bewertungsformel eingesetzt und die resultierenden Lage- und Streuungsparameter der SV/MW-Relationen betrachtet.

Die Alternativen werden bestimmt durch einen unterschiedlichen Umfang der einbezogenen Jahren und verschiedene Gewichtungen bei der Ermittlung der Ertragskomponente. Es werden ein, drei oder fünf Jahresergebnisse berücksichtigt und entweder gleich oder nach Aktualität gewichtet.[44] Die Alternative E_2 entspricht dem status quo.

1. $E_1 = E_t$,
2. $E_2 = \frac{E_{t-2}\times 1+E_{t-1}\times 2+E_t\times 3}{6}$,
3. $E_3 = \frac{E_{t-2}+E_{t-1}+E_t}{3}$,
4. $E_4 = \frac{E_{t-4}\times 1+E_{t-3}\times 2+E_{t-2}\times 3+E_{t-1}\times 4+E_t\times 5}{15}$,
5. $E_5 = \frac{E_{t-4}+E_{t-3}+E_{t-2}+E_{t-1}+E_t}{5}$.

Die Ergebnisse nach Einsetzen der verschiedenen Alternativen in die Regelbewertung des Stuttgarter Verfahrens ($SV = 0,68\times(B+5\times E_e)$) werden in Tabelle 4.12 illustriert. Es gilt

[42] Vgl. Ohlson (1995), S. 661-687.

[43] Vgl. für eine betriebswirtschaftliche Diskussion der Durchschnittsbildung der Gewinne Schmalenbach (1966), S. 41-48.

[44] Für alternative Vorschläge zur Ermittlung des Zukunftserfolgs siehe Piltz (1975), S. 40-49.

weiterhin, dass der Ertragshundertsatz nicht negativ werden kann. Berücksichtigt werden muss außerdem, dass etwaige Abschläge vom Unternehmenswert für Unternehmen, die niedrige Erträge im Vergleich zum eingesetzten Vermögen erzielen, nicht vorgenommen wurden. Damit wird an die Ergebnisse des Kapitels 4.4.4 angeknüpft, die die zusätzlichen Abschläge als einen Treiber der Differenz von Steuer- und Marktwerten identifiziert haben. Die Wirkung dieser Maßnahme kann ebenfalls der Tabelle entnommen werden. Die Variable SV/MW wurde unter Berücksichtigung der aktuellen Abschlagsregelung für eine Renditeminderung gem. R 100 ErbStR errechnet.

	N	Median	Mittelwert	Standard-abweichung	Variations-koeffizient	Min.	Max.
SV/MW	2335	52,7%	69,0%	77,8%	112,8%	3,9%	1451,7%
SV[E_1]/MW	2335	59,7%	83,9%	153,1%	182,5%	0,1%	4819,5%
SV[E_2]/MW	2335	58,3%	76,5%	80,7%	105,4%	0,6%	1451,7%
SV[E_3]/MW	2335	57,9%	75,8%	77,0%	101,6%	0,6%	1214,2%
SV[E_4]/MW	1776	59,6%	78,4%	73,3%	93,4%	0,2%	968,5%
SV[E_5]/MW	1776	58,8%	78,0%	72,1%	92,4%	0,1%	920,8%

SV/MW gibt die Relation von Werten des Stuttgarter Verfahrens zu Marktwerten an. Es wurden folgende alternative Ertragshundertsätze (E_1 bis E_5) berücksichtigt, ohne jedoch Abschläge für niedrige Rentabilität vorzunehmen:
$E_1 = E_t$,
$E_2 = \frac{E_{t-2}\times 1 + E_{t-1}\times 2 + E_t \times 3}{6}$,
$E_3 = \frac{E_{t-2} + E_{t-1} + E_t}{3}$,
$E_4 = \frac{E_{t-4}\times 1 + E_{t-3}\times 2 + E_{t-2}\times 3 + E_{t-1}\times 4 + E_t \times 5}{15}$,
$E_5 = \frac{E_{t-4} + E_{t-3} + E_{t-2} + E_{t-1} + E_t}{5}$.
N bezeichnet die Anzahl der Beobachtungen, $Min.$ das Minimum und $Max.$ das Maximum der SV/MW-Ausprägungen.

Tabelle 4.12: SV/MW-Relation mit verschiedenen Ertragshundertsatzalternativen

Die Ergebnisse zeigen zunächst, dass jede der Alternativen, gemessen am Mittelwert der SV/MW-Variable besser ist, als der Status Quo. Median und arithmetisches Mittel der Alternativen E_1 bis E_5 liegen zwischen 5% und 15% über der jeweiligen Benchmark. Die Eliminierung der zusätzlichen Abschläge aufgrund geringer Profitabilität ist also empfehlenswert, wenn das Stuttgarter Verfahren den Marktwert abbilden soll. Mit Ausnahme der Alternative E_1 reduziert sich auch die Streuung, gemessen am Variationskoeffizienten, merklich. Sie sinkt zwischen 7,4% bis 20,4%. Eine geringere Streuung der SV/MW-Relation bedeutet, dass die Ausreißer geringer werden und es somit zu weniger Ungleichbehandlung zwischen den zu bewertenden Unternehmen kommt. Lediglich die Alternative E_1, die nur das letzte Jahresergebnis einbezieht, weist eine deutlich höhere Streuung auf. Die Gründe hierfür werden nachfolgend diskutiert.

Vergleicht man die Alternativen miteinander, so fällt auf, dass sowohl Median als auch arithmetisches Mittel nur sehr wenig von einander abweichen. Der Median bewegt sich zwischen 57,9% und 59,7%, das arithmetische Mittel zwischen 75,8% und 83,9%. Die größte Nähe zum Marktwert wird erreicht, wenn man nur das Ergebnis des abgelaufenen Geschäftsjahres verwendet. Auslöser hierfür ist die Tatsache, dass positive Ergebnisse den rechnerischen Unternehmenswert erhöhen und im Fall von Verlusten den Wert null annehmen. Setzt sich der Ertragshundertsatz jedoch aus mehreren Ergebnissen zusammen, dann ist es möglich, dass der Verlust eines Jahres größer ist, als die Gewinne der übrigen Jahre. Durch die Verrechnung von Gewinnen und Verlusten wiegt ein Verlust im Falle durchschnittlicher Erträge schwerer als in der Einjahresbetrachtung. In der Praxis ist die Verwendung von Ergebnissen der letzten Periode jedoch problematisch, da außerordentliche Erträge und Aufwendungen einen großen Einfluss auf das Ergebnis haben können. Die Identifizierung und Beurteilung dieser Effekte ist für den außenstehenden Bilanzleser in der Regel sehr schwierig und würde die Arbeit der Finanzverwaltung sicherlich erschweren.

Mit einem Variationskoeffizienten von 182,5% schwanken die Ergebnisse der Alternative E_1 ebenfalls am stärksten. Hierfür sind die bereits oben beschriebenen außerordentlichen Geschäftsvorfälle verantwortlich, die weder nivelliert noch eliminiert werden konnten. Die Variationskoeffizienten der übrigen Alternativen bewegen sich innerhalb einer Spanne von 13 Prozentpunkten. Auffallend ist, dass der Ertragshundertsatz auf Basis von fünf Jahresergebnissen eine geringere Streuung verursacht, als der der Alternativen, die drei Jahresergebnisse einbeziehen. Der Ausgleich der Ergebnisspitzen ist offensichtlich über einen längeren Zeitraum als gegenwärtig vorgesehen vorteilhafter.

Lässt man die Alternative E_1 aus den bereits genannten Praktikabilitätsgründen außer Betracht, dann kann zusammenfassend festgestellt werden, dass der durchschnittliche Ertrag auf Basis von fünf Jahren dem auf Basis von drei Jahren bei der Nähe zum Marktwert und der geringeren Streuung überlegen ist. Beim Vergleich der beiden Gewichtungsmethoden schneiden die Gewichtung in Abhängigkeit von der Nähe zum Bewertungszeitpunkt etwas besser ab als die Gleichgewichtung. Allerdings verursacht letztere eine geringere Streuung. Es existiert also keine eindeutige Dominanz eines Gewichtungsansatzes.

4.4.5.2 Variation der Übergewinndauer

Eine Erklärung für die Unterbewertung durch das Stuttgarter Verfahren könnte in dem relativ geringen Gewicht des Ertragshundertsatzes liegen. Die nachfolgende Sensitivitätsanalyse simuliert die Effekte, die durch eine Verlängerung der angenommenen Übergewinndauer enstehen. Der Status Quo sieht fünf Jahre vor. Der Ertragswert erhält durch eine angenommene Erhöhung der Übergewinndauer auf sieben, neun oder elf Jahre mehr Gewicht. Die in Abschnitt 4.4.5.1 vorgestellten alternativen Ertragshundertsätze werden mit den verschiedenen Übergewinndauern kombiniert. Auch hier wurden keine Abschläge für geringe Profitabilität vorgenommen. Die Erhöhung der Übergewinndauer führt, wie in Tabelle 4.13 dargestellt, zu der vermuteten Reduzierung der Lücke zwischen Steuer- und Marktwerten. Der Steuerwert wird durch den größeren Faktor, mit dem der Ertragshundertsatz multipliziert wird, ansteigen. Der Median der SV/MW-Relation erhöht sich bei jeder Verlängerung der Übergewinndauer um zwei Jahre um rund 5 bis 6 Prozentpunkte, das arithmetische Mittel steigt jeweils um 7 bis 8 Prozentpunkte. Wird der Ertragshundertsatz mit dem Faktor 11 multipliziert, so kommt man der anvisierten SV/MW-Relation von 100% am nächsten. Das arithmetische Mittel der Varianten E_2 bis E_5 liegt sogar sehr nahe an der Zielgröße. Die höhere Gewichtung des Ertragshundertsatzes durch Übergang von Faktor fünf auf Faktor elf bewirkt den gewünschten Effekt. Die Lücke zwischen Steuer- und Marktwerten kann zumindest im Durchschnitt geschlossen werden. Der Median bleibt auch weiterhin erwartungsgemäß hinter dem arithmetischen Mittel zurück, da sich an der asymmetrischen Verteilung der Unternehmenswerte nichts ändert. Der Median schwankt zwischen 73,9% und 77,9%. Insgesamt könnte die Lücke zwischen Steuer- und Marktwerten um durchschnittlich 25% bis 30% verkleinert werden.

	N	Median	Mittelwert	Standardabweichung	Variationskoeffizient	Min.	Max.
SV/MW	2335	52,7%	69,0%	0,778	112,8%	3,9%	1451,7%
SV[5 × E_1]/MW	2335	59,7%	0,839	153,1%	182,5%	0,1%	4819,5%
SV[5 × E_2]/MW	2335	58,3%	0,765	80,7%	105,4%	0,6%	1451,7%
SV[5 × E_3]/MW	2335	57,9%	0,758	77,0%	101,6%	0,6%	1214,2%
SV[5 × E_4]/MW	1776	59,6%	0,784	73,3%	93,4%	0,2%	968,5%
SV[5 × E_5]/MW	1776	58,8%	0,780	72,1%	92,4%	0,1%	920,8%
SV[7 × E_1]/MW	2335	66,3%	0,949	202,3%	213,3%	0,1%	6560,5%
SV[7 × E_2]/MW	2335	64,3%	0,846	94,9%	112,1%	0,6%	1864,2%
SV[7 × E_3]/MW	2335	63,5%	0,835	89,5%	107,2%	0,6%	1531,7%
SV[7 × E_4]/MW	1776	65,7%	0,857	81,5%	95,2%	0,2%	1057,3%
SV[7 × E_5]/MW	1776	64,0%	0,852	79,8%	93,7%	0,1%	990,5%
SV[9 × E_1]/MW	2335	71,9%	1,059	252,5%	238,5%	0,1%	8301,5%
SV[9 × E_2]/MW	2335	70,1%	0,927	110,0%	118,7%	0,6%	2276,6%
SV[9 × E_3]/MW	2335	69,1%	0,913	103,0%	112,9%	0,6%	1849,2%
SV[9 × E_4]/MW	1776	71,3%	0,930	90,5%	97,3%	0,2%	1146,1%
SV[9 × E_5]/MW	1776	68,8%	0,923	88,1%	95,4%	0,1%	1060,2%
SV[11 × E_1]/MW	2335	77,9%	1,169	303,2%	259,4%	0,1%	10042,5%
SV[11 × E_2]/MW	2335	76,0%	1,007	125,8%	124,8%	0,6%	2689,1%
SV[11 × E_3]/MW	2335	74,7%	0,990	117,2%	118,3%	0,6%	2166,7%
SV[11 × E_4]/MW	1776	77,2%	1,003	99,9%	99,7%	0,2%	1235,0%
SV[11 × E_5]/MW	1776	73,9%	0,994	96,8%	97,4%	0,1%	1130,0%

SV/MW gibt die Relation von Werten des Stuttgarter Verfahrens zu Marktwerten an. Es wurden folgende alternative Ertragshundertsätze (E_1 bis E_5) berücksichtigt, ohne jedoch Abschläge für niedrige Rentabilität vorzunehmen:

$E_1 = E_t$,

$E_2 = \frac{E_{t-2} \times 1 + E_{t-1} \times 2 + E_t \times 3}{6}$,

$E_3 = \frac{E_{t-2} + E_{t-1} + E_t}{3}$,

$E_4 = \frac{E_{t-4} \times 1 + E_{t-3} \times 2 + E_{t-2} \times 3 + E_{t-1} \times 4 + E_t \times 5}{15}$,

$E_5 = \frac{E_{t-4} + E_{t-3} + E_{t-2} + E_{t-1} + E_t}{5}$.

Weiterhin werden 5, 7, 9 und 11 Übergewinnjahre angenommen. N bezeichnet die Anzahl der Beobachtungen, $Min.$ das Minimum und $Max.$ das Maximum der SV/MW-Ausprägungen.

Tabelle 4.13: SV/MW-Relation mit verschiedenen Ertragshundertsatzalternativen und unterschiedlichen Übergewinndauern

Neben dem durchschnittlichen Verhältnis von Steuer- zu Marktwerten ist insbesondere die Abweichung vom Mittelwert relevant, um die gleichmäßige Behandlung der Unternehmen zu beurteilen. Mit zunehmender Bedeutung des Ertragshundertsatzes steigt auch die Streuung des SV/MW-Verhältnisses. Verantwortlich hierfür sind die Unternehmen, die über einen vergleichsweise hohen Ertragshundertsatz verfügen. Das wird mit einem Blick auf die Maximalwerte deutlich, bei denen große Steigerungen zu verzeichnen sind. Durch die steigende Spanne der Beobachtungen wächst unweigerlich auch die Streuung des Mittelwertes.

Allerdings erhöht sich der Variationskoeffizient nicht bei allen Alternativen des Ertragshundertsatzes in gleichem Maße. Wird ein Ertragshundertsatz verwendet, der auf den fünf letzten Jahresergebnissen basiert, dann steigt der Variationskoeffizient deutlich weniger stark als bei den Alternativen, die nur drei Jahresergebnisse einbeziehen. Der glättende Effekt, der durch die Berücksichtigung mehrerer Jahre eintritt, wird bei steigender Bedeutung des Ertragshundertsatzes noch offensichtlicher als bereits in Abschnitt 4.4.5.1.

Eine Verbesserung des gegenwärtigen Verhältnisses von Steuer- zu Marktwerten kann erreicht werden, wenn man eine längere Übergewinndauer in Betracht zieht. Unter der Annahme, dass auch die Abschläge für niedrig rentable Unternehmen entfallen, eignet sich eine Kombination aus einer Übergewinndauer von elf Jahren und einem Ertragshundertsatz auf Basis eines aktualitätsgewichteten Durchschnitts der letzten fünf Jahresergebnisse, die Alternative $11 \times E_4$. Mit dem zweitbesten Mittelwert und der zweitgeringsten Streuung liefert dieses Modell die beste Approximation des Marktwertes für die betrachteten Unternehmen. Die Differenz zwischen Stuttgarter Verfahren und Marktpreis wird um fast 25 Prozentpunkte im Vergleich zur Ausgangslage verringert. Allerdings bleibt die absolute Höhe der Streuung auch in diesem Modell kritisch.

4.4.5.3 Test der Modelle mit alternativem Ertragshundertsatz und alternativer Übergewinndauer

Ziel der nun folgenden Hypothesentests ist es, die Ergebnisse der deskriptiven Statistik auf ihre Verallgemeinerbarkeit hin zu überprüfen. Im Gegensatz zu den vorangegangenen Hypothesentests ist es nicht möglich, alle Variablen in ein einzelnes Modell zu integrieren. Die verschiedenen alternativen Bewertungsansätze greifen immer wieder auf die gleichen Beobachtungen zurück und würden im Falle eines einzelnen Modells ein Multikollinearitätsproblem verursachen. Dementsprechend wird für jede zu testende Alternative ein eigenes Modell in der Form $MW = \alpha + \beta SV[u \times E_e]$ aufgestellt. Dabei bezeichnet u die angewendete Übergewinndauer und e die Alternative des Ertragshundertsatzes.

Die Identität von Steuer- und Marktwerten wird mit Hilfe der folgenden Hypothesen getestet:

Hypothese H14: Für einzelne verschiedene Kombinationen alternativer Ertragshundertsätze und Übergewinndauern ist der Wert nach dem Stuttgarter Verfahren identisch mit dem Marktpreis.

$H14 : \beta = 1$ und $H15 : \beta \neq 1$

	β	$Std.Err.$	F	$P > F = 1$	α	t	$P > \|t\|$	R^2
SV[5 × E_1]	1,9714	0,2007	23,4200	0,0000	11,8412	1,3800	0,1670	0,5522
SV[5 × E_2]	2,1679	0,2011	33,7200	0,0000	5,3912	0,6400	0,5240	0,5895
SV[5 × E_3]	2,1627	0,2049	32,2000	0,0000	5,9559	0,7000	0,4820	0,5855
SV[5 × E_4]	2,2181	0,2107	33,4200	0,0000	12,0001	1,4500	0,1470	0,5983
SV[5 × E_5]	2,1999	0,2183	30,2100	0,0000	11,3488	1,3200	0,1890	0,5931
SV[7 × E_1]	1,6485	0,1735	13,9600	0,0002	17,3080	2,0000	0,0460	0,5234
SV[7 × E_2]	1,8791	0,1707	26,5200	0,0000	8,8850	1,0700	0,2830	0,5749
SV[7 × E_3]	1,8743	0,1741	25,2100	0,0000	9,5327	1,1600	0,2490	0,5702
SV[7 × E_4]	1,9217	0,1825	25,5200	0,0000	15,7932	1,9600	0,0510	0,5824
SV[7 × E_5]	1,9059	0,1919	22,2900	0,0000	14,8502	1,7500	0,0810	0,5772
SV[9 × E_1]	1,4015	0,1542	6,7800	0,0097	21,8974	2,5000	0,0130	0,4975
SV[9 × E_2]	1,6454	0,1485	18,9000	0,0000	12,1145	1,4900	0,1380	0,5595
SV[9 × E_3]	1,6411	0,1512	17,9700	0,0000	12,8145	1,5800	0,1150	0,5544
SV[9 × E_4]	1,6842	0,1604	18,2000	0,0000	19,1114	2,4100	0,0170	0,5666
SV[9 × E_5]	1,6712	0,1707	15,4700	0,0001	17,9186	2,1400	0,0340	0,5617
SV[11 × E_1]	1,2108	0,1392	2,3000	0,1309	25,6734	2,9000	0,0040	0,4753
SV[11 × E_1]	1,4561	0,1315	12,0200	0,0006	14,9732	1,8600	0,0640	0,5448
SV[11 × E_1]	1,4523	0,1337	11,4500	0,0008	15,7079	1,9600	0,0510	0,5395
SV[11 × E_1]	1,4927	0,1428	11,9000	0,0007	21,9584	2,7900	0,0060	0,5519
SV[11 × E_1]	1,4822	0,1534	9,8900	0,0019	20,5577	2,4700	0,0140	0,5475

SV/MW gibt die Relation von Werten des Stuttgarter Verfahrens zu Marktwerten an. Es wurden folgende alternative Ertragshundertsätze (E_1 bis E_5) berücksichtigt, ohne jedoch Abschläge für niedrige Rentabilität vorzunehmen:
$E_1 = E_t$,
$E_2 = \frac{E_{t-2}\times 1 + E_{t-1}\times 2 + E_t \times 3}{6}$,
$E_3 = \frac{E_{t-2} + E_{t-1} + E_t}{3}$,
$E_4 = \frac{E_{t-4}\times 1 + E_{t-3}\times 2 + E_{t-2}\times 3 + E_{t-1}\times 4 + E_t \times 5}{15}$,
$E_5 = \frac{E_{t-4} + E_{t-3} + E_{t-2} + E_{t-1} + E_t}{5}$.
Weiterhin werden 5, 7, 9 und 11 Übergewinnjahre u angenommen. α gibt den Achsenabschnitt der Regressionsfunktion an. β bezeichnet den Koeffizienten der unabhängigen Variable *Wert des Stuttgarter Verfahrens SV*. Der Standardfehler des Koeffizienten wird durch *Std.Err.* widergegeben. Es wurde ein geclusterter White-Standardfehler verwendet, um die Heteroskedastizität zu kontrollieren.[45] Die Jahresdummys in der Regressionsfunktion, zur Kontrolle einer möglichen Autokorrelation, sind jeweils nicht signifikant. Für die F-Werte und t-Werte gilt ein Signifikanzniveau von 95%.

Tabelle 4.14: Signifikanztest Stuttgarter Verfahren mit verschiedenen Ertragshundertsatzalternativen und unterschiedlichen Übergewinndauern

Die Koeffizienten β der jeweiligen Steuerwerte sind, wie in Tabelle 4.14 dargestellt, größer als eins. Wie zu erwarten, tritt auch hier die in der deskriptiven Statistik beobachtete steuerliche Unterbewertung auf. Die erhoffte Identität von Steuer- und Marktwerten kann

[45] Vgl. White (1980), S. 817-838.

aber generell nicht statistisch bestätigt werden. Die F-Werte der alternativen Variablen führen jeweils zu einer Ablehnung der Nullhypothese. Mit der Variable $SV[11 \times E1]$ fällt eine Ausnahme auf. Die Nullhypothese kann bei einem F-Wert von 2,3 in diesem Fall nicht verworfen werden. Man kann also mit einer hinreichend hohen Wahrscheinlichkeit davon ausgehen, dass sich Steuer- und Marktwerte nicht unterscheiden.

Trotz Nichtablehnung der H14-Hypothese kann man nicht ohne Weiteres davon ausgehen, dass diese Alternative in der Realität für alle Unternehmen den Marktwert am besten abbildet. Die Güte des geschätzten Modells kann am Bestimmtheitsmaß R^2 abgelesen werden. Tatsächlich kann das Modell mit der Variable $SV[11 \times E1]$ nur rund 47,5% der Variation des Marktwertes erklären. Von allen getesteten Modellen ist das der niedrigste Wert. Das bedeutet, dass ein Großteil der Streuung des Marktwertes nicht durch ein Stuttgarter Verfahren, das die funktionale Form $0,68(B+11\times E1)$ hat, abgebildet werden kann. Den höchsten Erklärungsbeitrag für Variationen des Marktwertes mit 59,8% liefert das Modell, das die Variable $SV[5 \times E4]$ verwendet. Es ist jedoch wichtig darauf hinzuweisen, dass sich diese Aussage auf das vollständige Modell $MW = 12,0001+2,2181 \times SV[5\times E4]$ bezieht. Wollte man die Alternative $SV[5 \times E4]$ in der Praxis umsetzen, würde man dann nur ein den anderen Alternativen überlegenes Ergebnis erzielen, wenn der resultierende Wert mit 2,2181 multipliziert und zu 12,0001 hinzuaddiert würde. Dieses Vorgehen würde in der Praxis vermutlich auf wenig Verständnis stoßen, da es weder intuitiv nachvollziehbar ist noch auf einer theoretischen Grundlage basiert, sondern rein Daten getrieben ist.

Allerdings können Aussagen darüber getroffen werden, welche Alternative der Ertragshundertsatzermittlung den höchsten Erklärungsbeitrag für den Marktwert stiftet. Bei jeder der vier Übergewinndauergruppen wird der größte Anteil einer Variation des Marktwertes durch die Alternative $E4$ erklärt, gefolgt von $E5$. Die gegenwärtig verwendete Methode $E2$ erreicht jeweils nur die drittbeste Güte. Das bedeutet, dass die beiden Alternativen $E4$ und $E5$ die wertvollsten Informationen für Kapitalmarktteilnehmer liefern, da weniger externe Informationen benötigt werden, um den Marktwert zu bestimmen. Eine Fortentwicklung des Stuttgarter Verfahrens sollte demnach auf einer dieser beiden Alternativen basieren. Diese Empfehlung wird durch die Erkenntnisse aus dem Abschnitt 4.4.5.2 unterstützt. Auch hier lieferten die beiden Alternativen, die jeweils auf den durchschnittlichen Erträgen der letzten fünf Jahre basieren, die beste Approximation des Marktwertes unter Berücksichtigung einer möglichst geringen Schwankung.

Es dürfte zunächst verwundern, dass mit zunehmender Übergewinndauer das Bestimmtheitsmaß R^2 sinkt. Nach der deskriptiven Statistik hätten die Modelle mit elfjähriger Übergewinndauer am besten abschneiden müssen. Dieses Ergebnis wird maßgeblich von den Modellannahmen der linearen Regression in Kombination mit den verwendeten Variablen für den Steuerwert getrieben. Die Erhöhung der Übergewinndauer führt zu einer Erhöhung des Steuerwertes um einen bestimmten festen Faktor. Damit wird die Lücke zwischen Steuer- und Marktwert geschlossen. Die größtmögliche Annäherung unter Berücksichtigung der Streuung wird aber gerade in der linearen Regression durch α und β bestimmt. Die willkürliche Festlegung der Übergewinndauer ist also suboptimal. Zwar sinkt zwangsläufig der Koeffizient, da der Wert nach Anwendung des modifizierten Stuttgarter Verfahrens größer ist, jedoch nimmt, wie in der deskriptiven Statistik gezeigt, die Variation zu. Damit reduziert sich die Werthaltigkeit der Variable, ausgedrückt in einem kleineren R^2. Eine Beurteilung der Modellgüte über die verschiedenen Gruppen der Übergewinndauern ist somit nicht sinnvoll.

4.4.5.4 Funktionaler Zusammenhang von Reinvermögen und Ertragshundertsatz

Der optimale funktionale Zusammenhang von Reinvermögen und Ertragshundertsatz zur Abbildung des Marktwertes kann durch eine Regressionsrechnung ermittelt werden. Unter der Annahme, dass die Kombination der beiden Variablen aus dem Rechnungswesen in einem linearen Zusammenhang mit dem Marktwert stehen, wird folgendes Modell geschätzt:[46]

$$MW = \alpha + \beta_1 B + \beta_2 E_E + \beta_i JahrDummy.$$

Aufbauend auf den Erkenntnissen des Abschnitts 4.4.5.3 werden die Ertragshundertsätze $E2$, $E4$ und $E5$ in das Modell integriert. Zu Vergleichszwecken sollen außerdem die Modelle Et und $E1$ geschätzt werden. Die Variable Et beinhaltet das tatsächliche letzte Jahresergebnis und kann somit auch negativ sein. Auch die Variable $E1$ setzt an dem letzten Jahresergebnis an, begrenzt aber das Minimum auf null. Jahresfehlbeträge sind in ihrer Wirkung somit beschränkt.

Hypothese H16: Eine Linearkombination von Vermögenswert und Ertragshundertsatz ist identisch mit dem Marktpreis.

Für die Beurteilung der verschiedenen Modelle ist das Bestimmtheitsmaß R^2 entscheidend. Modell 4, das auf dem Buchwert des Eigenkapitals und dem fünfjährigen gewichteten Durchschnittsertrag basiert, liefert mit 61,52% die beste Approximation des Marktwertes. Nur unwesentlich schlechter mit 61,23% schneidet Modell 5 mit Buchwert und fünfjährigem gleichgewichtetem Durchschnittsertrag ab. Das Modell 1 verwendet als schlechtestes der Vergleichsgruppe das tatsächliche letzte Jahresergebnis. Für das schlechte Abschneiden sind insbesondere die Unternehmen mit negativen Jahresergebnissen verantwortlich. Durch Multiplikation mit dem entsprechenden Regressionskoeffizienten wird der Buchwert des Eigenkapitals reduziert, und der durch die Regressionsfunktion geschätzte Unternehmenswert weicht stärker vom tatsächlichen Marktwert ab.

Während die Koeffizienten des Reinvermögens in allen Modellen signifikant verschieden von null sind, trifft das nicht für alle Ertragsvariablen zu. Gerade in den Modellen 4 und

[46] E_e bezeichnet hierbei die verschiedenen verwendeten Ertragshundertsätze.
[47] Vgl. White (1980), S. 817-838.

Variable	Modell 1	Modell 2	Modell 3	Modell 4	Modell 5
B	2,1153	1,9245	1,7998	1,9629	2,0016
	(0,000)	(0,000)	(0,000)	(0,000)	(0,000)
Et	0,1423				
	(0,113)				
E_1		2,2933			
		(0,048)			
E_2			4,2087		
			(0,027)		
E_4				3,1298	
				(0,197)	
E_5					2,5811
					(0,333)
α	-0,1035	1,1516	1,1017	5,1756	4,5502
	(0,991)	(0,896)	(0,900)	(0,554)	(0,608)
R^2	0,5839	0,5923	0,6002	0,6152	0,6123
$RMSE$	77,298	76,517	75,766	74,772	75,052

Die Regressionsmodelle haben die Form: $MW = \alpha + \beta_1 B + \beta_2 E_e + \beta_i JahrDummy$. B bezeichnet das Reinvermögen des Unternehmens. Es wurden folgende alternative Ertragshundertsätze (E_1 bis E_5) berücksichtigt, ohne jedoch Abschläge für niedrige Rentabilität vorzunehmen:

$E_1 = E_t$,

$E_2 = \frac{E_{t-2} \times 1 + E_{t-1} \times 2 + E_t \times 3}{6}$,

$E_4 = \frac{E_{t-4} \times 1 + E_{t-3} \times 2 + E_{t-2} \times 3 + E_{t-1} \times 4 + E_t \times 5}{15}$,

$E_5 = \frac{E_{t-4} + E_{t-3} + E_{t-2} + E_{t-1} + E_t}{5}$.

Der Marktwert des Unternehmens wird durch MW dargestellt. α gibt den Achsenabschnitt der Regressionsfunktion an. β bezeichnet den Koeffizienten der unabhängigen Variable *Wert des Stuttgarter Verfahrens SV*. Es wurde ein geclusterter White-Standardfehler verwendet, um die Heteroskedastizität zu kontrollieren.[47] Die Jahresdummies in der Regressionsfunktion zur Kontrolle einer möglichen Autokorrelation sind jeweils nicht signifikant. Für die in Klammern angegebenen t-Werte gilt ein Signifikanzniveau von 95%.

Tabelle 4.15: Signifikanztests von Buchwert und Ertragshundertsatzalternativen

5 kann die Nullhypothese, dass sich die Variablen signifikant von null unterscheiden, nicht verworfen werden. Dies wird mit P-Werten von 0,197 und 0,333 unterstrichen. Die Ertragsvariablen der Modelle 2 und 3 sind hingegen signifikant auf einem 95%-igen Niveau. Betrachtet man die Variablen der drei- und fünfjährigen Modelle, so fällt auf, dass die Ertragsvariablen, die auf dreijährigen Durchschnitten basieren, sowohl einen höheren Mittelwert als auch eine größere Streuung aufweisen. Die stärkere Glättung durch negative Ergebnisse könnte hier den Ausschlag zum Nachteil der fünfjährigen Mittelwerte geben. Gleichwohl bedeutet dies nicht, dass diese Ertragsvariablen unbrauchbar sind. Schließlich muss das gesamte Modell beurteilt werden. Dass die Modelle 4 und 5 trotzdem eine bessere Güte als die anderen Modelle besitzen, liegt offensichtlich an der Konstanten und den Jahresdummies, die die nicht in den erklärenden Variablen enthaltenen Informationen erfassen.

Vergleicht man das R^2 von Modell 4 und 5 mit den bislang besten aus dem Abschnitt 4.4.5.3, dem Modell SM[$5 \times E4$] mit 59,83%, so fällt auf, dass die Modellgüte nochmals verbessert werden konnte, allerdings nur sehr leicht. Wendet man die durch die Regression gewonnene Bewertungsfunktion auf die Grunddaten der Unternehmen an, so stellt sich die Frage, ob die Lücke zwischen Steuer- und Marktwerten verkleinert oder gar geschlossen werden kann. $\widehat{SV}$ ist der Steuerwert, der auf Basis der Regressionsfunktionen der Modelle 1 bis 5 geschätzt wird. Tabelle 4.16 gibt einen Überblick über die deskriptive Statistik der $\widehat{SV}/MW$-Relation unter Verwendung der fünf verschiedenen Modellfunktionen aus Tabelle 4.15.

	N	Median	Mittelwert	Standardabweichung	Variationskoeffizient	Min.	Max.
$\widehat{SV}_{M1}/MW$	2303	151,6%	218,5%	2,278	104,3%	0,2%	2332,5%
$\widehat{SV}_{M2}/MW$	2282	148,5%	214,9%	2,462	114,6%	1,3%	4008,6%
$\widehat{SV}_{M3}/MW$	2259	148,0%	210,1%	2,233	106,3%	0,8%	2571,5%
$\widehat{SV}_{M4}/MW$	1692	142,4%	205,0%	2,150	104,9%	0,2%	2253,7%
$\widehat{SV}_{M5}/MW$	1703	142,5%	205,0%	2,136	104,2%	0,3%	2241,4%
SV[$11 \times E_4$]/MW	1776	77,2%	100,3%	0,999	99,7%	0,2%	1235,0%

$\widehat{SV}/MW$ gibt die Relation von Werten des auf Basis der Modelle M1 bis M5 geschätzten Stuttgarter Verfahrens zu Marktwerten an.
M1: $MW = \alpha + \beta_1 B + \beta_2 Et + \beta_i JahrDummy$,
M2: $MW = \alpha + \beta_1 B + \beta_2 E1 + \beta_i JahrDummy$,
M3: $MW = \alpha + \beta_1 B + \beta_2 E2 + \beta_i JahrDummy$,
M4: $MW = \alpha + \beta_1 B + \beta_2 E3 + \beta_i JahrDummy$,
M5: $MW = \alpha + \beta_1 B + \beta_2 E5 + \beta_i JahrDummy$.
Die Ertragshundersätze werden wie folgt ermittelt:
$E_1 = E_t$,
$E_2 = \frac{E_{t-2}\times 1 + E_{t-1}\times 2 + E_t \times 3}{6}$,
$E_4 = \frac{E_{t-4}\times 1 + E_{t-3}\times 2 + E_{t-2}\times 3 + E_{t-1}\times 4 + E_t \times 5}{15}$,
$E_5 = \frac{E_{t-4} + E_{t-3} + E_{t-2} + E_{t-1} + E_t}{5}$.
N bezeichnet die Anzahl der Beobachtungen, *Min.* das Minimum und *Max.* das Maximum der $\widehat{SV}/MW$-Ausprägungen. Als Vergleich dient Modell $SV[11 \times E_4]/MW$, das in Abschnitt 4.4.5.2 die beste Approximation des Marktwertes erreicht hat.

Tabelle 4.16: Deskriptive Statistik der $\widehat{SV}/MW$-Relation

Zur besseren Vergleichbarkeit der Ergebnisse enthält die Tabelle auch das bislang favorisierte Modell $SV[11 \times E_4]/MW$ aus Tabelle 4.13. Die Ergebnisse sind zunächst sehr überraschend. Die Verwendung der Regressionsfunktion für Reinvermögen und Ertragshundertsatz kehrt das bisherige Verhältnis von Steuer- zu Marktwert ins Gegenteil um. Im Durchschnitt liegen die geschätzten Modelle für das Stuttgarter Verfahren zwischen 42,4% und 51,6% beim Median und 105,0% bis 118,5% beim arithmetischen Mittel über dem Marktwert. Dieses Ergebnis ist eine klare Verschlechterung gegenüber den bisherigen Reformvorschlägen. Eine deutliche Überbewertung ist aus steuerpolitischer Sicht weder durchsetzbar noch wünschenswert, da es zu einer deutlichen Diskriminierung von nicht börsennotierten Unternehmen käme. Der Vollständigkeit halber sei erwähnt, dass auch die Streuung, gemessen am Variationskoeffizienten, von jeweils über 100%, höher als bei anderen Varianten liegt.

Da das Ergebnis durch die Regressionsfunktion bestimmt wird, muss hier nach der Ursache für den unerwünschten Effekt gesucht werden. Die Regressionsanalyse unterstellt einen linearen Verlauf zwischen erklärenden und zu erklärender Variablen. Liegt, wie in diesem Fall, der geschätzte Wert deutlich über der Zielrelation von eins, dann bedeutet das, dass die Regressionsgerade zu steil ist. Es kommt also gerade bei der Vielzahl an Unternehmen, die eher geringere Erträge oder ein niedrigeres Reinvermögen haben, zu einer Bewertung, die deutlich größer ist als die Marktbewertung. Hierfür ist der sehr hohe Median ein Beleg. Verantwortlich für die steile Regressionsgerade sind also die Unternehmen mit hohen Marktwerten. Mehrere Extremwerte haben hier einen sehr starken Einfluss auf der Verlauf der Funktion. Offensichtlich gilt für Unternehmen mit niedrigen Marktwerten ein anderer, flacherer Kurvenverlauf als für Unternehmen mit hohen Marktwerten, bei denen die Kurve steiler verlaufen müsste. Die Differenz zwischen Marktwerten und den Daten des externen Rechnungswesens steigt also mit höherem Marktwert. Man kann also für diese Daten nicht von einer linearen, sondern eher von einer exponentiellen Funktion ausgehen.

Dieser Zusammenhang kann auch in einer linearen Regression abgebildet werden, wenn eine Kurvenanpassung vorgenommen wird. Durch Logarithmierung der erklärenden und der zu erklärenden Variablen wird die exponentielle Funktion in eine lineare transformiert. Hierdurch sollte es gelingen, eine präzisere Vorhersage der Unternehmenswerte zu erhalten. Das zu schätzende Regressionsmodell lautet also[48]

$$ln(MW) = \alpha + \beta_1 ln(B) + \beta_2 ln(E_e) + \beta_i JahrDummy.$$

Die Modelle 1 und 2 müssen annahmebedingt identisch sein. Es existiert nur ein natürlicher Logarithmus von Zahlen, die größer null sind. Die Ertragsvariablen, die diese Voraussetzung nicht erfüllen, werden gleich null gesetzt. Zum einen bleiben hierdurch mehr Beobachtungen erhalten, die in die Regression einfließen. Zum anderen muss die Regressionsfunktion auch in der Praxis anwendbar sein, wenn Jahresfehlbeträge existieren. Diese Vorgehensweise entspricht damit der aktuellen Praxis des Stuttgarter Verfahrens. Auch hier wird der Ertragshundertsatz gleich null gesetzt, wenn der Durchschnitt der letzten drei Jahresergebnisse negativ ist. Dieses Vorgehen kann auch ökonomisch begründet werden. Unternehmen, die Verluste machen, insbesondere über einen längeren Zeitraum, werden häufig mit ihrem Substanzwert bewertet. Die alleinige Berücksichtigung des Eigenkapitals im Verlustfall in diesem Modell setzt an diesem Vorgehen an. Bei diesen Unternehmen hat dann das Reinvermögen maßgeblichen Einfluss auf den geschätzten Unternehmenswert. In allen Modellen sind sowohl die erklärenden Variablen als auch der jeweilige Achsen-

[48] E_e bezeichnet hierbei die verschiedenen verwendeten Ertragshundertsätze.

[49] Vgl. White (1980), S. 817-838.

Variable	Modell 1 + 2	Modell 3	Modell 4	Modell 5
$ln(B)$	0,8375	0,8224	0,8508	0,8343
	(0,0000)	(0,0000)	(0,0000)	(0,0000)
$ln(E_1)$	0,1159			
	(0,0000)			
$ln(E_2)$		0,1469		
		(0,0000)		
$ln(E_4)$			0,1542	
			(0,0000)	
$ln(E_5)$				0,1844
				(0,0000)
α	1,1352	1,1847	1,2371	1,2772
	(0,0000)	(0,0000)	(0,0000)	(0,0000)
R^2	0,7513	0,7538	0,7600	0,7638
RMSE	0,7640	0,7603	0,7614	0,7553

Die Regressionsmodelle haben die Form: $MW = \alpha + \beta_1 ln(B) + \beta_2 ln(E_e) + \beta_i JahrDummy$. $ln(B)$ bezeichnet das logarithmierte Reinvermögen des Unternehmens. Es wurden folgende alternative logarithmierte Ertragshundertsätze ($ln(E_1)$ bis $ln(E_5)$) berücksichtigt, ohne jedoch Abschläge für niedrige Rentabilität vorzunehmen:
$ln(E_1) = ln(E_t)$,
$ln(E_2) = ln(\frac{E_{t-2}\times 1 + E_{t-1}\times 2 + E_t \times 3}{6})$,
$ln(E_4) = ln(\frac{E_{t-4}\times 1 + E_{t-3}\times 2 + E_{t-2}\times 3 + E_{t-1}\times 4 + E_t \times 5}{15})$,
$ln(E_5) = ln(\frac{E_{t-4} + E_{t-3} + E_{t-2} + E_{t-1} + E_t}{5}.)$
Der Marktwert des Unternehmens wird durch MW dargestellt. α gibt den Achsenabschnitt der Regressionsfunktion an. β bezeichnet den Koeffizienten der unabhängigen Variable *Wert des Stuttgarter Verfahrens SV*. Es wurde ein geclusterter White-Standardfehler verwendet, um die Heteroskedastizität zu kontrollieren.[49] Die Jahresdummies in der Regressionsfunktion zur Kontrolle einer möglichen Autokorrelation sind jeweils nicht signifikant. Für die in Klammern angegebenen t-Werte gilt ein Signifikanzniveau von 95%.

Tabelle 4.17: Signifikanztests von logarithmiertem Buchwert und logarithmierten Ertragshundertsatzalternativen

abschnitt statistisch signifikant und enthalten damit relevante Informationen zur Bestimmung des Marktwertes. Für die Variablen ist dies nicht weiter verwunderlich. Allerdings wäre es wünschenswert, dass der Achsenabschnitt nicht statistisch signifikant wäre, damit die werttreibenden Faktoren durch die Modellvariablen abgedeckt werden. So müsste der Achsenabschnitt jedoch in die Bewertungsformel integriert werden.

Die Güte der Modelle kann wiederum anhand des R^2 beurteilt werden. Mit Werten zwischen 75,1% und 76,4% kann durch die fünf Modelle eine Variation des Marktwertes sehr gut erklärt werden. Die Verbesserung um mehr als 15 Prozentpunkte im Vergleich zu den bislang besten Modellen[50] ist markant. Den Erwartungen entsprechend erreichen die Modelle 4 und 5 unter Verwendung der fünfjährigen durchschnittlichen Erträge die beste

[50] Vgl. Tabelle 4.15.

Abbildung des Marktwertes. Da in dieser Untersuchung ein realer Unternehmenswert als steuerliche Bemessungsgrundlage gesucht wird, kann nicht einfach der Wert übernommen werden, der sich nach Einsetzen der logarithmierten Variablen in die Bewertungsfunktion ergibt. Dieser resultierende Wert muss erst noch potenziert werden, um die Logarithmierung rückgängig zu machen. Formal ausgedrückt resultiert der geschätzte Unternehmenswert aus:

$$\widehat{SV}_{ln-E_e} = e^{ln(\alpha+\beta_1 ln(B)+\beta_2 ln(E_e)+\beta_i JahrDummy)}.$$

Die Schätzfunktion für jedes der verwendeten Modelle wird auf die Unternehmensdaten angewendet und in Relation zum Marktwert des Unternehmens gesetzt.

	N	Median	Mittelwert	Standardabweichung	Variationskoeffizient	Min.	Max.
$\widehat{SV}_{ln(M1+2)}/MW$	2335	106,5%	130,4%	111,8%	85,7%	0,8%	1631,9%
$\widehat{SV}_{ln(M3)}/MW$	2335	107,8%	129,8%	109,1%	84,0%	1,1%	1541,1%
$\widehat{SV}_{ln(M4)}/MW$	1776	106,6%	130,3%	109,9%	84,4%	1,0%	1480,3%
$\widehat{SV}_{ln(M5)}/MW$	1776	106,7%	129,8%	107,3%	82,7%	0,8%	1431,5%

$\widehat{SV}/MW$ gibt die Relation von Werten des auf Basis der Logarithmus-Modelle ln(M1) bis ln(M5) geschätzten Stuttgarter Verfahrens zu Marktwerten an.
ln(M1+M2):$ln(MW) = \alpha + \beta_1 ln(B) + \beta_2 ln(Et) + \beta_i JahrDummy$,
ln(M3):$ln(MW) = \alpha + \beta_1 ln(B) + \beta_2 ln(E3) + \beta_i JahrDummy$,
ln(M4):$ln(MW) = \alpha + \beta_1 ln(B) + \beta_2 ln(E4) + \beta_i JahrDummy$,
ln(M5):$ln(MW) = \alpha + \beta_1 ln(B) + \beta_2 ln(E5) + \beta_i JahrDummy$.
Die Ertragshundersätze werden wie folgt ermittelt: $ln(E_1) = ln(E_t)$,
$ln(E_2) = ln(\frac{E_{t-2}\times 1+E_{t-1}\times 2+E_t\times 3}{6})$,
$ln(E_4) = ln(\frac{E_{t-4}\times 1+E_{t-3}\times 2+E_{t-2}\times 3+E_{t-1}\times 4+E_t\times 5}{15})$,
$ln(E_5) = ln(\frac{E_{t-4}+E_{t-3}+E_{t-2}+E_{t-1}+E_t}{5})$.
N bezeichnet die Anzahl der Beobachtungen, $Min.$ das Minimum und $Max.$ das Maximum der $\widehat{SV}/MW$-Ausprägungen.

Tabelle 4.18: Deskriptive Statistik der $\widehat{SV}/MW$-Relation unter Berücksichtigung der logarithmierten Variablen

Die Tabelle 4.18 gibt eine Übersicht über die Ergebnisse der Relation von Marktwert zu geschätztem Unternehmenswert $\widehat{SV}$. Der Median aller beobachteten Modelle liegt zwischen 106,5% und 107,8%. Damit wird der Marktwert fast exakt abgebildet. Das arithmetische Mittel der Modelle liegt mit 129,8% bis 130,4% jedoch rund 30 Prozentpunkt über dem Marktwert. So eine deutliche Überschätzung durch die Bewertungsfunktion ist in der Praxis nicht akzeptabel. Hier müssten noch Korrekturen an den verschiedenen Faktoren vorgenommen werden, die die geschätzten Unternehmenswerte senken. Allerdings läuft man dann Gefahr, dass für einzelne Unternehmen sehr viel höhere Differenzen produziert werden als vorher. In welchem Maß die Schwankung zunimmt, muss jedoch separat überprüft werden. Auffallend ist, dass sich die verschiedenen Modelle in ihrer durchschnittlich Prognosequalität kaum von einander unterscheiden. Etwas größere Differenzen zwischen den Modellen sind bei den Streuungsparametern zu beobachten. Hier liegt der Variationskoeffizient des Modells 5 mit 82,7% deutlich unter den anderen Alternativen. Berücksichtigt man Lage- und Streuungsparameter, so ist Modell 5 mit dem gleichgewichteten Durchschnitt der letzten fünf Jahresergebnisse zu bevorzugen.

4.5 Zusammenfassung

Ziel dieser Untersuchung war es, die Differenz zwischen Steuer- und Marktwerten empirisch zu untersuchen. Im Vordergrund stand hierbei die Frage, ob der Grundsatz der Gleichmäßigkeit der Besteuerung verletzt wird. Dies gilt sowohl für den Aspekt der Gerechtigkeit zwischen börsennotierten und nicht börsennotierten Unternehmen sowie für den Aspekt der Gerechtigkeit zwischen nicht börsennotierten Unternehmen untereinander.

Meine Ergebnisse bestätigen die allgemeine Vermutung, dass das Stuttgarter Verfahren nicht geeignet ist, den Marktwert des Unternehmens abzubilden. Über die gesamte Stichprobe liegt eine steuerliche Unterbewertung von durchschnittlich 31% bis 47,3% vor. Die Streuung ist jedoch immens. Es kann auch eine Vielzahl von Fällen beobachtet werden, bei denen der Steuerwert deutlich über dem Marktwert liegt. In der Betrachtung der einzelnen Branchen wird die Verletzung der horizontalen Gerechtigkeit besonders deutlich. Die Mediane der SV/MW-Relation je Branche variieren zwischen 29,8% und 72,8%, also in einer Spannweite von 45 Prozentpunkten. Der Mittelwert liegt zwischen 36,9% und 113,5%. Es bestätigt sich, dass kapitalintensive Branchen, z.B. Einzelhandel und Metallverarbeitung, steuerlich viel näher am Marktwert bewertet werden, als personalintensive Branchen, wie etwa Dienstleistungen und Freizeit. Hypothesentests unterstützen diese deskriptiven Beobachtungen.

Weiterhin ist keine gleichmäßige Behandlung im Zeitablauf gegeben. Insbesondere treten größere Schwankungen der SV/MV-Relation nach 1998 auf. Zwar liegen die Mittelwerte deutlich höher als in der Periode von 1992 bis 1997, sie resultieren jedoch insbesondere aus den strukturellen Veränderungen am Kapitalmarkt. Mit der Vielzahl an neuen Börsennotierungen erhöht sich auch die Anzahl der Unternehmen, die schlechte wirtschaftliche Perspektiven aufweisen und die dadurch niedrige Marktpreise aufweisen. Bei diesen kommt es besonders häufig zu steuerlichen Überbewertungen. Die Hypothesen bezüglich der Identität von Steuer- und Marktwerten im Zeitablauf, sowie der einheitlichen Differenz im Zeitablauf müssen aufgrund der Signifikanztests verworfen werden.

Die Untersuchung der verschieden rentierlichen Unternehmen zeigt, dass die beste Approximation des Marktwertes für die Gruppe der hochrentablen Unternehmen ($>$ 9% Eigenkapitalrendite) erzielt wird. Schwachrentierliche und Verlustunternehmen werden durch die Abschläge, die das Steurrecht vorsieht, so stark begünstigt, dass der Steuerwert nur 30% bis 48,7% im Median bzw. 42,6% bis 62,2% im Durchschnitt des Marktwertes beträgt. Eine Förderung der systematischen Ungleichbehandlung ist die Folge dieser Abschläge.

Soll an der Grundkonzeption des Stuttgarter Verfahrens festgehalten werden, so ist es sinnvoll, den Ertragshundertsatz auf Basis eines fünfjährigen Mittels zu bestimmen. Dabei kann nicht eindeutig festgestellt werden, ob eine Gleich- oder Zeitgewichtung dominant ist. Eine bessere Approximation des Marktwertes kann durch eine Verlängerung der Übergewinndauer auf elf Jahr in Kombination mit einer der beiden vorgenannten Ertragshundertsatzalternativen erreicht werden. Im arithmetischen Mittel entsprechen sich Steuer- und Marktwert bei geringere Streuung als im status quo. Die absolute Streuung ist jedoch noch erheblich. Die horizontale Gerechtigkeit ist somit auch weiterhin gefährdet. Die bestmögliche Vorhersage des Marktwertes kann erreicht werden, indem die Gewichte von Vermögenswert und Ertragshundertsatz per linearer Regression ermittelt werden. Eine zusätzliche Logarithmierung der Variablen trägt der Tatsache Rechnung, dass Marktwert und Daten des Rechnungswesens in keinem linearen sondern exponentiellen Verhältnis zu einander stehen. Dies macht deutlich, dass viele Informationen zur Bestimmung des Marktwertes in den verwendeten Daten enthalten sind, das Stuttgarter Verfahren aufgrund seiner Starrheit diese Informationen jedoch nicht erschöpfend ausnutzt. Ein marktorienterer Ansatz, wie z.B. ein Multiplikatoransatz, scheint hier viel versprechender zu sein.

Grundlage dieser empirischen Untersuchung sind Daten von kleinen börsennotierten Unternehmen, die nach handelsrechtlichen Maßstäben bilanzieren. Die Ergebnisse sind aufgrund dieser Datenbasis ein wenig zu relativieren. Inwieweit diese Ergebnisse auf nicht börsennotierte Unternehmen zu übertragen sind, kann nicht abschließend beantwortet werden.[51] Gemeinhin sind die Verkehrswerte von börsennotierten und nicht börsennotierten Unternehmen nicht ohne Weiteres miteinander zu vergleichen. Neben Faktoren, die vergleichsweise schwer zu quantifizieren sind, wie die Kosten der Kapitalbeschaffung, der Informationsgehalt der Jahresabschlussdaten, spielt vor allem die Handelbarkeit eine große Rolle in der Wertbestimmung. Zahlreiche Studien widmen sich dieser Problematik und gehen für börsennotierte Unternehmen von einem Aufschlag für die Marktliquidität der Anteile in Höhe von 15% bis 50% aus.[52] Dagegen steht ein Minderheitenabschlag (Kontrollzuschlag), der für öffentlich gehandelte Einzelanteile im Vergleich zur 100%-Beteiligung vorgenommen wird.[53] Empirischen Untersuchungen zu Folge liegt dieser zwischen 25% und 42%.[54] Da sich beide Effekte nicht unbedingt ausgleichen, müsste man bei sonst gleichem inneren Wert im Mittel einen kleinen Abschlag für das nicht börsennotierte Unternehmen erfassen. In Ermangelung eines geeigneten Maßstabs und unter

[51] Vgl. Bierle (1974), S. 201-207.

[52] Vgl. 15-30% Officer (2007), S. 571-598; 20% Koeplin/Sarin/Shapiro (2000), S. 94-101; 21-37% De Franco/Gavious/Jin et al. (2007), S. 1-49; 30% Böcking/Nowak (1999), S. 174; 35% Anteilswertes Buchner/Englert (1994), S. 1577; 30-40% Barthel (1996a), S. 160; Exler (2004), S. 428; bis 40% Rijken/Booij/Buckley (1999), S. 256-275.

[53] Vgl. für eine umfassende Übersicht über Bewertungszu- und -abschläge Pratt/Reilly/Schweihs (1996), S. 298-365.

[54] 25% Barthel (1996a), S. 160; 25% Finnerty/Emery (2004), S. 91-99; 30% Rijken/Booij/Buckley (1999), S. 256-275; 42% Böcking/Nowak (1999), S. 174.

Berücksichtigung der Tatsache, dass der Geschäfts- und Firmenwert in der vorliegenden Untersuchung nicht vom Vermögenswert des Stuttgarter Verfahrens abgezogen wurde, wird der Abschlag nicht vorgenommen. Zur Validierung der Ergebnisse ist auf jeden Fall eine Untersuchung mit Daten nicht börsennotierter Unternehmen notwendig. Da Steuerbilanzdaten und Verkehrswerte von nicht börsennotierten Unternehmen jedoch nicht öffentlich zur Verfügung stehen, liefern die vorliegenden Ergebnisse den derzeit bestmöglichen Anhaltspunkt.

5 Steuerliche Unternehmensbewertung durch Multiples

5.1 Einführung

Die Bestimmung eines Unternehmenswertes lässt sich in der Modellwelt formal umsetzen, die praktische Anwendung gestaltet sich jedoch ungleich schwerer. Kapitalkosten, gerade unter Berücksichtigung von Steuern, oder zukünftige Cashflows lassen sich nur sehr schwer bestimmen bzw. prognostizieren. Eine der wichtigsten Bedingungen, die die Unternehmensbewertung für substanzsteuerliche Zwecke jedoch erfüllen muss, ist die praktische Umsetzbarkeit und die Erfüllung der verfassungsrechtlichen Vorgaben. Ziel dieser Bewertung ist es nicht, den Grenzpreis eines Käufers oder Verkäufers zu ermitteln, sondern gerade in Abwesenheit von Kaufverhandlungen eine möglichst marktnahe Schätzung vorzunehmen. Es wird also eine Best-Practice-Lösung gesucht.

Die Unternehmensbewertung ist gerade in der Praxis durch einen Methodenpluralismus gekennzeichnet. Verschiedene Umfragen haben sich mit der Fragestellung beschäftigt, welche Bewertungsverfahren in der Praxis verwendet werden. Die Studien decken dabei die Hauptgruppen der Bewerter ab. In Tabelle 5.1 wird eine Übersicht über die in der Praxis bedeutsamen Bewertungsverfahren gegeben. Peemöller befragte 1995 insgesamt 1.200 Steuerberater (433 Antworten).[1] Es zeigt sich, dass mit den Mittelwertverfahren und dem Stuttgarter Verfahren häufig sehr einfache, aber starre Methoden verwendet werden. Die hohe Bedeutung des Stuttgarter Verfahrens wird mit der Nähe zum steuerberatenden Berufsstand begründet.[2] Die Bewertungsaufgabe des Steuerberaters beschränkt sich regelmäßig auf die Anteilsbewertung bei Gesellschafterwechseln oder die Wertbestimmung von Klein- und Kleinstbetrieben.

Die Umfragen von Peemöller, Geiger und Barchet, Peemöller, Beckmann, Heyke und Dittmann, Maug und Kemper untersuchen die Gruppen, die kapitalmarktnahe Bewertungen durchführen.[3] Für Investmentbanken, Venture Capital-Gesellschaften und Wirtschafts-

[1] Vgl. Peemöller/Meyer-Pries (1995), S. 1204.

[2] Allerdings wurde in der Fragebogenkonzeption darauf geachtet, dass explizit nur außersteuerliche Bewertungsanlässe berücksichtigt wurden. Vgl. Peemöller/Meyer-Pries (1995), S. 1204.

[3] Peemöller et al. untersuchen 95 Venture Capital-Gesellschaften, die 480 Early-Stage-Investments

Peemöller et al. 1995 Steuerberater		**Peemöller et al. 2001** Venture Capital		**Peemöller et al. 2004** Investmentbanken u. Wirtschaftsprüfung		**Dittmann et al. 2004** Venture Capital	
Mittelwert	35%	Multiplikator	80%	DCF	93%	Multiplikator	60%
Ertragswert	24%	DCF	78%	Multiplikator	93%	DCF	58%
Stuttgarter V.	22%	sonstige		Ertragswert	57%	sonstige	
Multiplikator	9%			sonstige			
sonstige	8%						
DCF	2%						

Tabelle 5.1: Verbreitung der Bewertungsverfahren in der Praxis

prüfungsgesellschaften in der Mergers & Acquisitions-Beratung steht die Bestimmung von Grenzpreisen im Vordergrund. Hierfür sind möglichst präzise Schätzverfahren notwendig. So verwundert es nicht, dass das DCF-Verfahren sehr verbreitet ist. Allerdings wird komplementär dazu in der Regel das Multiplikatorverfahren angewendet. Auch international sind diese beiden Verfahren zur Bewertung von Unternehmensgründungen dominant.[4] Begründet wird dieses Vorgehen primär mit der äußerst schwierigen Prognose der zukünftigen Gewinnentwicklung des Unternehmens. Gerade bei Unternehmensgründungen und Unternehmen in jungen Branchen existieren in der Regel wenig Informationen und Erfahrungswerte. Die Bewertung berücksichtigt somit neben der unternehmensspezifischen Prognose die Einschätzung ähnlicher Unternehmen. Das bestätigen auch Nelles, Rojahn und Berner. Auf Basis einer Untersuchung von 50 Research-Studien zu Börseneinführungen im Jahr 2000 stellen sie fest, dass gerade die Multiplikatormethode eine hohe Akzeptanz bei Marktteilnehmern am Neuen Markt genießt.[5] Einen Überblick über Umfragen zur praktischen Relevanz des Multiplikatorverfahrens präsentiert Barthel.[6]

Während wir uns mit dem DCF-Verfahren bereits in Kapitel 3 ausführlich befasst haben, ist das Multiplikatorverfahren im Rahmen dieser Arbeit bislang nicht näher untersucht worden. Angesichts des hohen Verbreitungsgrades stellt sich somit die Frage, ob das Multiplikatorverfahren auch für steuerliche Zwecke geeignet ist. Im internationalen Kontext wurden auf wissenschaftlicher Ebene bereits gute Gründe für seine Anwendung gegeben.[7] Das Multiplikatorverfahren wird in den USA beispielsweise bei Bewertungen für steuerliche Zwecke bevorzugt:

„... for tax related valuations, especially if litigation is contemplated, this approach (in-

durchgeführt haben; vgl. Peemöller/Geiger/Barchet (2001), S. 334-344. 14 von 38 angeschriebenen Unternehmen beantworten den Fragebogen von Peemöller/Beckmann/Heyke (2004), S. 317. An der Studie von Dittmann, Maug und Kemper nehmen 53 Venture Capital Unternehmen teil; vgl. Dittmann/Maug/Kemper (2004), S. 620.

4 Vgl. Manigart/Wright/Robbie et al. (1997), S. 39.

5 Vgl. Nelles/Rojahn/Berner (2001), S. 322-327.

6 Vgl. Barthel (1996a), S. 149-163.

7 Vgl. Abschnitt 5.2.

come approach; d. Verf.) is viewed as speculative, and its conclusions are treated with skepticism by many IRS agents and especially the courts. The market approach is the approach overwhelmingly favored by the courts."[8]

Für die amerikanische Vermögen- und Schenkungsteuer wird der fair market value als Bemessungsgrundlage zugrunde gelegt. Der Bewertungsprozess ist folgendermaßen definiert: „As a generalization, the prices of stocks which are traded in volume in a free and active market by informed persons best reflect the consesus of the investing public as to what the future holds for the corporations and industries represented. When a stock is closely held, is traded infrequently, or is traded in an erratic market, some other measure of value must be used. In many instances, the next best measure may be found in the prices at which stocks of companies engaged in the same or a similar line of business are selling in a free and open market."[9]

Die Definition des fair market value weist eine hohe Ähnlichkeit mit dem gemeinen Wert nach § 9 Abs. 2 Satz 1 BewG im deutschen Steuerrecht auf. Auch hier geht es um den Wert, der unter normalen Marktbedingungen zwischen unabhängigen Parteien vereinbart würde. Da offensichtlich das amerikanische und deutsche Steuerrecht bei der Bewertung von Unternehmen die gleichen Ziele verfolgen, erscheint eine Überprüfung der Möglichkeiten und Grenzen des Multiplikatorverfahrens im deutschen steuerrechtlichen Kontext plausibel. In den nachfolgenden Abschnitten werde ich herausarbeiten, in welcher Form das Multiplikatorverfahren angewendet werden kann, und welche Ergebnisse bei einer Implementierung im Deutschland zu erwarten sind. Ziel soll es sein, das Verfahren zu identifizieren, welches die präziseste Schätzung des Marktwertes liefert.

Im folgenden Abschnitt präsentiere ich den Stand der Forschung. Anschließend erfolgt eine Einordnung des Multiplikatorverfahrens in die Theorie der Unternehmensbewertung. Gegenstand des Abschnittes 5.4 sind das in der Analyse verwendete Modell und die zugrundeliegenden Daten. Im Zentrum des Abschnittes 5.5 steht die empirische Analyse. Zunächst wird der klassische Ansatz des Multiplikatorverfahrens auf Basis des geometrischen Mittelwertes der Vergleichsgruppe untersucht. Darauf aufbauend verwende ich in Abschnitt 5.5.3 zur Bestimmung des Multiplikators einen Regressionsansatz und beleuchte damit die Schätzgüte von insgesamt 26 Modellen. Abschnitt 5.5.4 ist der Frage gewidmet, welchen Einfluss alternative Selektionskriterien zur Bestimmung der Gruppe der Vergleichsunternehmen auf die Prognosegenauigkeit haben.

[8] Howitt (1993), S. 45, zitiert aus Küting/Eidel (1999), S. 231. Market approach bezeichnet hierbei das Multiplikatorverfahren.

[9] Revenue Ruling 59-60, 1959-1 C.B. 237, Sec. 3.03. zitiert in Barthel (1996a), S. 153; vgl. auch Eber (1984), S. 103-118; Englebrecht (1978), S. 24-28.

5.2 Das Multiplikatorverfahren in der Literatur

Die wissenschaftliche Auseinandersetzung mit dem Multiplikatorverfahren ist noch relativ jung. Abgesehen von der Arbeit von Boatsman und Baskin, die 1981 einen empirischen Vergleich von Multiplikator- und DCF-Verfahren durchgeführt haben, war es Alford im Jahr 1992, der sich mit der Frage der Qualitätstreiber des Multiplikatorverfahrens beschäftigt hat.[10] Die bisherigen Forschungsarbeiten lassen sich grob in vier Gebiete einteilen. Allerdings sind die einzelnen Studien nicht trennscharf, sondern leisten in der Regel auch einen Forschungsbeitrag zu mindestens einer weiteren Frage. Grundsätzlich haben alle empirischen Studien gemein, dass sie die Güte des Multiplikatorverfahrens an Börsenkursen oder realisierten Kaufpreisen sonstiger Transaktionen messen. Im Schrifttum werden die folgenden Fragen behandelt.

1. Welche Kennzahlen sollten verwendet werden?
2. Welche Kombination von Kennzahlen sollte verwendet werden?
3. Welche Selektionskriterien sollten verwendet werden, um die Gruppe der vergleichbaren Unternehmen zu definieren?
4. Wie sollen die Einzelmultiplikatoren verdichtet werden?

5.2.1 Wahl der geeigneten Bezugsgröße

In jeder der existierenden Studien wird die Frage der geeigneten Bezugsgröße thematisiert. Es gibt nicht eine Untersuchung, die nur einen einzigen Multiplikator untersucht. Für eine Gruppe von 190 neuen Börseneinführungen zwischen 1992 und 1993 haben Kim und Ritter[11] die Prognosegenauigkeit von historischen und geschätzten zukünftigen Zahlen des Rechnungswesens untersucht. Als Vergleichsunternehmen fungieren dabei einmal andere IPOs und etablierte Unternehmen in der gleichen Branche. Im Vergleich historischer Bezugsgrößen schneidet der P/B-Multiplikator am besten ab. Demnach sind zukunftsorientierte P/E Multiples, die auf prognostizierten Jahresüberschüssen basieren, allen anderen untersuchten Alternativen überlegen. Die nur moderate Präzision der Ansätze ist maßgeblich auf die geringe Homogenität junger Unternehmen zurückzuführen.

Liu, Nissim und Thomas testen die Genauigkeit verschiedener Multiples in einer umfangreichen Studie.[12] Insgesamt stehen zwischen 1982 und 1999 19.879 Beobachtungen zu US-amerikanischen Unternehmen zur Verfügung. Die Vergleichsgruppe wird nach der dreistufigen I/B/E/S-Klassifikation zusammengestellt. Sie stellen fest, dass die geschätzten zukünftigen Jahresüberschüsse zu den kleinsten absoluten Schätzfehlern führen, wobei

---

[10] Vgl. Boatsman/Baskin (1981), S. 38-53; Alford (1992), S. 94-108.
[11] Vgl. Kim/Ritter (1999), S. 409-437.
[12] Vgl. Liu/Nissim/Thomas (2002), S. 135-172.

die Qualität mit der Länge des Prognosehorizonts steigt. Gefolgt wird dieser Multiplikator von historischen Jahresüberschüssen und verschiedenen Cashflow-Größen. Diese Ergebnisse stehen damit im Widerspruch zu den etablierten Bewertungsprinzipien, die auf Zahlungsströmen basieren. Umsatz-Multiples schneiden am schlechtesten ab. Außerdem finden sie keinen Anhaltspunkt dafür, dass die Güte der Multiplikatoren von der Branche abhängt. Die Rangfolge der Multiplikatoren bleibt im Branchenvergleich unverändert. In Übereinstimmung mit Alford stellen sie fest, dass die Verwendung des Enterprise Values die Schätzgüte verschlechtert, auch wenn seine Verwendung theoretisch geboten wäre.[13]

In einer anschließenden internationalen Studie liefern sie weitere Beweise dafür, dass Multiples, die auf Gewinnen basieren, Cashflow-Multiples überlegen sind.[14] Die Studie wird um Cashflow-Prognosen, Dividenden-Prognosen und eine individuellere Branchenbetrachtung erweitert. Es werden Unternehmen aus zehn Staaten von 1987 bis 2004 betrachtet. Nach Bereinigung der Daten bleiben 1.559.421 Beobachtungen. Die Aggregation erfolgt mittels des harmonischen Mittels für die nach I/B/E/S klassifizierten Branchen. Sie identifizieren Unterschiede zwischen den verschiedenen Staaten hinsichtlich der Schätzgenauigkeit des Gewinn-Multiplikators. Diese Unterschiede sind ihrer Ansicht nach mit Marktineffizienzen zu begründen.[15]

Berner und Rojahn untersuchen die Korrelation verschiedener Multiples mit den Marktwerten von Wachstumsunternehmen.[16] Sie greifen hierbei auf Unternehmen des NEMAX50 zurück und erfassen alle Unternehmen seit Börsennotiz bis zum Jahresabschluss 2002. Es werden die fünf gebräuchlichsten Multiples (KGV, KCV, EV/EBITDA, EV/EBIT und EV/Sales) untersucht. Im Zentrum der Untersuchung steht zunächst die Korrelation der Kennzahlen mit dem korrespondierenden Marktwert der neun Branchenindizes. Die Beobachtungen werden in Abhängigkeit von ihrer Abweichung von der Zielkorrelation 1,0 sortiert und nach ihrem Rang mit „Qualitätspunkten“ versehen. Danach werden Korrelationskoeffizienten der Multiples hinsichtlich ihrer Volatilität untersucht und den „Qualitätspunkten“ gegenübergestellt. Für die Gesamtstichprobe stellt sich das EV/Sales-Multiple als dominant heraus. Gleichwohl sind in den verschiedenen Branchen unterschiedliche Multiples geeignet.

5.2.2 Kombination von Kennzahlen

Die Intention einer Kombination von Kennzahlen ist es, den Informationsgehalt verschiedener Bezugsgrößen miteinander zu vereinen und Fehler, die durch die alleinige Betrachtung eines Multiplikator entstehen, zu vermeiden. In der Untersuchung von Cheng und McNamara ist die Kombination von P/E Multiple und P/B Multiple der Schätzgüte

[13] Vgl. Alford (1992), S. 94-108.
[14] Vgl. Liu/Nissim/Thomas (2007), S. 56-68.
[15] Vgl. Liu/Nissim/Thomas (2007), S. 65-66.
[16] Vgl. Berner/Rojahn (2003), S. 155-161.

beider Multiples einzeln überlegen.[17] Dabei werden P/E und P/B gleichgewichtet. Die Untersuchung basiert auf US-amerikanischen Daten von 1972 bis 1992 mit 30.310 Beobachtungen. Zusätzlich führen sie ein Fehlermaß ein, welches das Asymmetrieproblem des relativen Schätzfehlers reduziert. Eine Kombination aus Branchenzugehörigkeit und Return-on-Equity als Selektionskriterium schlägt den klassischen Branchenansatz bei Verwendung des P/E Multiples und des P/B Multiples. Die Rangfolge wechselt, wenn das kombinierte P/E-P/B Multiple betrachtet wird. Der Schätzfehler des P/E multiples kann noch weiter verringert werden, wenn die P/E Ratios unter Berücksichtigung des Ertragswachstums angepasst werden, wie Bajaj, Dennis und Sarin[18] belegen.

Lie und Lie zeigen, dass eine Kombination aus Enterprise Value-to-assets Multiple und das Enterprise Value-to-EBITDA Multiple die genaueste Schätzung des Marktwertes ermöglicht, unter der Voraussetzung, dass das arithmetische Mittel verwendet wird.[19] Diese Kombination ist am besten für große Unternehmen und Unternehmen aus dem Finanzidienstleistungssektor geeignet. Dieses Ergebnis wird von Beatty, Riffe und Thompson[20] unterstützt, die eine Kombination aus Market-to-Book Multiple und P/E Multiple als dominant identifizieren.

Yoo untersucht, ob die Schätzgenauigkeit durch die Kombination verschiedener Multiples erhöht werden kann.[21] Die Gewichtung der Multiples basiert auf einer linearen Out-of-Sample Regression einzelner Multiplikatoren mit Marktpreisen. Zunächst vergleicht er die Schätzgenauigkeit des Kombinationsansatzes mit einfachen, vergangenheitsorientierten Multiplikatoren (Gewinn, Buchwert des Eigenkapitals, EBITDA und Umsatz). In diesem Fall können die Schätzfehler signifikant verringert werden. Wird der Kombinationsansatz historischer Kennzahlen einfachen zukunftsorientierten Kennzahlen, hier Drei-Jahres-Gewinnschätzungen, gegenüber gestellt, so kann keine signifikante Überlegenheit des Kombinationsansatzes festgestellt werden. Im Grunde kombiniert Yoo die Ansätze von Liu, Nissim und Thomas und Beatty, Riffe und Thompson in seiner Arbeit. Die verwendete Stichprobe besteht nach Korrekturen aus Daten von COMPUSTAT und I/B/E/S für den Zeitraum von 1984 bis 1999 mit 19.352 Beobachtungen. Die Peer Group wird nach der dreistufigen I/B/E/S-Klassifikation vorgenommen und das Multiple durch das harmonische Mittel (Out-of-Sample) determiniert.

5.2.3 Selektion der Vergleichsgruppe

Boatsman und Baskin untersuchen erstmals die Prognosequalität des Multiplikatoransatzes mit dem DCF-Verfahren.[22] Beide Verfahren produzieren in etwa vergleichbare Schätz-

[17] Vgl. Cheng/McNamara (2000), S. 349-370.
[18] Vgl. Bajaj/Denis/Sarin (2004), S. 4-10.
[19] Vgl. Lie/Lie (2002), S. 44-54.
[20] Vgl. Beatty/Riffe/Thompson (1999), S. 177-199.
[21] Vgl. Yoo (2006), S. 108-123.
[22] Vgl. Boatsman/Baskin (1981), S. 38-53.

fehler. Die Schätzfehler des Multiplikatoransatzes können reduziert werden, wenn die Auswahl der vergleichbaren Unternehmen in Relation zum historischen Ergebniswachstum vorgenommen wird und nicht auf einer Zufallsauswahl basiert.

Alford untersucht verschiedene Ansätze für die Selektion der Gruppe der vergleichbaren Unternehmen.[23] Dabei verwendet er ein P/E Multiple vor dem außerordentlichen Ergebnis. Die Stichprobe besteht aus US-amerikanischen Unternehmensdaten der Jahre 1978, 1982 und 1986. Die Schätzfehler sind besonders gering, wenn die Vergleichsgruppe auf Basis des dreistelligen Standard Industry Codes (SIC) oder einer Kombination aus Risiko und Gewinnwachstum zusammengestellt wird. Eine weitere Aufgliederung auf den vierstelligen SIC-Code bringt keine zusätzliche Verbesserung. Wenn man Unternehmensgröße, als Maßgröße für Risiko, Eigenkapitalrentabilität und zukünftiges Ergebniswachstum (auf Basis von I/B/E/S-Analystenschätzungen) separat in das Kalkül integriert, verbessert sich die Schätzgenauigkeit nicht signifikant. Eine Berücksichtigung der unterschiedlichen Verschuldungsgrade der Vergleichsgruppe in Form einer Multiple-Anpassung reduziert sogar die Schätzgenauigkeit und widerspricht damit der theoretischen Auffassung, dass die Finanzierungsstrategie relevant ist. Schließlich eignet sich das Verfahren für große Firmen offensichtlich besser.

Die Schätzgüte der DCF-Methode im Bezug auf den tatsächlichen Marktpreis bei Transaktionen mit hohem Fremdkapitalanteil steht im Mittelpunkt der Untersuchung von Kaplan und Ruback.[24] Sie kommen zu dem Schluss, dass die DCF-Methode grundsätzlich geeignet ist, den Transaktionswert zu schätzen. Interessanterweise ist die Genauigkeit des EBITDA-Multiples jedoch vergleichbar. Kaplan und Ruback verfolgen einen Branchen, einen Transaktions- und einen Branchen-Transaktionsansatz bei der Zusammenstellung der Vergleichsgruppe und verwenden den Median der Einzelmultiplikatoren. Ausgangspunkt bildet der vierstellige SIC-Code, der aber in einen drei- oder zweistelligen Code überführt wird, solange die Mindestanzahl an Unternehmen je Branche nicht erreicht ist. Das Ergebnis des Bewertungsprozesses kann verbessert werden, wenn das zu bewertende Unternehmen mit ähnlichen Transaktionen der gleichen Branche verglichen wird, statt mit der Gesamtheit der börsennotierten Unternehmen.

Die Idee von Alford, die Vergleichsgruppe so zu bestimmen, dass sich die Unternehmen hinsichtlich ihrer ökonomischen Variablen besonders ähneln, wurde von Bhojraj und Lee aufgegriffen.[25] Sie verwenden einen Regressionsansatz und berücksichtigen Rentablilität, Wachstum und Risiko. Hieraus ergibt sich ein synthetisches Multiple, das von der Regressionsfunktion für jedes Unternehmen abgeleitet wird. Hinter diesem synthetischen Multiple steht die Bewertungsmethodik des Residualeinkommensmodells.[26] Neben dem

[23] Vgl. Alford (1992), S. 94-108.
[24] Vgl. Kaplan/Ruback (1995), S. 1059-1093.
[25] Vgl. Bhojraj/Lee (2002), S. 407-439.
[26] Vgl. Ohlson (1995), S. 661-687, Feltham/Ohlson (1995), S. 689-731.

P/B Multiple wird auch das Enterprise-Value-to-Sales Multiple verwendet. Die Gruppe der Vergleichsunternehmen wird in Abhängigkeit von der Nähe des synthetischen Multiples gewählt. Dies errechnet sich auf Basis des harmonischen Mittels der Vergleichsgruppe. Die Selektionsmethode basiert damit auf einer Systematik, die durch die Bewertungstheorie fundiert wird. Sie lösen sich außerdem von der weit verbreiteten Annahme, dass der Marktpreis dem wahren Wert entspricht und liefern somit auch einen Beitrag zur Identifikation einer Unter- oder Überbewertung von Unternehmen. Alternative Ansätze, wie Branchen- oder Größenübereinstimmung, werden eindeutig geschlagen.

Lie und Lie untersuchen die Schätzgüte und die Verzerrung verschiedener Multiplikatoren für verschiedene Unternehmenstypen.[27] Die Unternehmen werden nach Größe, Profitabilität und der unternehmensspezifischen Bedeutung immateriellen Vermögens untersucht. Sie berücksichtigen 8.621 US-amerikanische Unternehmen im Jahr 1998. Der dreistellige SIC-Code ordnet die Vergleichsunternehmen zu. Die Schätzgüte wird anhand des logarithmierten Schätzfehlers beurteilt. Sie unterstützen die Studien, die belegen, dass Multiples auf Basis von Gewinnprognosen eine höhere Schätzgenauigkeit erreichen als historische Gewinne. Allerdings ist bei ihnen sogar der Eigenkapitalmultiplikator dem Gewinnmultiplikator überlegen. Schließlich unterscheiden sich die Ergebnisse deutlich in Abhängigkeit von Unternehmensgröße, Profitabilität und der Bedeutung des immateriellen Vermögens.

Bhojraj, Lee und Oler testen in ihrer Studie, welche Branchenklassifizierung die Gruppe der Vergleichsunternehmen so präzise definiert, dass die Schätzfehler minimal werden.[28] Die nach Maßgabe der verschiedenen Klassifikationen gebildeten Portfolios sollen möglichst homogen sein. Die Tests der Homogenität beziehen sich zum einen auf die Fähigkeit, die monatlichen unternehmensspezifischen Kursgewinne zu erklären, und zum anderen auf möglichst ähnliche Multiplikatoren für die Schlüsselbezugsgrößen des Rechnungswesens zu bilden. Schließlich wird überprüft, inwieweit ein Branchenmittelwert verschiedene unternehmensspezifische Verhältniszahlen erklären kann. Der Global Industry Classification Standard (GICS) dominiert alle anderen Klassifikationen dieser Studie. Aber selbst der üblicherweise verwendete zweistellige SIC Code ist häufig dem North American Industry Classification System (NAICS) unterlegen. Außerdem wird der von Fama und French vorgestellte Algorithmus getestet.[29] Hier lässt sich jedoch keine eindeutige Rangfolge im Vergleich zum SIC feststellen.

Die größte Anzahl von Branchenklassifzierungen wird von Eberhart untersucht.[30] Er baut auf der Arbeit von Bhojraj, Lee und Oler auf, berücksichtigt aber insgesamt neun Klassifzierungen. Die Dow Jones Klassifizierung führt zu den niedrigsten Schätzfehlern und dominiert fast alle anderen Ansätze. Aber auch der Value Line Ansatz liefert noch bessere

[27] Vgl. Lie/Lie (2002), S. 44-54.
[28] Vgl. Bhojraj/Lee/Oler (2003), S. 745-774.
[29] Vgl. Fama/French (1997), S. 153-193.
[30] Vgl. Eberhart (2004), S. 48-54.

Ergebnisse als der SIC-Code. Kleinere Unternehmen werden durch diese Anbieter jedoch nicht abgedeckt. Unter den vier Anbietern, die das ganze Unternehmensspektrum in den USA abdecken, kann Eberhart keine signifikanten Unterschiede aufdecken.

In einer umfangreichen internationalen Untersuchung mit den größten 524 US-Firmen und 830 europäischen Firmen von 1997 bis 1999, stellen Herrmann und Richter fest, dass die Unternehmensselektion auf Basis von Fundamentaldaten, wie Wachstum, Rentabilität und Risiko, zu einer höheren Schätzgenauigkeit führt als die SIC Klassifikation.[31] Die geeigneten Fundamentalgrößen lassen sich theoretisch von der Bezugsgröße des Multiplikators ableiten. So führt die Selektion auf Basis von langfristigen Gewinnschätzungen und Return-on-Equity zu einer präziseren Schätzung durch den Gewinnmultiplikator als der Branchenansatz.

Weitere Unterstützung für die Selektion auf Basis von Fundamentaldaten findet sich in der Arbeit von Dittmann und Weiner.[32] In ihrer internationalen Untersuchung von 1993 bis 2002 mit 67,433 Unternehmensjahren aus 16 Staaten wird die Schätzgüte unter Verwendung der SIC Klassifikation durch eine Selektion nach der Gesamtkapitalrentabilität oder einer Kombination aus Gesamtkapitalrentabilität und Bilanzsumme übertroffen. Die beobachteten Schätzfehler variieren, vermutlich wegen der „Internet-Blase", im Zeitverlauf.

5.2.4 Aggregation der Multiplikatoren

Baker und Ruback vergleichen die Prognosefähigkeit der Multiples, die auf Umsätzen, *EBIT* und *EBITDA* basieren.[33] Sie zeigen theoretisch und empirisch, dass das harmonische Mittel, im Gegensatz zum weit verbreiteten und häufig verwendeten Median, die genauesten Schätzungen liefert. Als methodisches Fundament für ihre Tests haben sie eine spezielle Monte Carlo Simulation verwendet.

Liu, Nissim und Thomas stellen fest, dass die Aggregation der Multiplikatoren auf Basis des harmonischen Mittelwertes dem arithmetischen Mittel und dem Median überlegen ist.[34] Die Berücksichtigung einer Konstanten, zur Identifizierung ausgelassener exogener Variablen, bringt nur einen Vorteil bei den vergleichsweise schwachen Multiples. Hierbei verwenden sie, wie Beatty, Riffe und Thompson, eine preisskalierte lineare Regression.[35]

Theoretisch wird die Überlegenheit des harmonischen Mittels von Schwetzler gezeigt.[36] Verantwortlich hierfür ist, dass der Schätzfehler beim harmonischen Mittel im Zähler erfasst wird. Die Erfassung des Schätzfehlers im Nenners, wie bei dem arithmetischen Mittel,

[31] Vgl. Herrmann/Richter (2005), S. 194-219.
[32] Vgl. Dittmann/Weiner (2005), S. 1-25.
[33] Vgl. Baker/Ruback (1999),S. 1-30.
[34] Vgl. Liu/Nissim/Thomas (2002), S. 135-172.
[35] Vgl. Beatty/Riffe/Thompson (1999), S. 177-199.
[36] Vgl. Schwetzler (2003), S. 89.

führt aber durch die damit verbundene Konvexität zu einer systematischen Überbewertung der Durchschnittswerte.[37]

Herrmann und Richter belegen, dass der Mittelwert der log-transformierten Multiples zu geringeren Abweichungen vom zu schätzenden Wert führt, als das harmonische Mittel, wenn die Daten nicht symmetrisch sind.[38] Letzterer reagiert empfindlicher bei Ausreißern und überschätzt den potenziellen Marktpreis regelmäßig. Gewinn-Multiples stellen sich als deutlich präzisere Schätzgrundlage als der Buchwert des Eigenkapitals, investiertes Kapital oder Umsätze heraus.

Neben der Frage der unverzerrten Schätzfehler widmen sich Dittmann und Maug der Frage nach der optimalen Aggregationsregel.[39] Sie untersuchen hierbei die vier gebräuchlichsten Ansätze: Median, arithmetisches Mittel, harmonisches Mittel und geometrisches Mittel. Ihre Effektivität hängt jedoch auch von dem verwendeten Fehlermaß ab. So führen bei logarithmierten Schätzfehlern nur der Median und das geometrische Mittel zu einer unverzerrten Bewertung. Bei relativen Schätzfehlern führt das harmonische Mittel zu den geringsten Schätzfehlern. Außerdem analysieren sie, welchen Einfluss die Anzahl der Unternehmen je Branche auf die Schätzfehler hat.

5.2.5 Untersuchungen auf Basis ungewöhnlicher Datengrundlagen

Englebrecht, Copeland und Davison untersuchen, welche Faktoren einen Einfluss auf die richterliche Wertfindung im Fall der US-amerikanischen Estate und Gift Tax haben.[40] Sie identifizieren den Buchwert des Eigenkapitals, Marktwert vergleichbarer börsennotierter Unternehmen, Unternehmensgeschichte und das Dividendenpotenzial als Werttreiber mit einer stark positiven Korrelation. Sie greifen auf 47 Steuerfälle zurück, die zwischen 1950 und 1974 vor Gericht entschieden wurden und hinreichend Daten umfassen.

Ziel der Untersuchung von LeClair ist es, die unterschiedlichen Verfahren, die vor dem Finanzgericht verwendet werden in Bezug auf ihre Schätzgüte zu untersuchen.[41] Er testet dabei den Adjusted Book Value Approach und vergleicht ihn mit den kapitalisierten Gewinnen. Nur in wenigen Branchen eignet sich der Adjusted Book Value Approach eher als der Gewinnansatz. Die weitere Ergänzung der Bewertungsformel durch Dividenden und Vermögen, wie es die Steuergerichtsbarkeit in den USA häufig vornimmt, stellt sich statistisch als nicht sinnvoll heraus.

Die Präzision von verschiedenen Methoden zur Bewertung von kleinen Unternehmen wird

37 Vgl. Schwetzler (2003), S. 89.
38 Vgl. Herrmann/Richter (2005), S. 194-219.
39 Vgl. Dittmann/Maug (2006), S. 1-46.
40 Vgl. Englebrecht/Copeland/Davison (1979), S. 63-80.
41 Vgl. LeClair (1990), S. 31-42.

von Pricer und Johnson getestet.[42] Ihre Studie basiert auf Daten von 49 Transaktionen nicht börsennotierter Unternehmen. Als Benchmark fungiert der Transaktionspreis. Unter den verwendeten Methoden eignen sich der Buchwert des Eigenkapitals und eine Kombination aus Buchwert und Gewinnen besonders. Die verschiedenen Multiplikatoren führen zu keiner hohen Schätzgenauigkeit.

Beatty, Riffe und Thompson untersuchen das spezifische Problem der Unternehmensbewertung für die Erbschaft- und Schenkungsteuer.[43] Durch das von ihnen verwendete Deflated Regression Weight Model werden bessere Schätzungen als in dem üblichen P/E und P/B Modell ermöglicht. Hierbei werden die beiden Multiples kombiniert und entsprechend der Regression gewichtet. Zusätzlich werden alle erklärenden Variablen durch den Preis geteilt. Nichtsdestotrotz wird es in der Praxis nicht verwendet. Weiterhin werden verschiedene Kombinationsmöglichkeiten von P/E und P/B untersucht. Der Studie liegen 28.318 Beobachtungen von 1980 bis 1992 zugrunde. Der zweite Teil untersucht die gutachterlichen Vorschläge in Finanzgerichtsverfarhren und die anschließende Entscheidung des Richters. Diese Analyse ist einzigartig, da ihr Fokus auf nicht börsennotierten Unternehmen ausgerichtet ist, und die zugrunde liegenden Daten aus Steuerfällen stammen. Die richterlichen Entscheidungen hinsichtlich des Unternehmenswertes unterscheiden sich nicht signifikant von den besten getesteten Schätzmodellen.

Die Bewertung insolventer Unternehmen ist Gegenstand der Untersuchung von Gilson, Hotchkiss und Ruback.[44] Sie vergleichen hierbei die Schätzgüte des Multiplikatoransatzes (auf Basis des prognostizierten EBITDA) und des DCF-Verfahrens mit dem Marktwert der Unternehmen. Unter diesen speziellen Rahmenbedingungen haben die verschiedenen Personenkreise Interesse an einer Über- oder Unterbewertung des Unternehmens, was sich in der großen Bandbreite der abweichenden Unternehmenswerte widerspiegelt. Auslöser sind hier fehlende oder ungenaue Informationen über wertrelevante Komponenten. Trotzdem kommen die beiden untersuchten Verfahren grundsätzlich zu einer unverzerrten Schätzung des Wertes.

Berkman, Bradbury und Ferguson analysieren für neuseeländische IPO's, ob der Multiplikatoransatz eine bessere Wertapproximation erreicht, als das DCF-Verfahren.[45] Sie bestätigen die Ergebnisse von Kaplan und Ruback.[46] Beide Ansätze haben einen durchschnittlichen Schätzfehler von 20% und können rund 70% der Variation des Marktpreises erklären. Eine Branchenaufteilung führt in diesem Fall zu keinen besseren Ergebnissen als im Gesamtmarkt. Dies wird auf die Schwierigkeit zurückgeführt, geeignete Vergleichsunternehmen in Neuseeland zu finden.

[42] Vgl. Pricer/Johnson (1997), S. 24-35.
[43] Vgl. Beatty/Riffe/Thompson (1999), S. 177-199.
[44] Vgl. Gilson/Hotchkiss/Ruback (2000), S. 43-74.
[45] Vgl. Berkman/Bradbury/Ferguson (2000), S. 71-83.
[46] Vgl. Kaplan/Ruback (1995), S. 1059-1093.

5.2.6 Kritik am Multiplikatorverfahren

In der Literatur werden verschiedene Problemfelder des Multiplikatorverfahrens identifiziert. Zunächst wird die einfache Methodik kritisiert, bei der von der Annahme einer linearen Abhängigkeit der Bezugsgröße vom Preis des Unternehmens ausgegangen wird.[47] Andere funktionale Zusammenhänge sind durchaus wahrscheinlich. Da das Verfahren in der Regel an historischen Kennzahlen ansetzt, wird dem Verfahren die fehlende Orientierung an zukünftigen Gewinnen vorgeworfen.[48] Peemöller hält dem entgegen, dass das Verfahren nicht vollständig vergangenheitsbezogen ist, da mit dem Preis eine Größe den Multiplikator determiniert, die eng mit den Markterwartungen an zukünftige Gewinne verbunden ist.[49] Grundsätzlich können auch spezifische Wachstumsaussichten in einem zweiten Schritt durch Zu- oder Abschläge in das Bewertungsergebnis integriert werden.[50] Weiterhin ist die Verwendung von Prognosen als Bezugsgröße denkbar und mit Blick in die Literatur auch geboten.[51] Probleme entstehen auch bei der Berücksichtigung unterschiedlicher Rechnungslegungsmethoden. Die Vergleichbarkeit der Bezugsgrößen, und damit der Unternehmenswerte, wird stark eingeschränkt.[52] In diesem Fall sind Anpassungen notwendig, die allerdings eine intensive Auseinandersetzung mit dem Jahresabschluss voraussetzen.

Die Bewertung muss bei sorgfältiger Durchführung jedoch nicht zwingend gegen die Prinzipien der Zukunftsbezogenheit und Subjektbezogenheit verstoßen.[53] Außerdem sei bei ordentlicher Dokumentation auch die intersubjektive Nachvollziehbarkeit gewährleistet.[54] Der Objektivitätsanspruch des Bewertungsverfahrens wird durch die Basierung auf historische Kennzahlen und die Verknüpfung mit Preisen, die die Zukunftsprognose beinhalten, begründet.[55] Es müssen keine subjektiven Gewinnprognosen und Schätzungen über die Höhe der Kapitalkosten vorgenommen werden, da diese in den Erwartungen der Marktteilnehmer, und damit im Preis, enthalten sind.[56]

Ein großes Problemfeld stellt die Bestimmung der Multiples durch Rückgriff auf vergleichbare Unternehmen dar. Die Hypothese der Wertgleichheit innerhalb der Branche wird beispielsweise von Buchner und Englert bezweifelt. Sie begründen dies mit der Vielzahl von wertrelevanten unternehmensspezifischen Charakteristika, wie z.B. der Quali-

[47] Vgl. Peemöller/Beckmann/Heyke (2004), S. 313; Coenenberg und Schultze vertreten die Auffassung, dass das Multiplikatorverfahren nur eine Hilfsfunktion übernehmen und die Zukunftserfolgsmethoden keinesfalls ersetzen kann.

[48] Vgl. Buchner in Seicht (Hrsg.), Jahrbuch für Controlling und Rechnungswesen 95, Wien 1995, S. 417; Bausch 2000 S. 453.

[49] Vgl. Peemöller/Beckmann/Heyke (2004), S. 314.

[50] Vgl. Peemöller/Meister/Beckmann (2002), S. 200.

[51] Vgl. Abschnitt 5.2.

[52] Vgl. Buchner/Englert (1994), S. 1579.

[53] Vgl. Peemöller/Meister/Beckmann (2002), S. 199-200.

[54] Vgl. Peemöller/Beckmann/Heyke (2004), S. 316.

[55] Vgl. Sanfleber-Decher (1992), S. 603.

[56] Vgl. Coenenberg/Schultze (2002a), S. 597-621.

tät des Managements, die ein Unternehmen unvergleichbar machen.[57] Nach Böckler und Nowak wird das Subjektivitätsprinzip nicht gewahrt, da zwingend zu berücksichtigende, unternehmensspezifische Aspekte nicht erfasst werden.[58] Problematisch kann in diesem Zusammenhang gerade die Branchenzuordnung für stark diversifizierte Unternehmen sein.[59] Beispielsweise ist das Kerngeschäft der Volkswagen AG der Automobilbau. Dennoch erzielt das Unternehmen einen Großteil seines Jahresüberschusses mit den Finanzierungsaktivitäten des Konzerns. Weiterhin stellt sich die Frage nach der Festlegung des Betrachtungszeitraums der Vergleichsgruppe. Werden hier nur aktuelle Daten verwendet oder ein Durchschnitt der in der Vergangenheit beobachteten Relationen verwendet? Dabei treten Folgeprobleme im Umgang mit schwankenden Marktpreisen auf.[60] Wird nur eine Periode betrachtet, so besteht die Gefahr einer starken Fehlbewertung in Folge einer guten oder schlechten Marktstimmung. Betrachtet man mehrere Perioden, so besteht die Gefahr, dass aktuelle Entwicklungen durch den Nivellierungseffekt verwässern und dies wiederum Fehlbewertungen auslöst. Trotz der vorgebrachten Kritik ist es in Anbetracht der zur Verfügung stehenden Alternativen sinnvoll, die Schätzgüte des Multiplikatorverfahrens im Kontext des deutschen Steuerrechts zu untersuchen. Das gilt insbesondere für einen quantitativen Ansatz auf der Grundlage empirischen Datenmaterials.

Meine Arbeit setzt an allen vier Kerngebieten der Forschung zum Multiplikatorverfahren an. Da ich mich auf deutsche Unternehmen beschränke, die nach handelsrechtlichen Vorschriften ihren Jahresabschluss erstellen, wird erstmals das Problemfeld unterschiedlicher Rechnungslegungsstandards berührt. In den wenigen nichtamerikanischen Studien spielten die von den Unternehmen verwendeten Bilanzierungsvorschriften keine Rolle. Bei den vorliegenden institutionellen Rahmenbedingungen ist zu berücksichtigen, dass der Kapitalmarkt in Deutschland nicht so weit entwickelt ist, wie in den USA, so dass mit Schätzfehlern aufgrund von Kapitalmarktineffizienzen zu rechnen ist. Bei der Wahl der Aggregation der Multiplikatoren vergleiche ich zwei Ansätze. Zum einen wird der Multiplikator auf Basis des geometrischen Mittels und zum anderen durch eine lineare Regression geschätzt. Mit dem geometrischen Mittel wähle ich eine Benchmark, die Dittman und Maug in einer umfangreichen Studie als die valideste der klassischen Mittelwertverfahren identifiziert haben.[61] Ich werde auch auf logarithmierte Kennzahlen zurückgreifen, da ich ein exponentielles Verhältnis von Kennzahl zu Marktwert vermute. Schließlich bestimme ich die Güte an dem von mir vorgeschlagenen Rangsummenkriterium. Dieses Kriterium bestimmt das Modell, welches die beste durchschnittliche Approximation des Marktwertes bei minimaler Streuung erreicht. Schließlich leiste ich einen Beitrag zur Zusammenstellung der Vergleichsgruppe auf Basis von Branchen- oder Fundamentalklassifikationen im Spezialfall des deutschen Kapitalmarktes.

[57] Vgl. Buchner/Englert (1994), S. 1578.
[58] Vgl. Böcking/Nowak (1999), S. 175.
[59] Vgl. Buchner/Englert (1994), S. 1578.
[60] Vgl. Barthel (2004), S. 412.
[61] Vgl. Dittmann/Maug (2006), S. 1-46.

5.3 Unternehmensbewertung auf Basis von Multiplikatoren

Das Multiplikatorverfahren, auch „method of comparables" oder „multiple comparison analysis"[62] genannt, verbindet Zahlen des externen Rechnungswesens mit dem Marktpreis von Unternehmen. Es wird hierbei angenommen, dass ein Werttreiber BZ_i, der dem Rechnungswesen entnommen wird, proportional zum Wert des Unternehmens bzw. der Aktie eines Unternehmens P_i ist.

$$P_i = \beta BZ_i$$

Die kritische Variable für die Bewertung ist β. Dieser Koeffizient wird von dem Verhältnis von Preis zu Bezugsgröße des Rechnungswesens, z.B. price-earnings ratio P/E bzw. Kurs-Gewinn-Verhältnis KGV, anderer Unternehmen abgeleitet. Es wird hierbei angenommen, dass das zu bewertende Unternehmen einer Gruppe von Vergleichsunternehmen im Hinblick auf die zukünftigen Cashflows und das zugrunde liegende Risiko entspricht. Wenn die Marktaussichten dieser Unternehmen proportional zueinander sind, kann man mit einer verlässlichen Schätzung rechnen.[63] Ziel des Verfahrens ist es, durch den Rückgriff auf den Kapitalmarkt zum einen eine Anknüpfung an die marktwirtschaftliche Preisfindung und zum anderen eine erhöhte Objektivierung durch Ausschalten der Ermessensspielräume beim Bewerter zu erlangen.[64]

Der Bewertungsprozess gliedert sich in drei Schritte:

1. Es müssen Unternehmen identifiziert werden, deren operative Tätigkeit mit dem zu bewertenden Unternehmen vergleichbar sind.

2. Eine wertrelevante Bezugsgröße der Vergleichsunternehmen wird bestimmt, z.B. Gewinn, Eigenkapital oder Umsatz, und der Multiplikator β in Relation zum Marktpreis ermittelt.

3. Der aus der Vielzahl der Vergleichsunternehmen aggregierte Multiplikator wird auf die entsprechende Bezugsgröße des zu bewertenden Unternehmens angewendet, um seinen Unternehmenswert zu bestimmen.

Formal errechnet sich der Wert des Unternehmens UW_i aus:

$$UW_i = BZ_i \times \frac{1}{N} \sum_{i=1}^{N} \frac{P_v}{BZ_v}.$$

Der Index v bezeichnet ein Vergleichsunternehmen, für welches das Verhältnis von Preis zu Kennzahl bekannt ist. In diesem Fall wird der Multiplikator auf Basis des arithmeti-

[62] Vgl. Penman (2007), S. 76.
[63] Vgl. Bausch (2000), S. 451.
[64] Vgl. Schmidbauer (2004), S. 151.

schen Mittels aggregiert. Andere Aggregationsregeln sind jedoch denkbar.[65]

In der Praxis ist das Multiplikatorverfahren einer der gebräuchlichsten Ansätze zur Bewertung von Unternehmen und es gibt eine Reihe von Szenarien, die seinen Einsatz rechtfertigen.[66] Der Vorteil dieser Bewertungsmethode liegt in seiner Einfachheit. Der Bewertungsprozess ist leichter umzusetzen und unterliegt weniger restriktiven Annahmen als die DCF-Methoden. Dieser Benchmarkansatz ist insbesondere dann hilfreich, wenn kein aktueller Marktpreis für das Unternehmen bekannt ist.[67] Das Multiplikatorverfahren vermittelt hier sehr schnell ein Gefühl für die Wertdimension des Unternehmens. Das ist z.B. im Fall von nicht börsennotierten Unternehmen oder auch bei Neueinführungen an der Börse von großem Interesse. Die Einfachheit birgt aber auch gleichzeitig die größte Gefahr in sich, da die Vorhersage ungenau sein kann. Je einfacher das Verfahren ist, umso leichter können relevante Informationen auch übersehen bzw. ausgelassen werden. Der Erfolg des Bewertungsansatzes hängt hauptsächlich von zwei Faktoren ab:

1. Welche Bezugsgrößen weisen die engste Verknüpfung mit Marktpreisen auf?

2. Welche Charakteristika sind relevant, um die Gruppe der Vergleichsunternehmen zu bestimmen?

Grundsätzlich kann jede beliebige Bezugsgröße als Multiple verwendet werden. Die besten Multiples weisen jedoch den höchsten Grad an Informationen über die zukünftigen Erträge, Cashflows oder das Wachstum auf. Das sind naturgemäß die Kennzahlen des externen Rechnungswesens. Die Werttreiber, die in dieser Untersuchung verwendet werden, werden im folgenden Kapitel vorgestellt. Easton hat z.B. empirisch gezeigt, dass eine enge Verknüpfung von Gewinnen laut Rechnungswesen und dem Aktienpreis existiert.[68] Allerdings hängt dies zum Teil sehr stark von der jeweiligen Branche ab. So wird beispielsweise der Wert eines Mobilfunkunternehmens oder Pay-TV-Unternehmens in der Praxis auch anhand der Zahl der Kunden geschätzt.[69] Es bleibt jedoch die Gefahr, dass man mit zwei unterschiedlichen Multiplikatoren auch zu zwei sehr unterschiedlichen Unternehmenswerten gelangt. Welcher Multiplikator ist dann der „Richtige"? Außerdem entstehen immer dann Probleme, wenn die zu verwendende Kennzahl negativ ist.

Die Qualität der Vergleichsunternehmen kann anhand der Korrelation der Kennzahlen der Vergleichsunternehmen mit dem zu bewertenden Unternehmen beurteilt werden. Die beobachtbaren Ähnlichkeiten können sich auf Geografie, Branche, Profitabilität, Wachstum oder bestimmte finanzielle Charakteristika, wie etwa die Finanzierungsstrategie, beziehen.

---

[65] Vgl. Abschnitt 5.2.

[66] Vgl. Morgan Stanley Dean Witter (1999),; Dittmann/Maug/Kemper (2004), S. 609-638.

[67] Vgl. Boatsman/Baskin (1981), S. 38-53; LeClair (1990), S. 31-42.

[68] Vgl. Easton (1985), S. 54-77.

[69] Vgl. Coenenberg/Schultze (2002b), S. 699. Für eine größere Übersicht über alternative Multiplikatoren vgl. Barthel (1996a), S. 162.

Eine sehr zentrale und häufig unterschätzte Frage ist die der richtigen Aggregation der einzelnen Multiplikatoren. Da die Gruppe der Vergleichsunternehmen in der Regel nicht identische Multiplikatoren besitzt und sich hierdurch eine Spanne der möglichen Multiplikatoren ergibt, müssen diese zu einem einheitlichen, repräsentativen Multiplikator verdichtet werden. Dieser Schritt ist sehr wichtig, da bei einem unangemessenen Vorgehen Bewertungsfehler entstehen. Als einfache statistische Mittelwerte bieten sich das arithmetische Mittel und der Median an. Da Multiplikatoren nicht symmetrisch verteilt sind, da sie per ökonomischer Definition nicht negativ werden können, wird das arithmetische Mittel stark von den höheren Multiplikatoren beeinflusst. Hierdurch würde das zu bewertenden Unternehmen tendenziell zu hoch geschätzt. Die Relativierung von Extremwerten kann durch Verwendung des Medians geschehen. In diesem Fall wird der Wert der mittleren Merkmalsausprägung übernommen. Durch diese starke Vereinfachung gehen im Vergleich zum arithmetischen Mittel jedoch wertvolle Informationen, wie z.B. die Bandbreite der Merkmalsausprägungen, verloren.[70] In der Wissenschaft genießt das harmonische Mittel einen hohen Stellenwert. Hierbei werden die „reziproken Werte der einzelnen Multiples gebildet und dann deren Mittelwert errechnet. Der Kehrwert dieses Mittelwerts ist schließlich das harmonische Mittel der Multiples."[71] Das harmonische Mittel ist immer niedriger als das arithmetische Mittel. Die Differenz der beiden Werte korreliert positiv mit der Streuung der Multiples.

5.3.1 Theoretische Einordnung ausgewählter Multiplikator

Kritiker des Multiplikatorverfahrens führen regelmäßig an, dass es nicht auf einer eigenen Bewertungstheorie basiert. Das ist sicherlich im Ansatz richtig, dennoch liegt dem Verfahren mehr zugrunde, als die „Rule of Thumb", die Daumenregel. Zunächst einmal ist es eng mit der Efficient Market Hypothesis (EMH) verbunden. Bei dieser wird angenommen, dass sämtliche Marktteilnehmer ihre Investitionsentscheidung auf Basis aller zur Verfügung stehenden Informationen treffen.[72] Erreichen neue Informationen die Öffentlichkeit, dann werden die Investitionsentscheidungen überprüft und gegebenenfalls angepasst. Eine Veränderung der Marktpreise kann die Folge sein. Verfügen alle Marktteilnehmer über perfekte Informationen, dann entspricht der Preis dem Wert des Investitionsobjektes.[73] Der Preis bezeichnet dabei den Geldbetrag, „der bei Übertragung des Unternehmens konkret ausgehandelt und gezahlt wird,[...] der „Wert" eines Unternehmens [stellt] nur einen potentiellen Preis dar, der im Rahmen der Unternehmensbewertung zu ermitteln ist."[74] Wenn also Zahlen des externen Rechnungswesens entscheidungsrelevante Informationen zur Verfügung stellen, sind sie auch mit dem Marktpreis verbunden. Dies unterliegt jedoch der strengen Annahme, dass die gehandelten Aktien korrekt bepreist werden.

[70] Vgl. Peemöller/Beckmann/Heyke (2004), S. 315.
[71] Schwetzler (2003), S. 88.
[72] Vgl. Fama (1970), S. 383.
[73] Vgl. Peemöller/Beckmann/Heyke (2004), S. 311.
[74] Buchner/Englert (1994), S. 1573; ähnlich Barthel (1996b), S. 1458.

Verschiedene Studien bescheinigen den Kapitalmärkten zumindest eine schwache bis mittelstrenge Effizienz.[75] Für Deutschland ist durch die zunehmende Kapitalmarktorientierung der Rechnungslegung, die steigende Zahl der Börsennotierungen und die wachsende Akzeptanz des Kapitalmarktes als Finanzierungsquelle eine steigende Effizienz der Kapitalmärkte zu erwarten. Die Anwendbarkeit des Multiplikatoransatzes würde hierdurch weiter steigen.[76]

Neben der Efficient Market Hypothesis kann man den Einsatz der Multiplikatoren auch auf eine andere theoretisch fundierte Art und Weise begründen. Die beiden Hauptgruppen der Multiplikatoren, Kapitalbestand und Zahlungsströme, können mit dem Residualeinkommensmodell verbunden werden.[77] Der Zusammenhang wird im Folgenden am Verhältnis Preis-Eigenkapital bzw. Price-to-Book-Ratio P/B erläutert.[78]

5.3.2 Substanzmultiplikator und Residualeinkommensmodell

Man stellt häufig fest, dass sich der Preis einer Aktie vom Wert des Eigenkapitals je Aktie unterscheidet. In der Regel liegt der Marktpreis, der sich im Preis der Aktie zeigt, höher. Die Vorschriften der Rechnungslegung erlauben, z.B. durch das Anschaffungs- und Herstellungskostenprinzip, keine exakte Abbildung des Marktwertes des Eigenkapitals. Die Marktteilnehmer sind demnach bereit eine Prämie zu zahlen, die über ihrem buchwertigen Kapitalanteil am Unternehmen hinausgeht. Diese Prämie kann nur durch die Erwartung zukünftiger Gewinne gerechtfertigt werden. Der Wert eines Unternehmens setzt sich demzufolge zusammen aus:

$$Wert = Eigenkapital + Prämie^{79}.$$

Die Grundannahme des Modells ist, dass ein Investment, in diesem Fall das Unternehmen selbst, nur an Wert gewinnt, wenn die Gewinne die Kapitalkosten bzw. die geforderte Rendite übersteigen. Entsprechen sich zukünftiger Gewinn und Kapitalkosten exakt, dann ist $P/B = 1$. Der Wert des Unternehmens hängt nicht von der Dividendenpolitik ab, sondern berücksichtigt, dass das im Unternehmen thesaurierte Kapital produktiv eingesetzt wird. Es sind ausschließlich die zukünftigen Gewinne von Relevanz. Das Eigenkapital entspricht somit der geometrischen Reihe der zukünftigen Gewinne. Eine zusätzliche Prämie wird nur für zukünftige Übergewinne bzw. Residualgewinne bezahlt.

[75] Vgl. für eine Übersicht von Untersuchungen Copeland/Weston/Shastri (2005), S. 377-414.

[76] Vgl. Peemöller/Meister/Beckmann (2002), S. 209. Böcking und Nowak nehmen eine kritischere Position ein und stellen die Objektivität des Multiplikatorverfahrens aufgrund der existierenden Ineffizienzen und Friktionen am Kapitalmarkt in Frage. Vgl. Böcking/Nowak (1999), S. 175-176.

[77] Einen dritten Ansatz zur theoretischen Fundierung wählt Barthel, der das Multiplikatorverfahren mit der Preistheorie verbindet. Vgl. Barthel (1996c), S. 1703-1704.

[78] Vgl. zum tieferen Verständnis Penman (2007), Kapitel 5; Penman (1996), S. 235-259.

[79] Vgl. Ballwieser (2004), S. 52.

$$Residualgewinn_t = Gewinn_t - (Kapitalkosten \times Eigenkapital_{t-1}) bzw.$$

$$RG_t = G_t - (k \times B_{t-1}). \tag{5.1}$$

RG ist der Residualgewinn, G der Gewinn, k die Kapitalkosten und B der Buchwert des Eigenkapitals. Der Wert des Residualgewinnmodells ergibt sich aus:

$$Wert = Eigenkapital + Kapitalwert\ der\ erwarteten\ Residualgewinne \text{ bzw.}$$

$$UW = B_0 + \sum_{t=1}^{T} \frac{RG_t}{1+k^t}.$$

Der Unternehmenswert UW resultiert also aus dem Eigenkapital B im Zeitpunkt t=0 und der Summe der zukünftigen mit k abdiskontierten Residualgewinne. Decken sich der Wert des Unternehmens UW und sein Preis P, dann kann P/B auch folgendermaßen geschrieben werden:

$$\frac{UW}{B_0} = 1 + \frac{\sum_{t=1}^{T} \frac{RG_t}{1+k^t}}{B_0}. \tag{5.2}$$

Für die Bestimmung des intrinsischen oder wahren Wertes des Unternehmens sind also sämtliche zukünftige Gewinne und die jeweiligen Kapitalkosten zu schätzen.

5.3.3 Zahlungsstrommultiplikator und Abnormal Earnings Growth Model

Die Bewertung der Zahlungsstrom-Multiples lässt sich in das gleiche Theoriegerüst wie das der Substanzmultiplikatoren einordnen.[80] Allerdings fungiert nicht der Buchwert des Eigenkapitals als Anker, sondern das Gewinnwachstum. Der Gewinnmultiplikator P/E setzt den Wert der zukünftigen Gewinne in Relation zu den aktuellen Gewinnen. Der Preis des Unternehmens hängt also von Gewinnen ab, die noch gar nicht erzielt wurden. Der Multiplikator ist groß (klein), wenn in Zukunft hohe (niedrige) Gewinne erwartet werden. P/E ist also eine Kennzahl, die das Gewinnwachstum erfasst. Ausgangspunkt für die Unternehmensbewertung sind die kapitalisierten Gewinne. Ein zusätzlicher Wert wird durch das erwartete Gewinnwachstum geschaffen. Der Preis eines Unternehmens ist nur dann größer als die kapitalisierten Gewinne, wenn die Unternehmensgewinne größer als die Kapitalkosten sind:

$$Wert = kapitalisierter\ Gewinn + Wert\ durch\ zukünftiges\ Gewinnwachstum.$$

[80] Vgl. Ohlson/Juettner-Nauroth (2005), S. 349-365; Penman (2007), Kapitel 6 zum tieferen Verständnis; Penman (2005), S. 367-378.

Im zukünftigen Gewinnwachstum sind die Gewinne enthalten, die sich vom erwarteten Normalgewinn unterscheiden. Der Normalgewinn NG ergibt sich durch Kapitalisierung der Gewinne mit den Kapitalkosten:

$$NG_t = (1 + k) \times G_{t-1}$$

.

Der tatsächliche Gewinn wird immer auf Basis von Cum-Dividenden-Gewinnen CDG ermittelt. Es wird hierdurch berücksichtigt, dass Dividenden d am Kapitalmarkt angelegt werden und hierdurch Zinserträge erzielen oder alternativ im Unternehmen verbleiben und dort produktiv eingesetzt werden können.

$$CDG_t = G_t + k \times d_{t-1}.$$

Der Cum-Dividenden-Gewinn besteht somit aus dem Normalgewinn und den davon abweichenden Gewinnen, den Übergewinnen UG oder abnormal earnings. Das Konstrukt lässt selbstverständlich auch Verluste zu. Ich beschränke mich jedoch auf den Gewinnfall. Das Übergewinnwachstum $UG_t = CDG_t - NG_t$ lässt sich durch einfache Kombination der Gleichungen bestimmen:

$$UG_t = (G_t + k \times d_{t-1}) - (1 + k) \times G_{t-1}. \tag{5.3}$$

Für die weitere Entwicklung des Verfahrens soll auf das Gordonsche Wachstumsmodell[81] zurückgegriffen werden. Hiernach ermittelt sich der Wert des Unternehmens folgendermaßen:[82]

$$Wert = \frac{G_t}{k - g}$$

In diesem Modell wird unterstellt, dass die Gewinne mit einer konstanten Wachstumsrate g unendlich wachsen. Neben dieser Annahme geht das Modell fälschlicherweise vom Gewinn ex Dividende aus und vernachlässigt den Wertgewinn, der durch Anlage selbiger generiert wird. Zudem entsteht ein Problem, wenn das Gewinnwachstum g größer ist als die Kapitalkosten k. Der Nenner wird in diesem Fall negativ und damit auch der Wert des Unternehmens.[83] Die Wertbestimmung durch das Abnormal Earnings Growth Model setzt nun an den Schwächen des Gordonschen Wachstumsmodells an.[84]

[81] Vgl. Gordon/Shapiro (1957), S. 105. Gordon und Shapiro verwendeen als Bezugsgröße Dividenden. Durch die Clean-Surplus-Relation ist eine Überführung der Gewinne in Dividenden und umgekehrt möglich. Die Verwendung von G ist also zulässig.

[82] Vgl. Ballwieser (2007), S. 62. Auch Aders, Galli und Wiedemann knüpfen am Gordonschen Wachstum-Modell an, um die Identität von DCF-Verfahren und Multiplikatormethode zu belegen. Vgl. Aders/Galli/Wiedemann (2000), S. 197-204.

[83] Vgl. Schwetzler (2003), S. 79; Peemöller, Beckmann und Heike greifen zur theoretischen Untermauerung des Multiplikatorverfahrens ebenfalls auf das Gordonsche Wachstumsmodell zurück. Sie zeigen, dass durch Division beider Seiten durch die Kennzahl Gewinn, $\frac{P}{G} = \beta = \frac{CF}{G}\frac{1}{k-g}$, der Wert des Unternehmens positiv mit den Cashflows und der erwarteten Wachstumsrate und negativ mit den risikoadjustierten Kapitalkosten korreliert ist. Vgl. Peemöller/Beckmann/Heyke (2004), S. 312; Vgl. auch Schmidbauer (2004), S. 148-153. Zarowin zeigt empirisch, dass das E/P-Ratio maßgeblich von den Gewinnwachstumserwartungen abhängt. Vgl. Zarowin (1990), S. 439-454.

[84] Vgl. Penman (2007), S. 214; Coenenberg/Schultze (2002b), S. 700. Eine praktische Überführung des DCF-Verfahrens in das Multiplikatorverfahren haben Moser und Auge-Dickhut vorgenommen. Vgl. Moser/Auge-Dickhut (2003), S. 10-22.

Wert des Eigenkapitals = kapitalisierter Gewinn + Wert durch zukünftiges Übergewinnwachstum.

$$UW_0 = \frac{G_1}{k} + \frac{1}{k}\sum_{t=1}^{T}\frac{UG_t}{(1+k)^t} \tag{5.4}$$

$$= \frac{1}{k}\left[G_1 + \sum_{t=1}^{T}\frac{UG_t}{(1+k)^t}\right]. \tag{5.5}$$

Zum Gewinn im Zeitpunkt $t = 1$ wird der Kapitalwert des erwarteten Übergewinnwachstums für $t > 1$ addiert. Die Summe wird anschließend mit den Kapitalkosten diskontiert. Entsprechen sich Preis und Wert des Unternehmens, dann gilt:

$$P/E = \frac{UW_0}{G_1} = \frac{1}{k} + \frac{1}{k}\frac{\sum_{t=1}^{T}\frac{UG_t}{(1+k)^t}}{G_1}.$$

Durch diese Ausrichtung an den zukünftigen Gewinnen als Startpunkt für die Bewertung wird das Augenmerk auf den Teil der aktuellen Gewinne gerichtet, die nachhaltig wachsen können.

Das Residualeinkommensmodell als Grundlage für P/B und das Abnormal Earnings Growth Model, das Fundament von P/E, setzen zwar an unterschiedlichen Größen an, können aber ineinander überführt werden. Die Übergewinne im Zeitpunkt t werden durch Gleichung (5.3) bestimmt:

$$UG_t = (G_t + k \times d_{t-1}) - (1+k) \times G_{t-1}$$

$$= G_t - G_{t-1} - k \times (G_{t-1} - d_{t-1}). \tag{5.6}$$

Zur weiteren Entwicklung muss auf die Clean-Surplus-Relation zurück gegriffen werden. Diese besagt, dass jeder Euro Gewinn durch die Rechnungslegung erfasst wird. Er erhöht im Fall der Thesaurierung den Buchwert des Eigenkapitals B der Vorperiode oder wird als Dividende d ausgeschüttet. Der Buchwert des Eigenkapitals im Zeitpunkt t resultiert somit aus:

$$B_t = B_{t-1} + G_t - d_t$$

$$G_t - d_t = B_t - B_{t-1}. \tag{5.7}$$

Einsetzen in Gleichung (5.6) und transformieren der Gleichung auf den Zeitpunkt $t-1$ ergibt:

$$UG_t = G_t - G_{t-1} - k \times (B_{t-1} - B_{t-2}) \tag{5.8}$$

$$= (G_t - k \times B_{t-1}) - (G_{t-1} - k \times B_{t-2}). \tag{5.9}$$

Der Vergleich mit Gleichung (5.1) zeigt:

$$UG_t = RG_t - RG_{t-1}. \tag{5.10}$$

Das Übergewinnwachstum einer Periode entspricht somit genau der Veränderung der Residualgewinne. Damit wird deutlich, dass sowohl der Multiplikator P/E als auch P/B auf einer fundierten theoretischen Grundlage basiert, die die Daten des Rechnungswesens mit dem Wert des Unternehmens verknüpft.[85] Für die Bestimmung der Unternehmenswerte nach dem Residualgewinnmodell und dem Abnormal Earnings Growth Model werden jedoch die zukünftigen Gewinne und Kapitalkosten benötigt. Eine exakte Angabe dieser Werte würde die gleichen Probleme hervorrufen, wie bei der Unternehmensbewertung mittels des DCF-Verfahrens. Zum einen ist die Prognose der geforderten Werte sehr aufwendig. Gerade für Erben oder Beschenkte eines kleinen mittelständischen Unternehmens stellt es eine große Herausforderung dar, geeignete und plausible Informationen zu liefern. Zum anderen bleibt das Problem der intersubjektiven Nachprüfbarkeit bestehen. Das Unternehmen würde wiederum auf Basis der von den Steuerpflichtigen zur Verfügung gestellten Schätzungen bewertet und besteuert werden.

Die praktische Anwendung des Multiplikatorverfahrens ist mit Bezug auf das vorgestellte theoretische Grundkonzept nur unter zwei sehr stark vereinfachenden Annahmen möglich. Erstens muss vorausgesetzt werden, dass der Wert des Unternehmens gleich seinem Preis ist. Es wird also angenommen, dass der Markt den inneren Wert des Unternehmens korrekt widerspiegelt und damit effizient ist. Hierdurch wird es möglich, die Relation von Preis zu Kennzahl festzustellen und damit Rückschlüsse auf die Prämie zu ziehen, die von den Marktteilnehmern über den Buchwert oder die kapitalisierten Gewinne hinaus gezahlt wird. Im Gegensatz dazu wird bei den Zukunftserfolgswertverfahren davon ausgegangen, dass die Märkte auch kurzfristig fehlerhaft sein können und sich hierdurch Arbitragemöglichkeiten ergeben. Der Wert des Multiplikatorverfahrens gibt nach Coenenberg und Schultze also keinen Grenzpreis für eine Investitionsentscheidung an, sondern den Wert, der sich nach der momentanen Stimmung am Markt ergäbe.[86] Da der Gesetzgeber börsennotierte Unternehmen aber auch mit ihrem aktuellen Marktpreis bewertet, scheint diese Annahme aus steuerlicher Sicht nicht problematisch zu sein. Im Umkehrschluss kann man dann den Multiplikator als implizite Zusammenfassung aller wertrelevanten Informationen verstehen, die explizit kaum oder nur sehr schwer quantifiziert werden können.[87]

Die zweite vereinfachende Annahme knüpft direkt an diesen Punkt an. Für die Gruppe der Vergleichsunternehmen wird nicht nur das durchschnittliche Verhältnis von Preis zu Kennzahl, der Multiplikator, sondern gleichzeitig die durchschnittliche Prämie bestimmt. Wendet man diesen Multiplikator auf das zu bewertende Unternehmen an, so impliziert

[85] Vgl. Fairfield (1994), S. 23-31.
[86] Vgl. Coenenberg/Schultze (2002b), S. 699.
[87] Vgl. Hickman/Petry (1990), S. 84.

dieses Vorgehen, dass auch für dieses Unternehmen eine Prämie im gleichen linearen Verhältnis zur entsprechenden Kennzahl gezahlt wird. Ist man sich dieser rigiden Annahmen und der darin begründeten Einschränkungen bewusst, ist das Multiplikatorverfahren anwendbar.

5.4 Modell und Datengrundlage

Das Ziel der folgenden Untersuchung ist es, eine Methode zu identifizieren, die eine verlässlichere und genauere Vorhersage des Marktwertes eines Unternehmens zulässt, als das Stuttgarter Verfahren. Die Genauigkeit des Multiplikatoransatzes wird traditionell anhand des Bewertungsfehlers ϵ_{it} gemessen. Hierbei ist der Zeitindex durch t gegeben. Dieser Preisfehler entsteht, wenn der Multiplikatorwert des Zielunternehmens i nicht mit seinem Preis übereinstimmt:

$$P_{it} = \beta_t BZ_{it} + \epsilon_{it}.$$

Die Bezugsgröße β_t wird traditionell auf Basis des Medians, harmonischen oder arithmetischen Mittels aller Beobachtungen der Gruppe der Vergleichsunternehmen geschätzt.[88] Das vorherrschende Auswahlkriterium für die Zusammensetzung der Vergleichsunternehmen ist die Branchenzugehörigkeit. Hier liegt die Annahme zugrunde, dass die Unternehmen ähnliche wirtschaftliche Rahmenbedingungen haben und deshalb hinsichtlich der Gewinnaussichten und des Risikos sehr vergleichbar sind.[89] Ich übernehme dieses Vorgehen als Ausgangsfall in meiner Untersuchung und verwende die von Worldscope vorgenommene Branchenzuordnung. Auf dieser Grundlage wird der Bewertungsfehler berechnet. Zunächst werden 13 verschiedene Multiplikatoren geschätzt, indem das geometrische Mittel der Preis-zu-Bezugsgröße x der Vergleichsunternehmen bestimmt wird. Das geometrische Mittel ergibt sich aus

$$\overline{x} = \prod_{i=1}^{N} x_i^{1/n} = exp\left\{\frac{1}{N}\sum_{i=1}^{N} ln(x_i)\right\}.$$

Ich wähle diesen Ansatz, da Dittmann und Maug in der jüngsten Untersuchung gezeigt haben, dass diese Methode den anderen Aggregationsansätzen überlegen ist.[90] Die Vorhersagegenauigkeit wird in Relation zur Benchmark überprüft. Die relevante Benchmark ist in jedem Fall der Börsenpreis je Anteil, mitunter auch Marktpreis oder Wert genannt. Einzige Ausnahme bildet der EBITDA-Multiplikator. Dieser wird zusätzlich in Relation zum Enterprise Value (Unternehmensgesamtwert = Marktpreis des Eigenkapitals plus Buchwert des Fremdkapitals) betrachtet. Hierdurch wird ein Anschluss an die bestehenden Forschungsarbeiten sichergestellt. Als Kontrollmodell beziehe ich mich auf den Unterneh-

[88] Vgl. Liu/Nissim/Thomas (2007), S. 57.
[89] Vgl. Buchner/Englert (1994), S. 1575.
[90] Vgl. Dittmann/Maug (2006), S. 1-46.

menswert, der sich bei Anwendung des vereinfachten Stuttgarter Verfahrens ergibt.[91] Um eine exakte Beurteilung im Vergleich zum Stuttgarter Verfahren vornehmen zu können, müssten die Werte und Finanzdaten von nicht börsennotierten Unternehmen verwendet werden. Da insbesondere über die Unternehmenswerte solcher Unternehmen keinerlei Informationen verfügbar sind, nutze ich Daten kleinerer börsennotierter Unternehmen als Approximation. Auf die damit verbundenen Einschränkungen gehe ich in Kapitel 6 ein.

In einem zweiten Schritt werden die Multiples in den einzelnen Modellen durch eine Kleinste-Quadrate(OLS)-Regression geschätzt. Hier wird ebenfalls das Modell gesucht, dessen Schätzfehler minimal sind. Mit Ausnahme von sechs Modellen und des Kontrollmodells mit dem Wert des Stuttgarter Verfahrens wird hier der natürliche Logarithmus aller Bezugsgrößen verwendet.[92] Es ist davon auszugehen, dass die Schätzfehler exponentiell vom Marktwert abhängen. Diese Problematik wurde bereits in Abschnitt 4.4.5.4 diskutiert. Die Logarithmierung der Variablen korrigiert den fälschlicherweise angenommenen linearen Zusammenhang zwischen abhängiger und unabhängiger Variable. Dittmann und Maug bestätigen diese Annahme in ihrer umfangreichen Studie.[93] Die ersten drei Modelle, die noch die untransformierten Variablen beinhalten, dienen als weitere Kontrollmodelle für die Transformationsannahme.

Der Achsenabschnitt wird bei der Regressionsfunktion zugelassen, da es das Ziel ist, den funktionalen Zusammenhang zwischen Werttreiber und Preis zu bestimmen, der zu den kleinsten Schätzfehlern führt. Würde der Achsenabschnitt ausgelassen, so gingen wertvolle Informationen verloren. Damit orientiere ich mich an dem Ansatz von Beatty, Riffe und Thompson.[94]

5.4.1 Auswahl der Bezugsgrößen

Die Analyse der potenziellen Bezugsgrößen bildet den Ausgangspunkt der Untersuchung. Aus Gründen der Vergleichbarkeit werden die Werttreiber integriert, die in ähnlichen Studien bereits verwendet wurden. Analog zu der Studie von Liu, Nissim und Thomas werden als Werttreiber historische Cashflows, hier EBITDA (earnings before interest, taxes, depreciation und amortization), historische Gewinne, für die das Prinzip der Periodenabgrenzung gilt, in der englischen Literatur accrual earnings, und der Buchwert des Eigenkapitals betrachtet.[95] Außerdem werden zukunftsorientierte Kennzahlen berücksich-

[91] Es wird lediglich die Regelbewertung angewendet. Zusätzliche Bewertungsabschläge bleiben unberücksichtigt. Damit ist der Wert regelmäßig etwas höher als bei der detaillierten Bestimmung des Stuttgarter Verfahrens. Es zeigt sich jedoch, dass diese Vereinfachung im Vergleich zu den präziseren Konkurrenzmodellen unproblematisch ist.

[92] Vgl. Herrmann/Richter (2005), S. 213; Herrmann (2002). Zur Darstellung der Modelle vgl. Abschnitt 5.5.3.

[93] Vgl. Dittmann/Maug (2006), S. 8.

[94] Vgl. Beatty/Riffe/Thompson (1999), S. 177-199; auch Liu, Nissim und Thomas greifen auf diesen Ansatz zurück. Vgl. Liu/Nissim/Thomas (2002), S. 135-172. Siehe auch Damodaran (2001), S. 269.

[95] Liu/Nissim/Thomas (2002), S. 136.

tigt. Diese werden aus den Analystenschätzungen für den Gewinn pro Aktie (auch EPS - earnings per share) abgeleitet. Allerdings wird dieser Ansatz deutlich restriktiver als in anderen Studien verwendet.[96] Alle Werttreiber werden durch die Anzahl der ausgegebenen Aktien geteilt. Die verwendeten Bezugsgrößen werden in Tabelle 5.2 dargestellt.

Gewinn-Multiplikatoren	
NI	*Konzerngewinn*
E	*Gewinn vor Minderheitenanteilen und Dividenden auf Vorzugsaktien*
E2	$(Gewinn_t + Gewinn_{t-1})/2$
E3	$(Gewinn_t + Gewinn_{t-1} + Gewinn_{t-2})/3$
E6	$(Gewinn_t \times 3 + Gewinn_{t-1} \times 2 + Gewinn_{t-2})/6$
EBIT	*Gewinn vor dem Zinsergebnis und Steuern*
OI	*operativer Gewinn*
Cashflow-Multiplikator	
EBITDA	*Gewinn vor Zinsergebnis, Steuern, Abschreibungen und Amortisation*
Substanz-Multiplikatoren	
B	*Buchwert des Eigenkapitals*
TA	*Bilanzsumme*
zukunftsorientierte Multiplikatoren	
E-ind	$Gewinne_{t+1}$ *mit branchenspezifischem Wachstum* ind
E-yr	$Gewinne_{t+1}$ *mit jahresspezifischem Wachstum yr*

Tabelle 5.2: Übersicht über die verwendeten Bezugsgrößen

Die Bezugsgrößen *NI, E, EBIT* und *OI* repräsentieren Zahlungsströme unter Berücksichtigung der Periodenabgrenzung. Nach Liu, Nissim und Thomas sollte der Gewinn ein besonders repräsentativer Werttreiber sein, da der Gewinn wertrelevante Informationen aus den Zahlungsströmen und der Periodenabgrenzung zusammenführt.[97] Außerdem werden Gewinne auch formal mit dem Wert des Unternehmens verknüpft.[98] In diese Untersuchung werden vier unterschiedliche Gewinngrößen einbezogen. *NI* (NetIncome) bezeichnet den Gewinn, der nach Abzug der Minderheitenanteile und Dividenden auf Vorzugsaktien die Basis für den Gewinn je Aktie bildet. Diese Zahl stellt den Konzerngewinn dar, der zur Ausschüttung an die Anteilseigner verwendet werden kann. *E* (Earnings) umfasst den Jahresüberschuss nach Abzug von Steuern, aber vor Berücksichtigung der Minderheitenanteile. Der Gewinn des Unternehmens stellt zunächst das gebräuchlichste Maß für den wirtschaftlichen Erfolg des Unternehmens dar. Diese Gewinngröße umfasst die Ergebnisse der operativen und Finanzierungsaktivitäten des Unternehmens. In der Praxis sind die für diese Multiplikatoren verwendeten Begriffe Kurs-Gewinn-Verhältnis (KGV) und Price-Earnings-Ratio (P/E) sehr verbreitet. Allerdings ist zu berücksichtigen,

[96] Vgl. Ausführungen zur Bestimmung der Bezugsgrößen $E - ind$ und $E - yr$.
[97] Vgl. Liu/Nissim/Thomas (2007), S. 56.
[98] Vgl. Ohlson (1995), S. 661-687 und Feltham/Ohlson (1995), S. 689-731.

dass das Jahresergebnis nicht um einmalige und Sondereffekte bereinigt ist. Diese können durch außerordentliche Aufwendungen und Erträge, Sonderabschreibungen oder Bildung bzw. Auflösung von Rückstellungen ausgelöst werden.[99] Stattdessen könnte auch das in Deutschland gebräuchliche Ergebnis nach DVFA/SG verwendet werden. Hier werden eben solche Bereinigungen vorgenommen.[100] Die Anwendung setzt allerdings eine intensivere Auseinandersetzung mit dem einzelnen Jahresabschluss voraus. Die notwendigen Daten für eine Implementation im Rahmen dieser Studie liegen jedoch nicht vor und wurden deshalb nicht weiter verfolgt. Weiterhin werden unterschiedliche Verschuldungsgrade und gegebenenfalls eine unterschiedliche steuerliche Behandlung der Zinsaufwendungen und Verlustvorträge nicht erfasst.

Die Fokussierung auf den Erfolg der betrieblichen Tätigkeit und damit eine Beurteilung der nachhaltigen Ertragskraft wird durch die Variable OI (Operating Income) ermöglicht. Man kann vermuten, dass das Betriebsergebnis mehr langfristige wertrelevante Informationen enthält, da der wirtschaftliche Erfolg maßgeblich von den operativen Gewinnen abhängt. Aus ihm werden schließlich die Kapitalverpflichtungen gegenüber den Eigen- und Fremdkapitalgebern bedient. Einmaleffekte, außergewöhnliche Ergebnisbestandteile und Finanzierungseffekte werden auf diese Weise ausgeblendet. Als Alternative zum Betriebsergebnis wird die Variable $EBIT$ (Earnings before Interest and Taxes) untersucht. Diese Variable blendet lediglich Finanzierungseffekte aus. Damit verbleibt eine Gewinngröße, die aus der gewöhnlichen und außergewöhnlichen Geschäftstätigkeit resultiert. Die Bezugsgröße kann aber weiterhin durch bilanzpolitische Maßnahmen beeinflusst werden. Zu nennen sind hier zum Beispiel verschiedene Abschreibungsmodalitäten. Allerdings lassen sich mit Hilfe dieser Kenngröße Unternehmen mit unterschiedlichen Kapitalausstattungen vergleichen.[101]

Die Auswahl dieser vier verschiedenen Gewinnbezugsgrößen, die an den unterschiedlichen Stufen der Gewinn- und Verlustrechnung ansetzen, ist notwendig, um das geeignete Maß für den nachhaltigen Gewinn des Unternehmens zu bestimmen. Das Abnormal Earning Growth Model als theoretische Fundierung für den Gewinnmultiplikator setzt voraus, dass alle zukünftigen Übergewinne bestimmt werden können.[102] Durch die starke Vereinfachung des Multiplikatoransatzes wird letztlich die Bezugsgröße die genaueste Approximation des Marktwertes erreichen, die die besten Informationen über die zukünftige Gewinnentwicklung liefert. Hier kann lediglich gemutmaßt werden, ob das Betriebsergebnis oder eine Gewinngröße, die das temporäre Finanzergebnis und möglicherweise auch außergewöhn-

---

[99] Vgl. Barthel (1996a), S. 161.

[100] Vgl. hierzu Seppelfricke (1999), S. 302. Siehe auch Barthel (1996a), S. 160. Liu/Nissim/Thomas (2007), verwenden in ihrer Studie die DVFA-Prognose für den Gewinn deutscher Unternehmen.

[101] Vgl. Seppelfricke (1999), S. 303. Coenenberg und Schultze widersprechen Seppelfricke und betonen, dass die Bewertung von Unternehmen mit unterschiedlicher Kapitalstruktur nur durch individuelle Anpassung der Multiplikatoren vorgenommen werden darf. Vgl. Coenenberg/Schultze (2002b), S. 702.

[102] Vgl. Abschnitt 5.3.3.

liche Gewinnbestandteile enthält, besonders gut geeignet ist.

In der Gruppe der Gewinnmultiplikatoren werden außerdem die auf Durchschnitten basierenden Gewinne $E2$, $E3$ und $E6$ untersucht. $E2$ bezeichnet den durchschnittlichen Gewinn der letzten beiden, $E3$ den durchschnittlichen Gewinn der letzten drei Jahr. $E6$ stellt eine Gewichtung analog zum Ertragshundertsatz des Stuttgarter Verfahrens dar, bei der die Ergebnisse in Abhängigkeit von der Nähe zum Bewertungszeitpunkt gewichtet werden. Der Rückgriff auf diese Bezugsgrößen ist aus zweierlei Gründen gerechtfertigt. Zum einen gilt hier die Überlegung, dass eine Durchschnittsgröße den Trend des Unternehmens besser widerspiegelt als das Ergebnis eines Jahres und damit werthaltigere Informationen für die Bewertung bereitstellt. Zum anderen hat eine Durchschnittsgröße einen enormen Vorteil im praktischen Einsatz für die Besteuerung. Basiert das Bewertungsergebnis und damit die Bemessungsgrundlage nur auf einem Jahr, so gibt es einen sehr hohen Anreiz, den entsprechenden Multiplikator durch Gestaltungen bzw. die Ausübung von Wahlrechten möglichst niedrig zu halten, um die Steuerlast zu minimieren. Von einer Bewertung zum gemeinen Wert kann dann nicht mehr gesprochen werden. Die Bildung eines Durchschnitts setzt hier deutlich weniger starke Anreize, da eine Gewinnverlagerung über längere Zeit kaum möglich ist.

Aus der Gruppe der zahlungsstromorientierten Finanzkennzahlen kommt nur die Variable $EBITDA$ (Earnings before Interest, Taxes, Depreciation and Amortization - Gewinn vor Zinsen, Steuern, Abschreibungen und Amortisation) in Betracht. Zum operativen Gewinn vor Steuern werden hier noch sämtliche Abschreibungen hinzuaddiert. Voruntersuchungen zeigen, dass der Mittelwert der verschiedenen angelsächsischen Cashflow-Definitionen Free Cashflow, Cashflow from Operations oder Maintenance Cashflow, negativ ist.[103] Ausschlaggebend ist in diesen Fällen die Nettoveränderung des Working Capital. Eine der Bedingungen, die die Modellvariablen erfüllen müssen, ist jedoch, dass der Wertebereich positiv ist. Aus diesem Grund wird nur das $EBITDA$ berücksichtigt. Diese Größe hat zudem den Vorteil, dass nicht nur Effekte aus der Finanzierungsstruktur des Unternehmens neutralisiert werden, sondern auch die Abschreibungen.[104] Abschreibungen eignen sich besonders, um die bilanzpolitischen Ziele des Unternehmens umzusetzen. Etwaige Verzerrungen, die sich aus Sonderabschreibungen oder wechselnden Abschreibungsmodalitäten ergeben, werden in dieser Kennzahl ausgeblendet. Als Beispiel seien Abschreibungen auf den Geschäfts- und Firmenwert genannt.[105] Übrig bleibt ein Maß für die operative Ertragskraft des Unternehmens.[106]

103 Für eine Definition der Cashflow-Variablen siehe Liu/Nissim/Thomas (2002), S. 164.

104 Vgl. Barthel (1996a), S. 161. Barthel nennt auch die Unabhängigkeit von der Ausschüttungspolitik als Vorteil. Dies kann sich jedoch nur auf die Kapitalstrukturentscheidungen beziehen, da Dividenden auch auf die gewinnorientierten Kennzahlen keinen Einfluss haben.

105 Vgl. Peemöller/Meister/Beckmann (2002), S. 208; Berner/Rojahn (2003), S. 157. Exler hält die Nichtberücksichtigung der Abschreibungen jedoch für unsinnig, da die jährlichen Investitionen in der Regel über den Abschreibungen liegen. Vgl. Exler (2004), S. 428.

106 Vgl. Seppelfricke (1999), S. 303.

Durch den Multiplikatoransatz wird üblicherweise der Wert des Eigenkapitals oder der Wert des Gesamtunternehmens geschätzt. In der Fachliteratur werden die entsprechenden Multiplikatoren in Equity-Value- und Enterprise-Value-Multiplikatoren aufgeteilt.[107] Equity-Value-Multiplikatoren zielen auf die Bestimmung des Marktwertes des Eigenkapitals ab. Probleme ergeben sich hier möglicherweise im Vergleich zu Jahresabschlüssen anderer Unternehmen. Dies wird insbesondere durch die fehlende Berücksichtigung des Kapitalstrukturrisikos im Equity-Value-Multiplikator verursacht. Auslöser ist die Tatsache, dass der Preis eines Unternehmens negativ mit dem Verschuldungsgrad korreliert ist. Anteilseigner eines verschuldeten Unternehmens werden aufgrund des immanenten finanziellen Risikos eine höhere Rendite fordern.[108] Bei einer unterschiedlichen Verschuldung zweier Unternehmen treten trotz gleichen Gewinnwachstums Bewertungsunterschiede auf.

Dieses Problem kann durch die Anwendung von Enterprise-Multiples gelöst werden. Hierbei wird zunächst der Gesamtunternehmenswert bestimmt, der sich aus der Summe von Eigen- und Fremdkapital ergibt. Der Enterprise Value errechnet sich wie in Tabelle 5.3 dargestellt.

Marktkapitalisierung	
+	Wert des Fremdkapitals
+	Anteile Dritter
./.	Wert der nicht-operativen Vermögensgegenstände
(+	Barwert der Leasingverpflichtungen)
(+	Pensionsverpflichtungen)
= Enterprise Value	

Tabelle 5.3: Berechnung des Enterprise Values

Um nach Schätzung des Unternehmensgesamtwertes wieder zum Marktwert des Eigenkapitals zu gelangen, müssen Korrekturen vorgenommen werden. Hierzu ist das Fremdkapital vom Unternehmensgesamtwert abzuziehen und den liquiden Mitteln hinzuzuaddieren.[109] Als Bezugsgröße kommen die Kennzahlen in Frage, die die Finanzierungskosten des Unternehmens ausblenden und nur auf das operative Geschäft ausgerichtet sind. Bei vergleichbaren Kapitalintensitäten kann das EBIT herangezogen werden. Unterscheiden sich jedoch die Kapitalintensitäten oder möchte man die bilanzpolitischen Effekte, die durch Abschreibungswahlrechte ausgenutzt werden, ausblenden, dann ist das EBITDA zu verwenden.[110] Ich untersuche neben dem Verhältnis von Preis zu EBITDA aus diesem Grund auch das Verhältnis von Enterprise Value zu EBITDA.

107 Vgl. Peemöller/Beckmann/Heyke (2004), S. 314.
108 Vgl. Küting/Eidel (1999), S. 230.
109 Vgl. Schwetzler (2003), S. 85.
110 Vgl. Peemöller/Beckmann/Heyke (2004), S. 314.

Aus der Gruppe der Substanzwerte finden die Variablen B (Book Value) und TA (Total Assets) Eingang in die Analyse. Die Variable B repräsentiert den Buchwert des Eigenkapitals eines Unternehmens. TA entspricht dem Gesamtvermögen nach Buchwerten, also die Summe aus Anlage-, Umlaufvermögen und sonstiger Vermögensgegenstände. Die formale Verknüpfung von Buchwerten und Unternehmenswert, analog zur Gewinnkennzahl, wurde bereits belegt.[111] Die Wertrelevanz beider Variablen kann durch drei Annahmen gerechtfertigt werden. Zunächst einmal haben Harris, Lang und Möller gezeigt, dass die Wertrelevanz von Gewinnen, die nach handelsrechtlichen Vorschriften ermittelt werden, geringer ist, als die von US-Unternehmen.[112] Hieraus kann die Vermutung abgeleitet werden, dass das Eigenkapital-Multiple für deutsche Unternehmen zu geringeren Schätzfehlern führt als bei US-Unternehmen, da es eine höhere Wertrelevanz besitzt. Weiterhin kann angenommen werden, dass Unternehmen, die nur geringe Gewinne oder gar Verluste erwirtschaften, eher auf Basis ihrer Vermögensgegenstände als auf Erträgen bewertet werden. Der Unternehmenswert entspricht hierbei eher dem Liquidationswert, der sich ergäbe, wenn die Vermögenswerte einzeln veräußert würden. Lie und Lie unterstützen diese Vermutung empirisch.[113] In ihrer Untersuchung führte der Buchwertmultiplikator zu einer genaueren Schätzung des Marktwertes als Gewinnmultiplikatoren.

Schließlich stellen die Vermögensgegenstände die Grundlage für die Erzielung von Werten und Gewinnen dar und enthalten bereits hierdurch wertrelevante Informationen. Der Substanzwert des Unternehmens kann auch als die kapitalisierten zukünftigen Gewinne eines Unternehmens verstanden werden. Fama und French zeigen, dass das P/B-Verhältnis nicht nur Schwankungen der Kursgewinne besser erklärt als das Markt-Beta, sondern, dass auch eine enge Verknüpfung mit der nachhaltigen Profitabilität existiert.[114] Penman belegt außerdem, dass P/B-Verhältnisse den zukünftig erwarteten Return-on-Equity widerspiegeln.[115] Allerdings entspricht der Substanzwert des Eigenkapitals eigentlich dem Wiederbeschaffungswert aller bilanzierten und nicht bilanzierten Aktiva. Der Buchwert des Eigenkapitals unterscheidet sich also immer vom Substanzwert, da jedes Unternehmen über immaterielle Vermögensgegenstände verfügt, die nicht bilanziert werden dürfen. Der Wert von Marke, Kundenstamm oder Know-how sind typische Beispiele hierfür. Peemöller, Meister und Beckmann stellen bezüglich der Anwendbarkeit des Buchwert-Multiples die Forderung auf, dass die Relation von Buchwert zu Substanzwert und die relative Wertgenerierung bei dem zu bewertenden Unternehmen und der Vergleichsgruppe ähnlich sein muss. Allerdings haben sie auch Zweifel an der Schätzgüte dieser Kennzahl.[116] Weitere Probleme bereitet die Abhängigkeit von der Finanzierungsstruktur des Unternehmens. Verschiedene Verschuldungsgrade lösen die gleichen Probleme, wie bei den

[111] Vgl. Ohlson (1995), S. 661-687 und Feltham/Ohlson (1995), S. 689-731.
[112] Vgl. Harris/Lang/Möller (1994), S. 207.
[113] Vgl. Lie/Lie (2002), S. 44-54.
[114] Vgl. Fama/French (1992), S. 427-465 und Fama/French (1995), S. 131-155.
[115] Vgl. Penman (1996), S. 235-259.
[116] Vgl. Peemöller/Meister/Beckmann (2002), S. 207.

Gewinn-Kennzahlen aus. Diese Probleme lassen sich nur lösen, wenn man stattdessen auf den Enterprise Value, also den Unternehmensgesamtwert, zurückgreifen würde. Das ist in der Bewertungspraxis jedoch nicht üblich.[117] Dennoch existieren genug Gründe, eine Wertschätzung auf Basis von Substanzwertmultiplikatoren durchzuführen.

Schließlich werden die beiden Gewinngrößen $E-ind$ und $E-yr$ verwendet, um den Marktpreis auf Basis von zukunftsorientierten Maßgrößen zu schätzen. Diese zwei Kennzahlen werden gebildet, um a) eine Einjahres-Branchen-Prognose und b) eine jahresspezifische Prognose zu integrieren. Sie schließen an das Ziel des sog. Price-Earnings-Growth-Ratios (*PEG*-Ratio) an. Hierbei soll das zukünftige Gewinnwachstum berücksichtigt werden, damit Wachstumsprofile verschiedener Unternehmen miteinander vergleichbar sind, und die Prognose des Unternehmenswertes, gerade bei Wachstumsunternehmen, präziser wird.[118] Das *PEG*-Verfahren soll im Folgenden aber nicht weiter verfolgt werden, da Schwetzler gezeigt hat, dass das *PEG*-Ratio auch zu paradoxen Ergebnissen führen kann. Wenn nämlich eine negative Überrendite vorliegt und die Wachstumsrate *PEG* zunimmt, dann sinkt das P/E.[119] Ansttelle einer Wachstumszahl verwende ich eine Gewinnprognose für das folgende Jahr. Die Gewinnerwartung wird in dem vorliegenden Fall berechnet, indem der Gewinn des aktuellen Jahres mit dem erwarteten Gewinnwachstum je Aktie für jede Branche *ind* bzw. für jedes Jahr *yr* multipliziert wird.[120] Diese Schätzungen werden von I/B/E/S zur Verfügung gestellt und entsprechen dem Analystenkonsens. Zukünftige Gewinne werden in der Arbeit von Liu, Nissim und Thomas als die besten Multiples identifiziert.[121] Allerdings haben in jener Studie unternehmensspezifische Daten durch I/B/E/S-Schätzungen zugrunde gelegen. Auch wenn in der nachfolgenden Untersuchung stattdessen durchschnittliche Schätzungen verwendet werden, so ist doch zu erwarten, dass diese zukunftsorientierten Werttreiber gut abschneiden werden.

Da das Ziel dieser Untersuchung die Bestimmung eines Unternehmenswertes für steuerliche Zwecke ist, muss man eine gewisse Vorsicht walten lassen, wenn geschätzte Zahlen mit in das Kalkül einfließen sollen. Es ist aus zweierlei Gründen ausgeschlossen, dass unternehmensspezifische Gewinnschätzungen berücksichtigt werden. Zunächst einmal sind Analystenschätzungen nur für große börsennotierte Unternehmen verfügbar. Da der Bewertungsansatz hier aber auf kleine nicht börsennotierte Unternehmen abzielt, existieren keinerlei Schätzungen. Der zweite Grund hängt mit dem Bewertungszweck zusammen. Die steuerliche Bemessungsgrundlage darf nicht auf Erwartungen und unsicheren Informationen beruhen. Stattdessen ist in Deutschland das Realisationsprinzip von großer Bedeutung, nach dem nur sichere Gewinne steuerbar sind, da sie objektiv nachprüfbar sind.[122]

117 Vgl. Schwetzler (2003), S. 87-88.
118 Vgl. Peemöller/Meister/Beckmann (2002), S. 207; Berner/Rojahn (2003), S. 157.
119 Vgl. Schwetzler (2003), S. 81-82.
120 Liu, Nissim und Thomas gehen analog vor, wenn die Analystenschätzungen nicht vollständig sind. Vgl. Liu/Nissim/Thomas (2002), S. 147.
121 Vgl. Liu/Nissim/Thomas (2002), S.135-172.
122 Vgl. Homburg (2000), S. 23.

Das mit der individuellen Bewertung verbundene Informationsproblem könnte dadurch gelöst werden, dass die Schätzungen verallgemeinert und dann auf alle relevanten Unternehmen angewandt werden. Aus diesem Grund werden zwei synthetische Variablen verwendet, die keine unternehmensspezifische Prognose benötigen.

In der Praxis finden häufig Bewertungen auch auf Basis eines Umsatzmultiplikators statt.[123] Als Bezugsgröße fungiert dann die Summe der Jahresumsätze. Dieser Ansatz ist beispielsweise bei der Bewertung von Rechtsanwalts-, Steuerberatungs- oder Arztpraxen verbreitet.[124] Allerdings lässt sich diese Größe nicht in das Konzept des Residualgewinnansatzes einbetten und kann allenfalls durch die Theorie der effizienten Kapitalmärkte gerechtfertigt werden. Aus diesem Grund verfolge ich diesen Ansatz nicht weiter.

Zu Vergleichszwecken wird auf vereinfachte Weise ein Wert ermittelt, der dem Stuttgarter Verfahren entspricht. Der Wert SV ergibt sich aus $0,68 \times (B + 5 \times E6)$. Dieser Wert ist dahingehend vereinfacht, dass keine Abschläge berücksichtigt werden. Er bietet jedoch einen guten Anhaltspunkt dafür, ob das Multiplikatorverfahren der gegenwärtigen Bewertung überlegen ist.

5.4.2 Beurteilung der Schätzgüte

Alle Modelle, ob auf Basis des geometrischen Mittels oder einer linearen Regression, werden für die Jahre 1990, 1992, 1994, 1996, 1998, 2000 und 2002 geschätzt. Der ermittelte funktionale Zusammenhang zwischen Marktpreis und Modellvariable wird sodann verwendet, um den Aktienpreis des Folgejahres (also 1991, 1993, 1995, 1997, 1999, 2001 und 2003) auf Basis der gleichen Werttreiber zu schätzen. Durch diese Out-of-Sample-Methode wird das Problem des Overfitting vermieden.[125] Dieses Problem taucht auf, wenn die Schätzung und Überprüfung der Güte des Modells mit der gleichen Stichprobe durchgeführt wird. Durch das gewählte Vorgehen ist eine größere Robustheit der Ergebnisse gewährleistet. Darüber hinaus bietet dieses Vorgehen einen hohen Praxisbezug. Geht man davon aus, dass der Gesetzgeber das Multiplikatorverfahren anwendet, dann wird er sich hierzu auf eine Datenbasis stützen müssen. Diese wird aber bestenfalls Ergebnisse des vorangegangenen Jahres beinhalten. Die zwangsläufig entstehende zeitliche Diskrepanz zwischen Bewertungszeitpunkt und vorliegenden Daten der Vergleichsunternehmen spiegelt sich in dem hier gewählten Vorgehen wider.

Die Qualität der geschätzten Modelle wird anhand von zwei verschiedenen Schätzfehlern beurteilt. Der Schätzfehler PE, in der englischen Literatur prediction error oder percentage prediction error genannt, gibt die Differenz zwischen dem geschätzten Preis $\widehat{p}_{it}$ und den tatsächlichen Preis p_{it} in Relation zum tatsächlichen Preis an:

[123] Vgl. Barthel (1996b), S. 1458-1464; Berner/Rojahn (2003), S. 155-161.
[124] Vgl. Barthel (1990), S. 1145-1152; Barthel (1996a), S. 149-163.
[125] Vgl. Herrmann/Richter (2005), S. 205-206.

$$PE_{it} = \frac{\widehat{p}_{it} - p_{it}}{p_{it}}.$$

Bei dem Schätzfehler *PE* handelt es sich um eine traditionelle Fehlerskala, die in vielen Studien verwendet wurde. So greifen u.a. Bhojraj und Lee[126], Liu, Nissim und Thomas[127], Penman[128] und Yoo[129] auf eben dieses Instrument zurück. Gelegentlich findet man auch den absoluten preisskalierten Schätzfehler als Maßstab.[130] Durch den Absolutwert kann man jedoch nicht erkennen, ob eine systematische Verzerrung der Bewertung, also eine Über- oder Unterbewertung, vorliegt. Deswegen verfolge ich diesen Ansatz nicht weiter, sondern schließe mich zur besseren Vergleichbarkeit der Mehrheit der Studien an und greife damit auf eine relationale Größe zurück.

Als weiteres Beurteilungskriterium für die Güte der Schätzqualität der Modelle wird der logarithmierte Schätzfehler *LGE* benutzt, der von Kaplan und Ruback eingeführt wurde:[131]

$$LGE_{it} = log(\widehat{p}_{it}) - log(p_{it}) = log\left(\frac{\widehat{p}_{it}}{p_{it}}\right).$$

Verließe man sich ausschließlich auf *PE*, so käme es zu leichten Verzerrungen in der Beurteilung. Eine Überschätzung wird durch den *PE* stärker bestraft als die Unterbewertung. Die Erklärung hierfür ist relativ einfach. Eine Unterbewertung von mehr als 100% ist unmöglich, da der Unternehmenswert nicht negativ werden kann. Der Unternehmenswert ist jedoch nach oben hin nicht begrenzt und so kann auch eine Überbewertung von mehr als 100% auftreten. Eine Unterbewertung mit dem Faktor drei führt zu einem relativen Schätzfehler von -67%. Tritt eine Überbewertung mit demselben Faktor auf, so beträgt der Schätzfehler 200%. Folglich werden die Methoden bevorzugt, die besonders große Überbewertungen verhindern.[132] Der *LGE* hingegen ist unverzerrt und behandelt Über- und Unterbewertungen symmetrisch. Die Berücksichtigung des *PE* ist jedoch aus zweierlei Gründen gerechtfertigt. Zum einen ist die Dimension der Fehler deutlich leichter abzuschätzen, da sie als relative Abweichung vom Zielwert ermittelt. Außerdem ist sie in der bisherigen Forschung weit verbreitet, was die Vergleichbarkeit mit früheren Studien ermöglicht.[133]

---

[126] Vgl. Bhojraj/Lee (2002), S. 407-439.

[127] Vgl. Liu/Nissim/Thomas (2002), S. 135-172.; Liu/Nissim/Thomas (2007), S. 58.

[128] Vgl. Penman (1998b), S. 311.

[129] Vgl. Yoo (2006), S. 115.

[130] Vgl. Cheng/McNamara (2000), S. 349-370. S. 352; Courteau/Kao/O´Keefe et al. (2003), S. 21.

[131] Vgl. Kaplan/Ruback (1995), S. 1072. Außerdem Kim/Ritter (1999), S. 409-437, Gilson/Hotchkiss/Ruback (2000), S. 43-74, Lie/Lie (2002), S. 47, Eberhart (2004), S. 51, Herrmann/Richter (2005), S. 207 und Dittmann/Maug (2006), S. 1-46.

[132] Vgl. Dittmann/Maug (2006), S. 2. Vgl. Cheng/McNamara (2000), S. 352-353.

[133] Ein weiterer verwendeter Schätzfehler in der Literatur ist der Prozentsatz der Stichprobe, dessen Schätzfehler kleiner als 15% ist (Yoo (2006), S. 115, und Kaplan/Ruback (1995), S. 1071).

Ein perfektes Modell zur Prognose des tatsächlichen Unternehmenswertes würde einen Mittelwert von null bei einer Streuung von null aufweisen. Es ist aber nicht davon auszugehen, dass dieses Ergebnis von einem der geschätzten Modelle erreicht wird. Um die Modelle miteinander vergleichen zu können, muss man jedoch eine Entscheidung darüber treffen, welches die geeigneten Indikatoren für die Lage und die Streuung der Fehler sind. Darüber hinaus kann man nicht einen Parameter isoliert betrachten, sondern nur in Kombination mit dem anderen. Fraglich bleibt, ob ein Modell mit einer hohen Streuung, aber einem Mittelwert nahe null einem Modell vorzuziehen ist, dass eine sehr kleine Streuung aufweist, aber im Mittel relativ stark von null abweicht. Diese Entscheidung ist für meine Forschungsfrage deswegen zentral, da als Bemessungsgrundlage nicht nur eine starke Abweichung vom gemeinen Wert unzulässig ist, sondern auch eine Ungleichbehandlung der Steuerpflichtigen zu vermeiden ist. Eine Ungleichbehandlung droht jedoch, wenn das Verfahren sehr stark streuende Werte produziert.

Zur Lösung dieses Problems verwende ich zum Vergleich der konkurrierenden Modelle ein so genanntes multiples Rangsummenkriterium. Die Funktionsweise dieses Kriteriums ist in Abbildung 5.1 dargestellt.

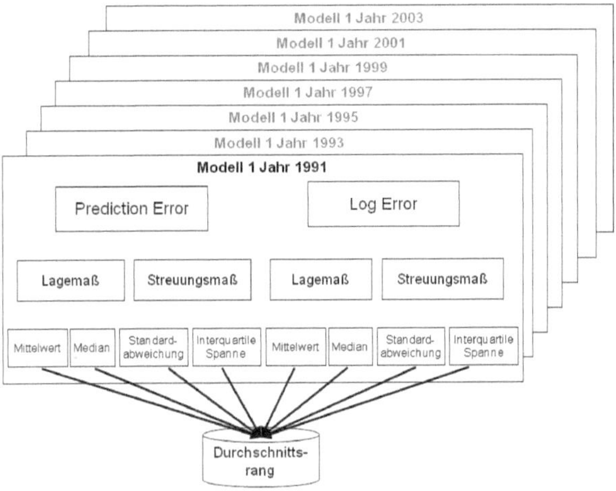

Abbildung 5.1: Multiples Rangsummenkriterium

Für jede Beobachtung der Modelle werden in jedem der sieben Untersuchungsjahre der *PE* und der *LGE* ermittelt. Als Maßstab für die Beurteilung des Mittelwertes kommen der weniger Ausreißer anfällige Median und das häufig verwendete arithmetische Mittel in Betracht. Die Streuung wird anhand der Standardabweichung und der interquartilen Spanne gemessen.[134] Die interquartile Spanne ist die Differenz zwischen dem ersten und

[134] Vgl. Kaplan/Ruback (1995), S. 1059-1093.

dem dritten Quartil. Da 25% der Beobachtungen kleiner oder gleich dem ersten Quartil und 25% größer oder gleich dem dritten Quartil sind, entspricht die Differenz zwischen den beiden einem Intervall, das ungefähr die Hälfte der Daten beinhaltet.[135] In der Literatur wird als Vorteil der interquartilen Spanne die vergleichsweise geringe Sensitivität Ausreißern gegenüber genannt.[136] Alle vier Maße stehen sowohl für den *PE* als auch den *LGE* zur Verfügung. Diese kardinalskalierten Parameter werden in eine Ordinalskala transformiert, die einen intuitiven Zugang für die Evaluation der Güte ermöglicht. Jeder der acht Modellparameter wird mit dem jeweiligen Pendant der alternativen Modelle verglichen und aufsteigend nach der Distanz von der Zielgröße sortiert. Das Modell, das die geringste Differenz zum optimalen Mittelwert oder zur optimalen Streuung von null erreicht, erhält den Rang eins, das schlechteste mit der größten Differenz den Rang 16. Auch Liu, Nissim und Thomas verwenden einen Rangfolgeansatz.[137] Alford und Cheng und McNamara wählen mit dem Friedman-Test ebenfalls ein nicht-parametrisches Verfahren, welches auf einer Rangfolge basiert.[138] Berner und Rojahn führen in ihrer Studie eine vergleichbare Transformation durch und vergeben „Qualitätspunkte“ in Abhängigkeit von der Rangfolge der Alternativen.[139] Insgesamt gehen in die abschließende Evaluation für jedes Modell je Untersuchungsjahr acht Ränge für die Parameter, also insgesamt 56 Ränge ein. Anschließend wird die relative Qualität der konkurrierenden Modelle mittels des durchschnittlichen Ranges beurteilt. Durch die Rangbetrachtung kann das Modell identifiziert werden, welches alle anderen dominiert.

Eine grundlegende Motivation des gewählten Ansatzes ist außerdem, die einzelnen Parameter nicht separat, sondern gemeinsam zu betrachten. Der Zielkonflikt zwischen einem schwankungsarmen, aber nicht präzisen Schätzer und einem genaueren Schätzer mit höherer Streuung ist nicht einfach zu lösen.[140] Die Fokussierung auf ein Rangkriterium ist vor dem Hintergrund der zu untersuchenden Forschungsfrage besonders geeignet. Ziel dieser Untersuchung ist es, das Modell zu bestimmen, das die geringste Abweichung vom Marktwert für das zu bewertende Unternehmen aufweist. Es gilt also eine Art Best-Practice Lösung zu finden, die im Vergleich zu den möglichen Alternativen die höchste Güte gewährleistet. Diese Methode bevorzugt somit die Modelle, die im Vergleich, wie knapp auch immer, besser abschneiden als die Konkurrenz. Zwar kann dieser Ansatz dafür kritisiert werden, dass die metrischen Unterschiede zwischen den Rängen nicht berücksichtigt werden. Da jedoch anzunehmen ist, das die Fehler, die durch die Ordinalskala entstehen, zufällig verteilt sind, wird dieser Effekt mit der Anzahl der berücksichtigten Variablen schrumpfen. Ausgewählte Beispiele geben zu diesem Effekt zu einem späteren Zeitpunkt mehr Aufschluss. Durch die Berücksichtigung von je zwei Teilparametern für die Zielpa-

135 Dieses wurde ebenfalls von Yoo (2006), S. 108-123 und Liu/Nissim/Thomas (2002), S. 135-172 verwendet.

136 Vgl. Liu/Nissim/Thomas (2007), S. 60.

137 Vgl. Liu/Nissim/Thomas (2002), S. 135-172.

138 Vgl. Alford (1992), S. 94-108 und Cheng/McNamara (2000), S. 349-370.

139 Vgl. Berner/Rojahn (2003), S. 158.

140 Auf dieses Problem weisen bereits Boatsman und Baskin hin. Vgl. Boatsman/Baskin (1981), S. 47.

rameter Lage und Streuung wird die Verzerrung weiter reduziert. Alle vier Teilparameter betonen einen anderen Aspekt der Fehlerverteilung und bereichern damit die Analyse der Modelle. Zusätzlich werde ich jedoch auch immer die metrischen Ergebnisse diskutieren.

5.4.3 Daten und Stichprobe

Für die Beantwortung der Forschungsfrage, eine Bewertungsmethode für steuerliche Zwecke zu bestimmen, die insbesondere bei nicht börsennotierten Unternehmen eine exakte Abbildung des Marktwertes ermöglicht, wäre eigentlich eine Datengrundlage nötig, die Finanzdaten und Marktpreise von nicht börsennotierten Unternehmen enthält. Außerdem müssten die Steuerbilanz und die steuerliche Gewinnermittlung verfügbar sein. Diese Daten sind jedoch entweder nicht öffentlich zugänglich oder existieren, wie im Fall der Marktpreise, möglicherweise gar nicht. Damit dieses Problem gelöst werden kann, greife ich analog zum Vorgehen im vorherigen Kapitel als Annäherung auf Daten börsennotierter Unternehmen zurück.

Es werden ausschließlich deutsche Unternehmen einbezogen, auch wenn sich die grundsätzliche Forschungsfrage auf ein internationales Umfeld ausdehnen ließe. Die Daten entstammen, wie bereits in Kapitel 4.3.3 Thomson Financial's Worldscope Database. Die enge Verbindung von Steuer- und Handelsrecht durch das Maßgeblichkeitsprinzip ermöglicht eine Approximation der Steuerwerte, indem nur Unternehmen ausgewählt werden, die ihren Jahresabschluss nach handelsrechtlichen Vorschriften erstellen.

Für den Untersuchungszeitraum 1990 bis 2003 werden Unternehmensdaten gesammelt. Es ist hierbei nicht erforderlich, dass jedes Unternehmen in allen Jahren Daten liefert. Die ausgewählten Unternehmen müssen weiterhin folgende Mindestvoraussetzungen erfüllen: Anzahl der ausgegebenen Aktien (Worlscope item 05301), Börsenkurs drei Monate nach Ende des Geschäftsjahres, Verbindlichkeiten (Worldscope item 03351) und Buchwert des Eigenkapitals (total assets Worldscope item 02999 abzüglich total liabilities Worldscope item 03351) dürfen nicht fehlen und müssen jeweils positiv sein. Damit die Stichprobe möglichst groß ist, werden keine Beschränkungen hinsichtlich des Geschäftsjahresendes festgelegt. Das bedeutet, dass kein Unternehmen ausgeschlossen wird, dessen Geschäftsjahr nicht im Dezember endet. Allerdings muss der Börsenkurs drei Monate nach Ende des Geschäftsjahres bekannt sein. Hier liegt die Annahme zugrunde, dass alle Informationen, die mit der Veröffentlichung des Jahresabschlusses dem Kapitalmarkt zur Verfügung stehen im Börsenkurs reflektiert werden.[141]

Die Werttreiber entstammen entweder direkt der Datenbank oder werden individuell berechnet. Worldscope enthält den Jahresgewinn (Net Income as the basis for EPS- Worldscope item 01706), das Betriebsergebnis (Operating Income - Worldscope item 01250), das

[141] Vgl. Liu/Nissim/Thomas (2002), S. 145 oder Collins/Maydew/Weiss (1997), S. 39-67.

EBIT (Worldscope item 18191), das EBITDA (Worldscope item 18198) und die Bilanzsumme (Total Assets - Worldscope item 02999) als eigenständige Variablen. Der Gewinn vor Minderheitsanteilen (Earnings) ergibt sich aus dem vorsteuerlichen Gewinn (Pretax Income - Worldscope item 01401) und der Einkommensteuer (Income Taxes - Worldscope item 01451), der Buchwert des Eigenkapitals aus der Bilanzsumme (Total Assets - Worldscope item 02999) abzüglich der Verbindlichkeiten (Total Liabilities - Worldscope item 03351). Die Gewinnprognose, die zur Berechnung der Variablen $E - ind$ und $E - yr$ notwendig ist, besteht aus der o.g. Definition für den Gewinn vor Minderheitsanteilen multipliziert mit $(1 + g)$, wobei g die durchschnittliche einjährige I/B/E/S-Schätzung der Branche oder des Jahres ist. Wenn für eine Branche weniger als fünf Schätzungen verfügbar sind, werden die Werte durch die durchschnittlichen Wachstumsaussichten der gesamten Stichprobe ersetzt. Diese vereinfachende Annahme ist notwendig, damit Branchen, die hauptsächlich aus kleinen und mittleren Unternehmen bestehen, für die keine I/B/E/S-Schätzungen vorgenommen werden, Eingang in die Untersuchung finden.

Alle in den Modellen verwendeten Bezugsgrößen dürfen nicht negativ sein. Damit werden negative Unternehmenswerte verhindert. Nimmt eine Variable einen negativen Wert an, so eliminiere ich jedoch nicht das komplette Unternehmensjahr, sondern schließe lediglich diese Variable aus. Durch die vielen unterschiedlichen Gewinndefinitionen kommt es häufig vor, dass auf einer Ebene, z.B. der betrieblichen Geschäftstätigkeit, ein Verlust entsteht, der jedoch durch einen anderen Effekt, z.B. das außerordentliche Ergebnis, wieder kompensiert wird. Durch mein Vorgehen erreiche ich zwei Dinge. Zum einen bleibt mir eine sehr große Anzahl an Beobachtungen erhalten, zum anderen entspricht dies der Bewertungspraxis. Wenn ein Unternehmen Verluste generiert und dementsprechend ein Gewinnmultiplikator nicht sinnvoll eingesetzt werden kann, wird der Bewerter einen anderen Wertmaßstab verwenden, z.B. einen Substanzmultiplikator. Für das erste und letzte Perzentil jeder Bezugsgröße führe ich ein Winsorizing durch.[142] Diese Methode zielt darauf ab, das Ausreißerproblem zu lösen und trotzdem möglichst viele Beobachtungen zu erhalten. Gleiches gilt für die Forderung, dass nur Unternehmensjahre berücksichtigt werden, deren Aktienpreis nicht unter 1,50€ liegt.[143]

Die Gruppierung der Vergleichsunternehmen ergibt sich aufgrund des zweistelligen Worldscope-Codes. Eine Verwendung des dreistelligen Schlüssels ist ausgeschlossen, da für jedes Branchenjahr mindestens 5 Unternehmen als Vergleichsgruppe existieren müssen.[144] Durch die im Vergleich zu den USA in Deutschland geringe Anzahl börsennotierter Un-

[142] Vgl. Liu/Nissim/Thomas (2002), S. 146, Hanlon (2005), S. 137-166, Dittmann/Maug (2006), S. 1-46, De Franco/Gavious/Jin et al. (2007), S. 18.

[143] In den amerikanischen Studien wird üblicherweise eine Grenze von 2$ verwendet. Vgl. z.B. Liu/Nissim/Thomas (2002), S. 135-172 oder Yoo (2006), S. 108-123. Ich habe mich für diese Grenze entschieden, da sich zwischen 1,50€ und 2,00€ der Schätzfehler nicht merklich ändert, jedoch rund 150 Beobachtungen erhalten bleiben.

[144] Vgl. z.B. Alford (1992), S. 94-108, Cheng/McNamara (2000), S. 349-370, Liu/Nissim/Thomas (2002), S. 135-172, Bhojraj/Lee (2002), S. 407-439 oder Bhojraj/Lee/Oler (2003), S. 745-774.

ternehmen sind einige Branchen nur spärlich vertreten. Für den dreistelligen Code wird diese Voraussetzung häufig nicht erfüllt. In einigen Jahren gilt dies jedoch auch für den zweistelligen Code. In diesem Fall wird dann der einstellige Schlüssel verwendet. Dieses Vorgehen entspricht wiederum den üblichen Usancen.

5.5 Ergebnisse

5.5.1 Deskriptive Statistiken

Die deskriptive Statistik für die in der Untersuchung berücksichtigten Werttreiber kann der Tabelle 5.4 entnommen werden. Alle Werttreiber wurden durch die Anzahl der ausgegeben Aktien geteilt, um eine einfachere Vergleichbarkeit mit dem Börsenpreis zu ermöglichen. Durch die Eliminierung aller negativen Werttreiber ist das Minimum in allen Jahren nahe null. Alle Werttreiber sind stark rechtsschief. Der Median ist in allen Fällen kleiner als das arithmetische Mittel. Dies wird auf der einen Seite durch einige sehr große Werte und auf der anderen Seite durch eine große Streuung der immer noch verbliebenen Extremwerte verursacht. Der Vergleich der Verteilung der Werttreiber zwischen den einzelnen Untersuchungsjahren ist nur sehr begrenzt möglich, da die Stichprobe ein unbalanciertes Panel ist. Das bedeutet, dass nicht für alle Unternehmen Beobachtungen in jedem Jahr existieren. Initial Public Offerings (IPO), Unternehmenszusammenschlüsse oder ein Delisting sind Gründe hierfür. Allerdings kann auch die Beschränkung auf handelsrechtliche Abschlüsse und die Notwendigkeit positiver Werttreiber das Balancieren verhindern, es sei denn, man verzichtet auf eine große Anzahl an Beobachtungen. Insgesamt stehen damit zwischen 1990 und 2003 mindestens 3.705 Beobachtungen zur Verfügung. Die Differenz der Beobachtungen zwischen den einzelnen Werttreibern ist darauf zurückzuführen, dass im Falle negativer Werte nur die Variable ausgeklammert wird, nicht jedoch das gesamte Firmenjahr. Da Preis, Buchwert des Eigenkapitals und die Bilanzsumme immer vorliegen müssen, existieren hier die meisten Beobachtungen.

Besonders auffallend ist, dass der Median der Gewinngrößen *NI*, *E*, *E2*, *E3*, und *E6* fast identisch ist. Es zeigt sich also, dass unter Auslassung der Extreme, alle Werte sehr vergleichbar sind. Allerdings weist *E3* eine relativ große Streuung auf. In der gleichmäßigen Berücksichtigung der drei Jahresergebnisse wirken sich Extremwerte länger aus, als in $E2$ und und $E6$. Fällt ein hoher Gewinn oder Verlust in t-2 an, dann wird er bei $E2$ gar nicht und bei $E6$ nur mit einem $1/6$ berücksichtigt. Bei $E3$ jedoch zu einem Drittel. Der deutlich höhere durchschnittliche Multiplikator von 85,6 zeigt also, dass Verluste den durchschnittlichen Gewinn der vergangenen drei Jahre stark reduziert haben. Allerdings gibt es auch Beispiele, die für einen hohen durchschnittlichen Gewinn verantwortlich sind. Eine große Spannbreite der Beobachtungen ist die logische Konsequenz. Die relativ große Ähnlichkeit von $E2$ und $E6$ rührt daher, dass bei beiden das aktuelle Jahr mit 50% gewichtet wird und der durchschnittliche Gewinn der vergangenen beiden Jahren bei $E6$ immerhin zu

	N	Min.	Mittelwert	Median	Max.	Standard-abweichung
P	6.373	1,5	150,9	25,0	33.578,8	619,7
Gewinn-Multiplikatoren						
P/NI	4.936	2,3	77,5	24,3	1.838,7	234,1
P/E	4.972	2,0	71,9	22,6	1.834,2	223,4
P/E2	4.718	0,0	63,7	22,1	19.356,0	435,8
P/E3	4.608	0,0	85,6	22,6	113.038,3	1.704,5
P/E6	4.695	0,0	53,8	22,3	13.551,2	295,7
P/EBIT	4.971	1,3	23,8	10,2	359,4	48,8
P/OI	3.705	1,7	52,5	17,0	1.073,3	135,9
Cashflow-Multiplikatoren						
P/EBITDA	5.134	0,7	12,4	5,3	184,7	25,7
EV/EBITDA	5.111	0,0	21,6	6,6	21.882,7	316,0
Substanz-Multiplikatoren						
P/B	6.373	0,3	3,4	2,0	82,7	4,6
P/TA	6.373	0,0	1,3	0,6	199,2	5,0
zukunftsorientierte Multiplikatoren						
P/E-ind	4.972	0,0	325,2	20,8	902.760,8	12.990,1
P/E-yr	4.972	0,0	330,9	20,7	938.071,8	13.482,2

Folgende Variablen werden verwendet:
P: *Preis*, EV: *Enterprise Value=Marktkapitalisierung+Fremdkapital*, NI: *Konzerngewinn*, E: *Gewinn vor Minderheitenanteilen und Dividenden auf Vorzugsaktien*, E2: $(Gewinn_t + Gewinn_{t-1})/2$, E3: $(Gewinn_t + Gewinn_{t-1} + Gewinn_{t-2})/3$, E6: $(Gewinn_t \times 3 + Gewinn_{t-1} \times 2 + Gewinn_{t-2})/6$, EBIT: *Gewinn vor dem Zinsergebnis und Steuern*, OI: *operativer Gewinn*, EBITDA: *Gewinn vor Zinsergebnis, Steuern, Abschreibungen und Amortisation*, B: *Buchwert des Eigenkapitals*, TA: *Bilanzsumme*, E-ind: $Gewinne_{t+1}$ *mit branchenspezifischem Wachstum i*, E-yr: $Gewinne_{t+1}$ *mit jahresspezifischem Wachstum y*.
Alle Variablen wurden durch die Anzahl der Aktien geteilt. N bezeichnet die Anzahl der Beobachtungen, $Min.$ das Minimum und $Max.$ das Maximum der Ausprägungen.

Tabelle 5.4: Deskriptive Statistik der Multiplikatoren

83,3% in die Berechnung eingeht. Weiterhin sind große Standardabweichungen bei *P/Ei* und *P/E-yr* zu beobachten. Allein auf Basis dieser großen Schwankung kann bezweifelt werden, ob die synthetischen Gewinnmultiplikatoren zu einer besseren Wertapproximation führen als die konkurrierenden Multiplikatoren.

5.5.2 Multiplikatorschätzung auf Basis des geometrischen Mittels

Die Güte der verschiedenen Modelle wird anhand der Nähe des geschätzten Unternehmenswertes zum tatsächlichen Marktpreis beurteilt. Hierzu wird zunächst der geometrische Durchschnitt aller zu einer Branche gehörenden Unternehmen gebildet. Dieser Multiplikator wird auf die Bezugsgröße des Folgejahres für jedes Unternehmen angewendet und mit dem jeweiligen Marktpreis verglichen. Dieser Vorgang wird für sieben Jahre zwischen 1990 und 2003 durchgeführt. Die resultierenden Schätzfehler werden in Tabelle 5.5 abgebildet. Insgesamt berücksichtige ich zwischen 1.860 und 3.168 Schätzungen. Die Differenz resultiert aus der Tatsache, dass das betriebliche Ergebnis, als Grundlage des P/OI-Multiplikators, häufig negativ ist und dementsprechend nicht mit in die Untersuchung eingeht.

Die Analyse des PE zeigt, dass der Mittelwert immer größer als der Median ist. Dieses Ergebnis ist nicht verwunderlich, da der PE nach unten mit -1 begrenzt ist, nach oben hin jedoch einen unendlichen Wert annehmen kann. Ein positiver PE bedeutet, dass der Unternehmenswert prozentual zum Marktpreis zu hoch geschätzt wird. Das arithmetische Mittel des PE für die Gewinnmultiplikatoren liegt zwischen rund 40% und 130%. Zu erklären ist dies mit einer Reihe von Unternehmen, bei der der geschätzte Wert ein Vielfaches des Marktpreises annimmt. Betroffen sind hiervon vermutlich Unternehmen, die innerhalb ihrer Branche in einer wirtschaftlich besonders schwachen Situation sind, ihr Ergebnis jedoch mit einem Branchenmittel multipliziert wird. Allerdings könnten auch außerordentliche Erträge das Ergebnis stark ansteigen lassen. Die Marktteilnehmer haben dennoch negative Erwartungen, was sich in einem geringen Marktpreis widerspiegelt und sich somit eine Diskrepanz zwischen geschätztem und tatsächlichem Wert ergibt. Die besten Werte mit 32,8% liefert der $P/EBITDA$-Multiplikator, gefolgt vom P/B-Multiplikator mit 39,3%. Das vereinfachte Stuttgarter Verfahren liegt durchschnittlich 37,8% unter dem Marktpreis.

Der Median liegt erwartungsgemäß deutlich näher an der Zielgröße von null. Mit einer Abweichung von 0,3% liefert der $EV/EBITDA$-Multiplikator die beste Approximation, knapp gefolgt von P/TA mit 1,5%. Auffallend ist in der Betrachtung, dass sowohl die Cashflow-Multiplikatoren als auch die Substanz-Multiplikatoren den Gewinnmultiplikatoren deutlich überlegen sind. Beide Größen lassen sich vergleichsweise schwer beeinflussen. Zwar wirken bilanzpolitische Maßnahmen, wie ihr Name schon sagt, natürlich auch auf die Bilanz, jedoch ist ihr relativer Einfluss auf das Jahresergebnis ungleich höher. Lediglich $P/EBIT$ weist eine deutlich größere Schätzpräzision als die anderen Gewinnmultiplikatoren auf. Diese Größe scheint somit das langfristige Ertragspotenzial des Unternehmens am besten abzubilden. Offensichtlich wirken steuerliche Effekte und Finanzierungsstrategien verzerrend, denn die Ergebniskomponenten, die sie berücksichtigen, führen zu viel höheren Schätzfehlern. Die geringste Schwankung ist bei P/B zu beobachten. Das ist auch nicht weiter verwunderlich, da sich das Eigenkapital des Unternehmens relativ wenig verändert und Schwankungen des Schätzfehlers weitestgehend auf den Marktpreis zurückgehen. Die große Standardabweichung bei $EV/EBITDA$ ist auf wenige, aber immense Schätzfehler zurückzuführen. Betrachtet man dagegen die interquartile Spanne, so wird deutlich, dass der $EV/EBITDA$-Multiplikator zu den geeignetesten Modellen gehört.

	Schätzfehler *PE*							Schätzfehler *LGE*							
	N	Mittel-wert	Median	10. Perz.	90. Perz.	Standard-abweichung	Intq. Spanne	N	Mittel-wert	Median	10. Perz.	90. Perzen.	Standard-abweichung	Intq. Spanne	
SV	2390	-0,378	-0,505	-0,812	**0,025**	1,556	**0,388**	2390	-0,780	-0,703	-1,670	**0,025**	**0,757**	**0,790**	SV
Gewinn-Multiplikatoren															**Gewinn-Multiplikatoren**
P/NI	2406	0,709	0,194	-0,727	2,095	3,597	1,269	2388	0,028	0,182	-1,224	1,134	1,145	1,060	P/NI
P/E	2423	0,706	0,179	-0,710	2,121	3,498	1,269	2408	0,031	0,172	-1,197	1,149	1,134	1,055	P/E
P/E2	2262	0,677	0,144	-0,628	1,682	7,348	1,082	2253	0,061	0,141	-0,962	0,988	0,899	0,932	P/E2
P/E3	2196	0,623	0,127	-0,623	1,612	6,363	1,022	2190	0,046	0,121	-0,965	0,961	0,885	0,899	P/E3
P/E6	2242	0,578	0,127	-0,616	1,541	5,817	1,015	2236	0,042	0,121	**-0,940**	0,933	0,860	0,900	P/E6
P/OI	1860	1,322	0,106	-0,927	2,103	33,976	1,511	1738	-0,022	0,181	-1,484	1,167	1,176	1,241	P/OI
P/EBIT	2653	0,397	0,026	-0,946	1,698	2,478	1,188	2431	**-0,001**	0,101	-1,114	1,035	0,993	1,019	P/EBIT
Cashflow-Multiplikatoren															**Cashflow-Multiplikatoren**
P/EBITDA	2893	**0,328**	-0,043	-1,000	1,569	2,326	1,158	2539	-0,014	0,088	-1,114	1,017	0,986	0,970	P/EBITDA
EV/EBITDA	2681	0,688	**-0,003**	-0,865	1,387	20,460	0,943	2502	-0,037	0,055	-1,045	0,903	0,923	0,837	EV/EBITDA
Substanz-Multiplikatoren															**Substanz-Multiplikatoren**
P/B	3168	0,393	0,114	**-0,610**	1,547	**1,503**	1,066	3168	0,039	0,108	-0,941	0,935	0,808	0,944	P/B
P/TA	3168	1,120	-0,015	-0,723	3,126	4,504	1,376	3168	0,025	**-0,015**	-1,283	1,417	1,126	1,295	P/TA
zukunftsorientierte Multiplikatoren															**zukunftsorientierte Multiplikatoren**
P/E-ind	2423	0,703	0,172	-0,719	2,161	3,215	1,269	2408	0,029	0,165	-1,212	1,165	1,140	1,068	P/E-ind
P/E-yr	2423	0,702	0,174	-0,723	2,114	3,252	1,271	2408	0,027	0,164	-1,198	1,142	1,139	1,066	P/E-yr

Folgende Variablen werden verwendet:

SV: *Wert nach Stuttgarter Verfahren*, P: *Preis*, EV: *Enterprise Value=Marktkapitalisierung+Fremdkapital*, NI: *Konzerngewinn*, E: *Gewinn vor Minderheitenanteilen und Dividenden auf Vorzugsaktien*, E2: $(Gewinn_t + Gewinn_{t-1})/2$, E3: $(Gewinn_t + Gewinn_{t-1} + Gewinn_{t-2})/3$, E6: $(Gewinn_t \times 3 + Gewinn_{t-1} \times 2 + Gewinn_{t-2})/6$, EBIT: *Gewinn vor dem Zinsergebnis und Steuern*, OI: *operativer Gewinn*, EBITDA: *Gewinn vor Zinsergebnis, Steuern, Abschreibungen und Amortisation*, B: *Buchwert des Eigenkapitals*, TA: *Bilanzsumme*, E-ind: $Gewinne_{t+1}$ *mit branchenspezifischem Wachstum i*, E-yr: $Gewinne_{t+1}$ *mit jahresspezifischem Wachstum y*.

Alle Variablen wurden durch die Anzahl der Aktien geteilt. N bezeichnet die Anzahl der Beobachtungen, $Min.$ das Minimum und $Max.$ das Maximum der Ausprägungen. Es werden die Schätzfehler $PE_{it} = \frac{\widehat{p}_{it} - p_{it}}{p_{it}}$ und $LGE_{it} = log(\widehat{p}_{it}) - log(p_{it})$ verwendet.

Tabelle 5.5: Schätzgenauigkeit der Multiplikatoren auf Basis des geometrischen Mittels

		Schätzfehler *PE*								**Schätzfehler *LGE***									
	Rang	Mittelwert	Rang	Median	Rang	Standard-abweichung	Rang	Intq. Spanne	Rang	Mittelwert	Rang	Median	Rang	Standard-abweichung	Rang	Intq. Spanne	Rang	Rang	
SV	4,75	-0,378	2	-0,505	14	1,556	2	0,388	1	-0,780	14	-0,703	14	0,757	1	0,790	1	7,5	SV
Gewinn-Multiplikatoren																			**Gewinn-Multiplikatoren**
P/NI	10,5	0,709	12	0,194	13	3,597	8	1,269	9	0,028	6	0,182	13	1,145	13	1,060	10	10,5	P/NI
P/E	10	0,706	11	0,179	12	3,498	7	1,269	10	0,031	8	0,172	11	1,134	10	1,055	9	9,5	P/E
P/E2	8,5	0,677	7	0,144	9	7,348	12	1,082	6	0,061	13	0,141	8	0,899	5	0,932	5	7,75	P/E2
P/E3	7,25	0,623	6	0,127	8	6,363	11	1,022	4	0,046	12	0,121	6	0,885	4	0,899	3	6,25	P/E3
P/E6	6,25	0,578	5	0,127	7	5,817	10	1,015	3	0,042	11	0,121	7	0,860	3	0,900	4	6,25	P/E6
P/OI	11,75	1,322	14	0,106	5	33,976	14	1,511	14	-0,022	3	0,181	12	1,176	14	1,241	13	10,5	P/OI
P/EBIT	4,75	0,397	4	0,026	3	2,478	4	1,188	8	**-0,001**	**1**	0,101	4	0,993	8	1,019	8	5,25	P/EBIT
Cashflow-Multiplikatoren																			**Cashflow-Multiplikatoren**
P/EBITDA	**3,75**	**0,328**	**1**	-0,043	4	2,326	3	1,158	7	-0,014	2	0,088	3	0,986	7	0,970	7	**4,75**	P/EBITDA
EV/EBITDA	6	0,688	8	**-0,003**	**1**	20,460	13	0,943	2	-0,037	9	0,055	2	0,923	6	0,837	2	**4,75**	EV/EBITDA
Substanz-Multiplikatoren																			**Substanz-Multiplikatoren**
P/B	**3,75**	0,393	3	0,114	6	**1,503**	**1**	1,066	5	0,039	10	0,108	5	0,808	2	0,944	6	5,75	P/B
P/TA	9,25	1,120	13	-0,015	2	4,504	9	1,376	13	0,025	4	**-0,015**	**1**	1,126	9	1,295	14	7	P/TA
zukunftsorientierte Multiplikatoren																			**zukunftsorientierte Multiplikatoren**
P/E-ind	9	0,703	10	0,172	10	3,215	5	1,269	11	0,029	7	0,165	10	1,140	12	1,068	12	10,25	P/E-ind
P/E-yr	9,5	0,702	9	0,174	11	3,252	6	1,271	12	0,027	5	0,164	9	1,139	11	1,066	11	9	P/E-yr

Folgende Variablen werden verwendet:
SV: *Wert nach Stuttgarter Verfahren*, P: *Preis*, EV: *Enterprise Value=Marktkapitalisierung+Fremdkapital*, NI: *Konzerngewinn*, E: *Gewinn vor Minderheitenanteilen und Dividenden auf Vorzugsaktien*, E2: $(Gewinn_t + Gewinn_{t-1})/2$, E3: $(Gewinn_t + Gewinn_{t-1} + Gewinn_{t-2})/3$, E6: $(Gewinn_t \times 3 + Gewinn_{t-1} \times 2 + Gewinn_{t-2})/6$, EBIT: *Gewinn vor dem Zinsergebnis und Steuern*, OI: *operativer Gewinn*, EBITDA: *Gewinn vor Zinsergebnis, Steuern, Abschreibungen und Amortisation*, B: *Buchwert des Eigenkapitals*, TA: *Bilanzsumme*, E-ind: $Gewinne_{t+1}$ *mit branchenspezifischem Wachstum i*, E-yr: $Gewinne_{t+1}$ *mit jahresspezifischem Wachstum y*.
Alle Variablen wurden durch die Anzahl der Aktien geteilt. N bezeichnet die Anzahl der Beobachtungen, $Min.$ das Minimum und $Max.$ das Maximum der Ausprägungen.
Es werden die Schätzfehler $PE_{it} = \frac{\widehat{p}_{it} - p_{it}}{p_{it}}$ und $LGE_{it} = log(\widehat{p}_{it}) - log(p_{it})$ verwendet.

Tabelle 5.6: Schätzgenauigkeit der Multiplikatoren auf Basis des geometrischen Mittels mit Rängen

Insgesamt kann festgehalten werden, dass es mit einem Schätzfehler im Median von 0 bis 20% dem Stuttgarter Verfahren deutlich überlegen ist. Allerdings führen die Schätzungen regelmäßig zu Überschätzungen des Marktpreises. Das ist nicht zuletzt aus steuerlicher Sicht nicht akzeptabel. Der Vorteil des logarithmierten Schätzfehlers ist seine symmetrische Behandlung von Unter- und Überbewertungen. Dies wird deutlich, wenn man Mittelwert und Median von *PE* und *LGE* vergleicht. Der Median beider Schätzfehler ist für jeden Multiplikator fast identisch. Große Unterschiede treten beim arithmetischen Mittel auf. Das arithmetische Mittel ist beim *LGE* in allen Fällen, außer beim Stuttgarter Verfahren, nahe null. Das bedeutet also, dass im Durchschnitt die Unterbewertungen fast genauso groß sind, wie die Überbewertungen. Dennoch ist auch hier eine leichte Tendenz zur Überbewertung zu konstatieren. Über alle Beobachtungen hinweg stellen sich *P/EBIT* im arithmetischen Mittel mit 0,1% und *P/TA* mit 1,5% im Median als besonders geeignet heraus. Allerdings gehören auch die die Cashflow-Multiplikatoren und die Substanz-Multiplikatoren zu den besonders präzisen Schätzern. Die synthetischen zukunftsorientierten Multiplikatoren sind *P/E* etwas überlegen, insgesamt erscheint ihre Verwendung jedoch nicht als zweckmäßig.

Die Beurteilung der Überlegenheit der einzelnen Multiplikatoren erfolgt anhand des bereits vorgestellten Rangsummenkriteriums. Betrachtet werden das arithmetische Mittel, der Median, die Standardabweichung und die Interquartile Spanne der beiden Schätzfehler *PE* und *LGE*. Das Modell, dessen Lageparameter am nächsten an null und dessen Streuung minimal ist, erhält den Rang 1, das zweitbeste den Rang 2 usw. Das Modell, das durchschnittliche genaueste Schätzung bei möglichst geringer Streuung erreicht, hat dementsprechend den niedrigsten Durchschnittsrang. Die Einzelränge können Tabelle 5.6 entnommen werden.

Die durchschnittliche Reihung der Modelle ergibt das in Tabelle 5.7 dargestellte Bild. *P/EBITDA* ist bei beiden Schätzfehlern das beste Modell. Dieser Platz wird einmal mit *P/B* und einmal mit *EV/EBITDA* geteilt. Die Stärken des *P/EBITDA* liegen eindeutig in seiner durchschnittlich besonders präzisen Schätzung des Unternehmenswertes. Gewisse Mängel ergeben sich aus der etwas größeren Schwankung der Fehler. Das Stuttgarter Verfahren ist aufgrund seiner nur sehr schwach schwankenden Schätzfehler vergleichsweise gut platziert. Das ist nicht verwunderlich, da der Wert regelmäßig unter dem Börsenpreis liegt und zudem durch die hohe Substanzkomponente kaum schwankt. Allerdings liegt in dieser Berechenbarkeit auch genau der Grund, warum das Verfahren für steuerliche Zwecke so lange verwendet wurde. Als Approximation des Marktwertes ist es, wie an vielen Stellen in dieser Arbeit bereits gezeigt, nicht geeignet.

Die Konstellation, die sich nach Betrachtung der Einzelwerte ergab, spiegelt sich hier deutlich wider. *EBITDA* und *B* schneiden relativ deutlich als beste Verfahren ab. Mit *P/EBIT* auf Platz drei folgt der erste Gewinnmultiplikator. Er zeichnet sich durch eine

	Gesamt-Rang	*PE*-Rang	*LGE*-Rang
P/EBITDA	4,25	**3,75**	**4,75**
P/B	4,75	**3,75**	5,75
P/EBIT	5	4,75	5,25
EV/EBITDA	5,375	6	**4,75**
SV	6,125	4,75	7,5
P/E6	6,25	6,25	6,25
P/E3	6,75	7,25	6,25
P/E2	8,125	8,5	7,75
P/TA	8,125	9,25	7
P/E-yr	9,25	9,5	9
P/E-ind	9,625	9	10,25
P/E	9,75	10	9,5
P/NI	10,5	10,5	10,5
P/OI	11,125	11,75	10,5

Folgende Variablen werden untersucht:
SV: *Wert nach Stuttgarter Verfahren*, P: *Preis*, EV: *Enterprise Value=Marktkapitalisierung+Fremdkapital*, NI: *Konzerngewinn*, E: *Gewinn vor Minderheitenanteilen und Dividenden auf Vorzugsaktien*, E2: $(Gewinn_t + Gewinn_{t-1})/2$, E3: $(Gewinn_t + Gewinn_{t-1} + Gewinn_{t-2})/3$, E6: $(Gewinn_t \times 3 + Gewinn_{t-1} \times 2 + Gewinn_{t-2})/6$, EBIT: *Gewinn vor dem Zinsergebnis und Steuern*, OI: *operativer Gewinn*, EBITDA: *Gewinn vor Zinsergebnis, Steuern, Abschreibungen und Amortisation*, B: *Buchwert des Eigenkapitals*, TA: *Bilanzsumme*, E-ind: $Gewinne_{t+1}$ *mit branchenspezifischem Wachstum i*, E-yr: $Gewinne_{t+1}$ *mit jahresspezifischem Wachstum y*.
Es werden die Schätzfehler $PE_{it} = \frac{\widehat{p}_{it} - p_{it}}{p_{it}}$ und $LGE_{it} = log(\widehat{p}_{it}) - log(p_{it})$ verwendet.

Tabelle 5.7: Schätzgenauigkeit der Multiplikatoren auf Basis des geometrischen Mittels - Gesamtränge

hohe Beständigkeit im Vergleich zur Konkurrenz aus. An dieser Stelle soll noch einmal betont werden, dass das Ziel dieser Untersuchung ist, die relative Überlegenheit der Modelle zueinander zu beurteilen. Für den Bewerter, der sich zwischen den Modellen entscheiden soll, liefert diese Rangfolge eine entscheidungsnützliche Grundlage. Die absoluten Effekte lassen sich auch bestimmen, liefern weitere Informationen und können den bereits diskutierten Tabellen 5.5 und 5.6 entnommen werden.

5.5.3 Multiplikatorschätzung auf Basis einer linearen Regression

In diesem Abschnitt wird der Unternehmenswert durch einen Multiplikator geschätzt, der durch eine lineare Regression bestimmt wurde. Hierfür werden die einzelnen Bezugsgrößen der Unternehmen der gleichen Branchen auf ihren jeweiligen Marktpreis regressiert. Der Vorteil dieser Methode gegenüber dem klassischen Einzelmultiplikator ist, dass der funktionale Zusammenhang des Multiplikators nicht vorab festgelegt, sondern in Abhängigkeit von den Basisdaten geschätzt wird. Der Achsenabschnitt wird zugelassen, da er wertrelevante Informationen enthält, die in der direkten Relation von Werttreiber zu Marktpreis möglicherweise nicht enthalten sind. Der funktionale Zusammenhang ist das Resultat einer Schätzung, bei der die quadratischen Abweichungen der Basisdaten von der Regressionsgerade minimiert werden. Dieses Vorgehen entspricht der sonst üblichen Aggregation auf Basis eines Mittelwertes, z.B. des geometrischen Mittels, wie es im vorigen Kapitel angewendet wurde.

Die in Abschnitt 5.5.2 verwendeten Werttreiber werden in diese Untersuchung übernommen. Allerdings nehme ich eine zusätzliche Abwandlung vor. Nach Betrachtung der Daten ist nicht davon auszugehen, dass zwischen der Kennzahl des Rechnungswesens und dem Marktpreis ein linearer Zusammenhang besteht. Vielmehr ist eine exponentielle Funktion wahrscheinlich. Dieser Zusammenhang ist auch intuitiv nachvollziehbar. So sind beispielsweise hohe Gewinne oder die Größe eines Unternehmens auf eine starke Position im Wettbewerb zurückzuführen. Damit verbunden ist die Hoffnung auf nachhaltige, überdurchschnittliche Gewinne. Das wiederum wird von den Kapitalmarktteilnehmern besonders honoriert und ist zum Beispiel eine Erklärung für die Börsenkurse der Extrembeispiele Google und Microsoft. Um diesen funktionalen Zusammenhang zu integrieren, werden alle Werttreiber logarithmiert. Durch die gleichzeitige Logarithmierung der zu erklärenden Variable Preis P nimmt die Regression eine log-log-Form an. Zum Vergleich des Effekts, der durch die Logarithmierung hervorgerufen wird, schätze ich jedoch auch sechs Gewinngrößen in ihrer Grundform.

Darüberhinaus kombiniere ich, wie in Tabelle 5.8 dargestellt, verschiedene Bezugsgrößen miteinander. Traditionell werden Gewinn- und Buchwert-Multiplikatoren separat verwendet. In der theoretischen Betrachtung können beide Modelle in einander überführt werden. In der Praxis jedoch kann man häufig Unterschiede zwischen den beiden Schätzungen des Unternehmenswertes beobachten.[145] Diese Differenzen resultieren aus der Tatsache, dass die Realität nicht alle notwendigen Modellannahmen erfüllt, um eine Bewertungsidentität zu erreichen. Die Bewertungsfehler können möglicherweise durch eine gemeinsame Betrachtung von Eigenkapital- und Gewinninformationen reduziert werden. Die ökonomische Verknüpfung ist offensichtlich. Der Buchwert des Eigenkapitals als Bilanzgröße dient der Finanzierung von Vermögensgegenständen, durch die Erträge generiert werden und die ihrerseits im Jahresüberschuss, also in der Zahlungsstromgröße Niederschlag finden. Penman vermutet, dass beide Kennzahlen zwar eine Reihe von Überschneidungen besitzen, aber auch jede für sich individuelle Informationen zur Verfügung stellt.[146] In seiner Arbeit entwickelt er ein theoretisches Modell, das eine flexible Gewichtung von Buchwert- und Gewinnmultiplikator zur Preisschätzung ermöglicht. In seiner empirischen Überprü-

[145] Henselmann versucht dieses Problem durch das Mischen verschiedener Bewertungsverfahren zu beheben. Vgl. Henselmann (2001), S. 413-417. Kritik erfährt er jedoch aufgrund seines methodischen Vorgehens. Vgl. Kruschwitz/Lähn/Jahn (2002), S. 145-148.

[146] Vgl. Penman (1998b), S. 294-295.

fung stellt sich heraus, dass durch diesen Ansatz der Bias im Vergleich zur alleinigen Prognose auf Basis von Gewinnen reduziert wird. Insgesamt verringern sich jedoch nicht die absoluten Schätzfehler.[147] Trotzdem scheint es gewinnbringend, diese Alternative mit in die Untersuchung zu integrieren.

NI	$P_i = \alpha + \beta_1 NI + \epsilon_i$
E	$P_i = \alpha + \beta_1 E_i + \epsilon_i$
E2	$P_i = \alpha + \beta_1 E2_i + \epsilon_i$
E3	$P_i = \alpha + \beta_1 E3_i + \epsilon_i$
E6	$P_i = \alpha + \beta_1 E6_i + \epsilon_i$
OI	$P_i = \alpha + \beta_1 OI_i + \epsilon_i$
lnNI	$ln(P_i) = \alpha + \beta_1 ln(NI_i) + \epsilon_i$
lnE	$ln(P_i) = \alpha + \beta_1 ln(E_i) + \epsilon_i$
lnE2	$ln(P_i) = \alpha + \beta_1 ln(E2_i) + \epsilon_i$
lnE3	$ln(P_i) = \alpha + \beta_1 ln(E3_i) + \epsilon_i$
lnE4	$ln(P_i) = \alpha + \beta_1 ln(E6_i) + \epsilon_i$
lnOI	$ln(P_i) = \alpha + \beta_1 ln(OI_i) + \epsilon_i$
lnEBIT	$ln(P_i) = \alpha + \beta_1 ln(EBIT_i) + \epsilon_i$
lnEBITDA	$ln(P_i) = \alpha + \beta_1 ln(EBITDA_i) + \epsilon_i$
lnEBITDA(EV)	$ln(EV_i) = \alpha + \beta_1 ln(EBITDA_i) + \epsilon_i$
lnB	$ln(P_i) = \alpha + \beta_1 ln(BookValue_i) + \epsilon_i$
lnTA	$ln(P_i) = \alpha + \beta_1 ln(TotalAssets_i) + \epsilon_i$
lnE-B	$ln(P_i) = \alpha + \beta_1 ln(E_i) + \beta_2 ln(B_i) + \epsilon_i$
lnE2-B	$ln(P_i) = \alpha + \beta_1 ln(E2_i) + \beta_2 ln(B_i) + \epsilon_i$
lnE3-B	$ln(P_i) = \alpha + \beta_1 ln(E3_i) + \beta_2 ln(B_i) + \epsilon_i$
lnE6-B	$ln(P_i) = \alpha + \beta_1 ln(E6_i) + \beta_2 ln(B_i) + \epsilon_i$
lnEBITDA-B	$ln(P_i) = \alpha + \beta_1 ln(EBITDA_i) + \beta_2 ln(B_i) + \epsilon_i$
lnEBITDA-E-B	$ln(P_i) = \alpha + \beta_1 ln(EBITDA_i) + \beta_2 ln(E_i) + \beta_3 ln(B_i) + \epsilon_i$
lnE-ind	$ln(P_i) = \alpha + \beta_1 ln(E - ind_i) + \epsilon_i$
lnE-yr	$ln(P_i) = \alpha + \beta_1 ln(E - yr_i) + \epsilon_i$

Folgende Variablen werden untersucht:
SV: *Wert nach Stuttgarter Verfahren*, P: *Preis*, EV: *Enterprise Value=Marktkapitalisierung+Fremdkapital*, NI: *Konzerngewinn*, E: *Gewinn vor Minderheitenanteilen und Dividenden auf Vorzugsaktien*, E2: $(Gewinn_t + Gewinn_{t-1})/2$, E3: $(Gewinn_t + Gewinn_{t-1} + Gewinn_{t-2})/3$, E6: $(Gewinn_t \times 3 + Gewinn_{t-1} \times 2 + Gewinn_{t-2})/6$, EBIT: *Gewinn vor dem Zinsergebnis und Steuern*, OI: *operativer Gewinn*, EBITDA: *Gewinn vor Zinsergebnis, Steuern, Abschreibungen und Amortisation*, B: *Buchwert des Eigenkapitals*, TA: *Bilanzsumme*, E-ind: $Gewinne_{t+1}$ *mit branchenspezifischem Wachstum i*, E-yr: $Gewinne_{t+1}$ *mit jahresspezifischem Wachstum y*. Das Präfix *ln* zeigt, dass die Variablen logarithmiert wurden. i ist der Unternehmensindex.
Es werden die Schätzfehler $PE_{it} = \frac{\widehat{p}_{it} - p_{it}}{p_{it}}$ und $LGE_{it} = log(\widehat{p}_{it}) - log(p_{it})$ verwendet.

Tabelle 5.8: Verwendete Modelle des Multiplikatoransatzes auf Basis der linearen Regression

In der Kombination verschiedener Multiples findet sich auch ein Anschluss an die US-amerikanische Bewertungspraxis. Die Delaware Block Methode, die häufig in amerikanischen Steuerfällen zur Bestimmung eines Unternehmenswert verwendet wird, schätzt den fairen Wert eines Unternehmens aus einer Linearkombination von Aktienpreis, kapitali-

[147] Vgl. Penman (1998b), S. 321.

sierten Gewinnen und dem Buchwert des Eigenkapitals.[148] Es kann sich allerdings auch um eine Kombination verschiedener Bewertungsansätze, etwa DCF- und Multiplikatorverfahren, handeln.[149] Allerdings werden die Gewichte im Einzelfall durch ein Gericht festgelegt. Es wird dabei angenommen, dass durch die Nivellierung Verzerrungen und idiosynkratische Fehler minimiert werden und damit eine Verbesserung der Schätzung erreicht wird. Es werden sechs Modelle gebildet, die Bestands- und Zahlungsstrom-Multiples miteinander kombinieren. Die jeweiligen Gewichte ergeben sich aus der Regression der Variablen bei den Vergleichsunternehmen. Diesen Ansatz wählt auch Yoo, der allerdings vier Variablen kombiniert.[150]

In der hier durchgeführten Untersuchung werden alle Modelle wiederum für die Jahre 1990, 1992, 1994, 1998, 2000 und 2002 geschätzt. Die Berechnung der OLS-Regressionen findet unter Berücksichtigung der Branchenzugehörigkeit statt. Abermals verwende ich die zweistellige Worldscope-Branchen-Klassifizierung (Worldscope Item 06011). Ein Vergleich mit dem in USA gebräuchlichen Standard Industrial Classification (SIC) Code erfolgt später. Der Marktpreis des Folgejahres soll nun auf Basis der Regressionsfunktion vorhergesagt werden. Für jedes Firmenjahr werden, wie zuvor geschildert, der Schätzfehler (PE) und der logarithmierte Schätzfehler (LGE) bestimmt. Die Güte der Modelle wird analog zu Abschnitt 5.8 anhand der Lage- und Streuungsparameter für jedes Fehlermaß beurteilt.

Die Parameter der beiden Schätzfehler PE und LGE für alle sieben Untersuchungsjahre sind in Tabelle 5.9 abgebildet. Neben jedem relevanten Parameter ist auch gleich der entsprechende Rang im Vergleich zu den Konkurrenzmodellen angegeben. Zunächst einmal zeigt sich, dass die logarithmierten Werttreiber zu durchschnittlich niedrigeren Schätzfehlern führen, als die untransformierten Werte. Damit bestätigt sich die Vermutung, dass der funktionale Zusammenhang nicht linearer Art ist. Betrachtet man von nun an nur noch die logarithmierten Werttreiber, so fällt auf, dass die Differenzen zwischen dem Mittelwert der Schätzfehler und dem Median nur sehr gering sind. Das kann grundsätzlich auf zwei Dinge zurückgeführt werden. Zum einen wird die Schätzung präziser, da die bessere Abbildung des funktionalen Zusammenhangs die extremen Überbewertungen, die noch bei Schätzung auf Basis des geometrischen Mittels auftraten, vermeiden kann. Es könnte sich jedoch auch um eine Nivellierung von extremer Über- und Unterbewertung handeln. Durch die lineare Regression sind in Extremkonstellationen auch negative Achsenabschnitte oder negative Steigungen der Regressionsfunktion denkbar. Dieses Problem kann auftreten, wenn die Vergleichsgruppe extrem inhomogen ist. Die Anwendung des Regressionsverfahrens birgt also auch Risiken, die hier deutlich werden.

148 Vgl. Seligman (1984), S. 829-871 für eine Übersicht der Gerichtsentscheidungen.
149 Vgl. Yee (2004).
150 Vgl. Yoo (2006), S.108-123.

	Schätzfehler PE									Schätzfehler LGE									
	Rang	Mittelwert	Rang	Median	Rang	Standard-abweichung	Rang	Intq. Spanne	Rang	Mittelwert	Rang	Median	Rang	Standard-abweichung	Rang	Intq. Spanne	Rang	Rang	
SV	19,75	-0,378	20	-0,505	20	1,556	20	0,388	19	-0,780	26	-0,703	26	0,757	20	0,790	20	23	SV
Gewinn-Multiplikatoren																			**Gewinn-Multiplikatoren**
NI	25	2,875	25	0,814	25	8,533	25	3,337	25	0,697	25	0,657	25	1,182	25	1,527	24	25	NI
E	24	2,849	24	0,847	26	9,206	24	3,235	24	0,692	23	0,656	24	1,186	24	1,531	25	24	E
E2	22,5	2,217	23	0,669	21	5,823	23	2,827	23	0,643	22	0,563	21	1,077	23	1,418	23	22,25	E2
E3	21,5	2,136	21	0,707	23	5,126	21	2,581	21	0,608	20	0,573	22	1,049	21	1,355	21	21	E3
E6	22	2,182	22	0,691	22	5,228	22	2,681	22	0,617	21	0,561	20	1,072	22	1,379	22	21,25	E6
OI	25,5	3,574	26	0,801	24	20,237	26	3,385	26	0,694	24	0,646	23	1,250	26	1,605	26	24,75	OI
lnNI	14,5	0,084	13	0,038	18	0,487	13	0,331	14	0,046	17	0,040	18	0,335	10	0,309	14	14,75	lnNI
lnE	15,5	0,088	16	0,034	15	0,492	15	0,336	16	0,042	15	0,036	16	0,351	15	0,318	16	15,5	lnE
lnE2	10,25	0,077	12	0,031	13	0,370	6	0,295	10	0,043	16	0,032	14	0,294	6	0,279	10	11,5	lnE2
lnE3	8,25	0,072	8	0,028	11	0,356	5	0,279	9	0,036	11	0,030	12	0,296	7	0,266	8	9,5	lnE3
lnE6	8,25	0,073	9	0,029	12	0,343	4	0,277	8	0,032	10	0,029	11	0,320	8	0,267	9	9,5	lnE6
lnOI	19	0,224	19	0,081	19	0,707	18	0,614	20	0,102	19	0,079	19	0,438	19	0,561	19	19	lnOI
lnEBIT	9,5	0,077	11	0,018	5	0,456	10	0,318	12	0,031	9	0,021	7	0,364	17	0,303	12	11,25	lnEBIT
Cashflow-Multiplikatoren																			**Cashflow-Multiplikatoren**
lnEBITDA	9,5	0,075	10	0,018	4	0,473	11	0,320	13	0,025	8	0,022	8	0,385	18	0,307	13	11,75	lnEBITDA
lnEBITDA(EV)	7,25	0,056	5	0,006	**1**	1,227	19	0,239	4	0,011	**1**	0,008	**1**	0,350	14	0,233	4	5	lnEBITDA(EV)
Substanz-Multiplikatoren																			**Substanz-Multiplikatoren**
lnB	12,75	0,091	17	0,032	14	0,427	9	0,297	11	0,039	12	0,032	13	0,338	11	0,284	11	11,75	lnB
lnTA	14	0,125	18	0,020	8	0,477	12	0,374	18	0,056	18	0,020	6	0,348	12	0,356	18	13,5	lnTA
zukunftsorientierte Multiplikatoren																			**zukunftsorientierte Multiplikatoren**
lnE-ind	15,5	0,087	15	0,034	17	0,491	14	0,337	18	0,042	13	0,037	17	0,352	16	0,316	15	15,25	lnE-ind
lnE-yr	15,5	0,087	14	0,035	17	0,492	16	0,335	15	0,042	14	0,036	15	0,350	13	0,319	17	14,75	lnE-yr
kombinierte Multiplikatoren																			**kombinierte Multiplikatoren**
lnE-B	6	0,057	6	0,022	10	0,330	3	0,250	5	0,023	6	0,022	9	0,291	4	0,242	5	6	lnE-B
lnE2-B	4,25	0,050	3	0,021	9	0,316	2	0,233	3	0,020	4	0,022	10	0,274	3	0,226	3	5	lnE2-B
lnE3-B	**2,75**	0,047	**1**	0,019	7	0,283	**1**	0,230	2	0,020	3	0,019	5	0,260	**1**	0,224	2	**2,75**	lnE3-B
lnE6-B	7,75	0,060	7	0,018	6	0,636	17	0,228	**1**	0,024	7	0,019	3	0,270	2	0,221	**1**	3,25	lnE6-B
lnEBITDA-B	5,5	0,056	4	0,017	3	0,386	8	0,266	7	0,016	2	0,019	4	0,333	9	0,256	7	5,5	lnEBITDA-B
lnEBITDA-E-B	4,25	0,050	2	0,014	2	0,377	7	0,250	6	0,022	5	0,015	2	0,292	5	0,243	6	4,5	lnEBITDA-E-B

Folgende Variablen werden untersucht:

SV: *Wert nach Stuttgarter Verfahren*, P: *Preis*, EV: *Enterprise Value=Marktkapitalisierung+Fremdkapital*, NI: *Konzerngewinn*, E: *Gewinn vor Minderheitenanteilen und Dividenden auf Vorzugsaktien*, E2: $(Gewinn_t + Gewinn_{t-1})/2$, E3: $(Gewinn_t + Gewinn_{t-1} + Gewinn_{t-2})/3$, E6: $(Gewinn_t \times 3 + Gewinn_{t-1} \times 2 + Gewinn_{t-2})/6$, EBIT: *Gewinn vor dem Zinsergebnis und Steuern*, OI: *operativer Gewinn*, EBITDA: *Gewinn vor Zinsergebnis, Steuern, Abschreibungen und Amortisation*, B: *Buchwert des Eigenkapitals*, TA: *Bilanzsumme*, E-ind: $Gewinne_{t+1}$ *mit branchenspezifischem Wachstum* i, E-yr: $Gewinne_{t+1}$ *mit jahresspezifischem Wachstum* y. Das Präfix *ln* zeigt, dass die Variablen logarithmiert wurden. i ist der Unternehmensindex.

Es werden die Schätzfehler $PE_{it} = \frac{\widehat{p}_{it} - p_{it}}{p_{it}}$ und $LGE_{it} = log(\widehat{p}_{it}) - log(p_{it})$ verwendet.

Tabelle 5.9: Schätzgenauigkeit der Multiplikatoren auf Basis des linearen Regression mit Rängen

Die Folgen der Inhomogenität der Vergleichsgruppe kann an der hohen Standardabweichung der Schätzfehler bei den untransformierten Werten abgelesen werden. Für diese Art von Werttreibern ist unter den gegebenen Rahmenbedingungen keine sinnvolle Anwendung des Regressionsansatz möglich. Nicht ohne Grund liegen die Verfahren immer auf den letzten sechs Plätzen.

Ganz anders stellt sich die Situation der logarithmierten Bezugsgrößen dar. Die Mittelwerte des *PE* schwanken zwischen 4,7% und 12,5%, der Median zwischen 0,6% und 8,1%. Auch hier zeigt sich, dass das *EBITDA(EV)* eine gute Approximation des Marktwertes ermöglicht. Allerdings treten auch die Kombinationsmodelle positiv hervor. Hier liegt der Median zwischen 1,4% und 2,2%. Der Vorteil dieser Modelle wird jedoch erst richtig deutlich, wenn man die Schwankung des *PE* betrachtet. Mit einer Ausnahme liegen diese sechs Modelle immer unter den acht stabilsten Schätzern. Damit zeigen die Verfahren in der Anwendung, dass sie gemeinsam tatsächlich mehr relevante Informationen liefern, als separat.

Mit einem Durchschnittsrang von 2,75 und deutlichem Abstand liegt *lnE3-B*, also die Kombination aus dem Buchwert des Eigenkapitals mit dem arithmetischen Mittel der letzten drei Gewinne, vor allen anderen Modellen. Bei den Einzelmultiplikatoren liefert *lnEBITDA(EV)* eine gute Approximation des Marktwertes. Außerdem zeigen sich die Stärken der durchschnittlichen Gewinne der letzten drei Jahre. Die Nivellierung der Ergebnisse eignet sich offensichtlich für eine Prognose des Marktwertes besser als jedes aktuelle Ergebnis. Das zeigt sich insbesondere auch an der geringen Schwankung der Schätzfehler bei *lnE3* und *lnE6*. Das Stuttgarter Verfahren liegt zwar vor allen untransformierten Modellen, weist aber deutliche Schwächen hinsichtlich der Schätzgenauigkeit im Vergleich zu den logarithmierten Modellen auf.

Der Median des *LGE* ist im Regressionsansatz, genau wie beim geometrischen Mittel, dem Median des *PE* sehr ähnlich. Darüber hinaus liegt der Mittelwert wiederum nur leicht über dem Median des *LGE*. Die Mediane der Schätzfehler bewegen sich zwischen 0,8% für *lnEBITDA(EV)* und 7,9% für *lnOI*. Allerdings gibt es acht Modelle, bei denen der Median bei rund 2% liegt. Im Mittel erreichen hier also viele Modelle eine sehr präzise Schätzung. Jedoch gilt dies insbesondere primär für die Cashflow- und kombinierten Modelle. Analog zum *PE* weisen auch beim *LGE* die kombinierten Modelle im Grunde die geringste Schwankungsbreite an Schätzfehlern auf. Hauptausnahme bildet wieder *lnEBITDA(EV)*, das ebenfalls sehr verlässliche Schätzungen abgibt.

Betrachtet man die durchschnittlichen Ränge, so liegt *lnE3-B* mit 2,75 bei beiden Schätzfehlern eindeutig an der Spitze. Daneben weisen auch die anderen kombinierten Verfahren eine hohe Schätzgenauigkeit auf. Allerdings eignet sich auch *lnEBITDA(EV)* in der Gesamtbetrachtung sehr.

	Schätzfehler *PE*									Schätzfehler *LGE*									
		Mittelwert		Median		Standard-abweichung		Intq. Spanne		Mittelwert		Median		Standard-abweichung		Intq. Spanne			
	Rang		Rang		Rang		Rang		Rang		Rang		Rang		Rang		Rang	Rang	
SV	19,75	-0,378	20	-0,505	20	1,556	20	0,388	19	-0,780	24	-0,703	24	0,757	20	0,790	20	22	SV
lnE3-B	**2,75**	0,047	**1**	0,019	7	**0,283**	**1**	0,230	2	0,020	3	0,019	5	0,260	**1**	0,224	2	**2,75**	lnE3-B
P/EBITDA	**3,75**	**0,328**	**1**	-0,043	4	2,326	3	1,158	7	-0,014	2	0,088	3	0,986	7	0,970	7	**4,75**	P/EBITDA
lnEBITDA(EV)	7,25	0,056	5	**0,006**	**1**	1,227	19	0,239	4	**0,011**	**1**	**0,008**	**1**	0,350	14	0,233	4	5	lnEBITDA(EV)
EV/EBITDA	*6*	*0,688*	*8*	**-0,003**	**1**	*20,460*	*13*	*0,943*	*2*	*-0,037*	*9*	*0,055*	*2*	*0,923*	*6*	*0,837*	*2*	**4,75**	*EV/EBITDA*
lnEBIT	9,5	0,077	11	0,018	5	0,456	10	0,318	12	0,031	9	0,021	7	0,364	17	0,303	12	11,25	lnEBIT
P/EBIT	*4,75*	*0,397*	*4*	*0,026*	*3*	*2,478*	*4*	*1,188*	*8*	**-0,001**	**1**	*0,101*	*4*	*0,993*	*8*	*1,019*	*8*	*5,25*	*P/EBIT*
lnB	12,75	0,091	17	0,032	14	0,427	9	0,297	11	0,039	12	0,032	13	0,338	11	0,284	11	11,75	lnB
P/B	**3,75**	*0,393*	*3*	*0,114*	*6*	**1,503**	**1**	*1,066*	*5*	*0,039*	*10*	*0,108*	*5*	*0,808*	*2*	*0,944*	*6*	*5,75*	*P/B*

Folgende Variablen werden untersucht:

SV: *Wert nach Stuttgarter Verfahren*, P: *Preis*, EV: *Enterprise Value=Marktkapitalisierung+Fremdkapital*, NI: *Konzerngewinn*, E: *Gewinn vor Minderheitenanteilen und Dividenden auf Vorzugsaktien*, E2: $(Gewinn_t + Gewinn_{t-1})/2$, E3: $(Gewinn_t + Gewinn_{t-1} + Gewinn_{t-2})/3$, E6: $(Gewinn_t \times 3 + Gewinn_{t-1} \times 2 + Gewinn_{t-2})/6$, EBIT: *Gewinn vor dem Zinsergebnis und Steuern*, OI: *operativer Gewinn*, EBITDA: *Gewinn vor Zinsergebnis, Steuern, Abschreibungen und Amortisation*, B: *Buchwert des Eigenkapitals*, TA: *Bilanzsumme*, E-ind: $Gewinne_{t+1}$ *mit branchenspezifischem Wachstum i*, E-yr: $Gewinne_{t+1}$ *mit jahresspezifischem Wachstum y*. Das Präfix *ln* zeigt, dass die Variablen logarithmiert wurden. *i* ist der Unternehmensindex.

Es werden die Schätzfehler $PE_{it} = \frac{\hat{p}_{it} - p_{it}}{p_{it}}$ und $LGE_{it} = log(\hat{p}_{it}) - log(p_{it})$ verwendet.

Tabelle 5.10: Vergleich der Parameter der Schätzfehler für die Unternehmensbewertung auf Basis des geometrischen Mittels und der linearen Regression

Im Vergleich zum geometrischen Mittel schneiden die logarithmierten durchschnittlichen Gewinne der letzten drei Jahre, *lnE3* und *lnE6*, deutlich besser als *EBIT* oder *B* ab. Offensichtlich kann der Vorteil, der in der Durchschnittsbildung der Gewinne liegt, durch einen geeigneteren funktionalen Verlauf besser zur Geltung kommen. Die Substanzmultiplikatoren *lnB* und *lnTA* weisen zwar eine konstante Verlässlichkeit auf. Sie können jedoch nicht mit dem höheren Informationsgehalt über die zukünftige Ertragsentwicklung der Cashflow- und einiger Gewinngrößen mithalten. Sie liefern jedoch einen wertvollen Beitrag in der Kombination mit den zahlungsstromorientierten Größen, wodurch die präzisesten Schätzungen erreicht werden. Die sehr einfache Berücksichtigung der zukünftigen Gewinnentwicklung durch Branchen- bzw. Gesamtmarkt-Gewinnprognosen *lnEi* und *lnE-yr* stellt sich auch hier als relativ ungeeignet heraus.

Die Gegenüberstellung der besten Schätzmodelle beider Multiplikatoransätze in Tabelle 5.10 zeigt die Überlegenheit der Regression für die logarithmierten Werttreiber. Dies bezieht sich insbesondere auf die deutlich geringere Schwankungsbreite der Schätzfehler. Vergleicht man den Median der Schätzfehler miteinander, so fällt auf, dass die Multiplikatoren auf Basis des geometrischen Mittels der log-regressierten Schätzung ähneln. Die Schätzfehler liegen bei maximal 10%. Das Stuttgarter Verfahren ist den alternativen Multiplikatorschätzungen deutlich unterlegen. Es zeigt sich, dass sowohl hinsichtlich der Nähe zum Marktpreis, als auch hinsichtlich einer geringeren Streuung der Schätzfehler, die hier untersuchten Multiplikatoren eine verlässlichere Bemessungsgrundlage abgeben könnten, als der Status Quo.

Die bisherigen Aussagen beziehen sich immer nur auf die Gesamtbetrachtung über alle Perioden. Es ist jedoch auch denkbar, dass die relative Vorteilhaftigkeit der Schätzverfahren in den einzelnen Perioden unterschiedlich ist. So führen beispielsweise sehr positive oder sehr negative Markterwartungen zu sehr unterschiedlichen Preisen. Es ist fraglich, ob sich dies in der Relation der Werttreiber und damit in der Schätzgenauigkeit widerspiegelt. Der gewählte Betrachtungszeitraum von 1990 bis 2003 hat den Vorteil, dass er ein breites Spektrum der Marktentwicklung abdeckt. Wählt man den DAX als Vergleichsmaßstab, so lag die Jahresperformance 1992, 1994, 2000, 2001 und 2002 im negativen, in den übrigen Jahren im positiven Bereich.[151]

Im Folgenden untersuche ich, wie sich die relative Qualität der verschiedenen Multiplikatoren im Zeitverlauf entwickelt. Hier zeigt sich insbesondere der Vorteil des multiplen Rangsummenkriteriums. Da es gilt, das Verfahren zu identifizieren, das im Vergleich zu den Konkurrenzmodellen in jedem Jahr die beste Schätzgenauigkeit gewährleistet, treten metrische Differenzen ein wenig in den Hintergrund. Verfahren, die in manchen Jahren zu einer starken Über- und in anderen Jahren zu einer starken Unterbewertung führen, liegen

[151] Vgl. Deutsches Aktieninstitut (2007): Das DAI-Rendite-Dreieck (Stand 30.06.2007) ($http : //www.dai.de/internet/dai/dai - 2 - 0.nsf/dai_publikationen.htm$ letzter Aufruf 26.11.2007).

möglicherweise im Mittelwert richtig, in den einzelnen Jahren jedoch ggf. sehr falsch. Für jedes Modell stehen bei vier Parametern der beiden Schätzfehler für je sieben Untersuchungsjahre insgesamt 56 Ränge zur Verfügung.

	Rang gesamt	Rang *PE*	Rang *LGE*	Total *PE*	Total *LGE*	Branche *PE*	Branche *LGE*	Jahr *PE*	Jahr *LGE*
lnE3-B	4,4	4,1	4,7	2,75	2,75	5,60	5,93	3,89	5,36
lnE2-B	5,8	5,4	6,2	4,25	5	6,82	7,43	5,04	6,11
lnE6-B	5,9	6,6	5,2	7,75	3,25	6,50	6,70	5,68	5,50
lnEBITDA-E-B	6,4	6,4	6,4	4,25	4,5	8,38	8,33	6,57	6,39
lnE-B	6,5	6,3	6,7	6	6	6,86	7,62	6,00	6,61
lnEBITDA-B	7,2	7,0	7,4	5,5	5,5	8,61	8,89	6,93	7,71
lnEBITDA(EV)	7,4	8,1	6,8	7,25	5	7,70	7,67	9,32	7,61
lnE6	9,0	8,8	9,2	8,25	9,5	9,33	9,30	8,93	8,93
lnE3	9,5	9,4	9,5	8,25	9,5	10,42	9,79	9,50	9,29
lnE2	10,6	10,5	10,8	10,25	11,5	10,36	10,44	10,96	10,32
lnB	10,9	11,2	10,7	12,75	11,75	11,02	10,05	9,82	10,21
lnEBIT	11,0	10,8	11,2	9,5	11,25	11,07	10,74	11,71	11,71
lnEBITDA	11,3	11,0	11,7	9,5	11,75	11,54	11,06	11,86	12,14
lnTA	12,6	12,9	12,3	14	13,5	11,60	10,56	13,25	12,96
lnNI	13,5	13,7	13,3	14,5	14,75	13,04	12,19	13,50	12,86
lnE-ind	13,6	13,9	13,4	15,5	15,25	13,11	12,38	13,00	12,61
lnE	13,7	13,9	13,4	15,5	15,5	12,98	12,35	13,21	12,39
lnE-yr	13,7	14,1	13,3	15,5	14,75	13,10	12,48	13,64	12,54
lnOI	18,5	18,6	18,4	19	19	17,78	17,33	19,07	18,75
SV	**20,1**	**18,5**	**21,7**	**19,75**	**22**	**17,31**	**21,57**	**18,36**	**21,39**
E3	21,5	21,8	21,3	21,5	21	21,75	21,52	22,04	21,46
E6	21,7	21,8	21,6	22	21,25	21,65	21,86	21,82	21,57
E2	22,1	22,1	22,0	22,5	22,25	21,58	21,61	22,32	22,21
E	23,3	23,4	23,3	24	23,5	22,60	22,85	23,57	23,46
NI	25,3	25,3	25,3	25	25,25	25,30	25,24	25,46	25,36
OI	25,4	25,4	25,3	26	25,75	24,61	24,71	25,54	25,54

Folgende Variablen werden untersucht:
SV: *Wert nach Stuttgarter Verfahren*, P: *Preis*, EV: *Enterprise Value = Marktkapitalisierung + Fremdkapital*, NI: *Konzerngewinn*, E: *Gewinn vor Minderheitenanteilen und Dividenden auf Vorzugsaktien*, E2: $(Gewinn_t + Gewinn_{t-1})/2$, E3: $(Gewinn_t + Gewinn_{t-1} + Gewinn_{t-2})/3$, E6: $(Gewinn_t \times 3 + Gewinn_{t-1} \times 2 + Gewinn_{t-2})/6$, EBIT: *Gewinn vor dem Zinsergebnis und Steuern*, OI: *operativer Gewinn*, EBITDA: *Gewinn vor Zinsergebnis, Steuern, Abschreibungen und Amortisation*, B: *Buchwert des Eigenkapitals*, TA: *Bilanzsumme*, E-ind: $Gewinne_{t+1}$ *mit branchenspezifischem Wachstum* i, E-yr: $Gewinne_{t+1}$ *mit jahresspezifischem Wachstum* y. Das Präfix *ln* zeigt, dass die Variablen logarithmiert wurden. i ist der Unternehmensindex.
Es werden die Schätzfehler $PE_{it} = \frac{\widehat{p}_{it} - p_{it}}{p_{it}}$ und $LGE_{it} = log(\widehat{p}_{it}) - log(p_{it})$ verwendet.

Tabelle 5.11: Schätzgenauigkeit der Multiplikatoren auf Basis der linearen Regression - Gesamtränge

In einem zweiten Vergleich beleuchte ich die relative Vorteilhaftigkeit je Branche. Hier gilt die gleiche Vermutung wie für die Jahresbetrachtung. Aufgrund branchenspezifischer Charakteristika ist es durchaus realistisch anzunehmen, dass die Rangfolge der einzelnen Verfahren je nach Branche variiert. Hierfür können eine Vielzahl von unterschiedlichen Gründen, z.B. Kapitalintensitäten, Wachstumsaussichten, Gewinnmargen, die Bedeutung immaterieller Vermögensgegenstände oder die Homo- bzw Heterogenität innerhalb der Branche verantwortlich sein. Da in einem ersten Schritt der Frage nachgegangen werden soll, welches alleinige Verfahren das Stuttgarter Verfahren ablösen soll, bewerte ich auch die Schätzgenauigkeit innerhalb der Branchen mit dem Rangsummenkriterium. Es ist jedoch grundsätzlich auch denkbar, eine Systematik zu entwickeln, nach der Unternehmen durch unterschiedliche Multiplikatoren bewertet werden. Das ist eine Forschungsfrage für eine Folgestudie. Grundsätzlich ist zu erwarten, dass sich die durchschnittlichen Ränge etwas annähern, da die Anzahl der berücksichtigten Ränge im Vergleich zur Gesamtbetrachtung stark ansteigt. Das ist dann der Fall, wenn die Vermutung, dass es kein dominantes Verfahren gibt, Unterstützung findet. Tabelle 5.11 stellt die Durchschnittsränge der verschiedenen Multiplikatoren dar. Der ersten Spalte kann der durchschnittliche Gesamtrang aller untersuchten Teilbereiche entnommen werden. Die Spalten zwei und drei stellen die durchschnittlichen Ränge je Schätzfehler dar.

Im Vergleich zu den konkurrierenden Modellen ist das Stuttgarter Verfahren, wie erwartet, mit Platz 20 von schlechter Güte. Lediglich die Modelle, die nur auf untransformierten Gewinngrößen bauen, werden dominiert. Die logarithmierten Modelle dominieren die Untersuchung eindeutig. Insgesamt sind die Kombinationen aus Buchwert des Eigenkapitals, Gewinn und/oder EBITDA am besten geeignet, um den Marktpreis vorherzusagen. Die Kombination aus einer Bestands- und einer Zahlungsstromgröße enthält also sowohl im Jahres-, als auch im Branchenvergleich die wertvollsten Informationen. Es ergibt sich überraschenderweise ein eindeutiges Bild. Das Modell *lnE3-B* ist in allen drei Bereichen (Total, Branche und Jahr) das überlegene Modell. Allerdings bestätigt sich hier die Vermutung, dass es zu einer Nivellierung der Ränge kommt. So erhält es im Branchenvergleich nur einen Durchschnittsrang von 5,60 bzw. 5,93. Dies ist ein klares Indiz dafür, dass andere Verfahren in manchen Branchen *lnE3-B* überlegen sind. Ein ähnliches Bild zeichnet sich im Jahresvergleich ab. Auch hier liegen die durchschnittlichen Ränge der Schätzfehler über denen der Totalanalyse. Mit einem Gesamtrang von 4,4 liegt *lnE3-B* jedoch deutlich vor der Konkurrenz. Die Überlegenheit der Modelle, die den durchschnittlichen Gewinn als Bezugsgröße verwenden, wird durch die Plätze zwei und drei dokumentiert. Die Unterschiede sind jedoch nur gering. Hier sei daran erinnert, dass auch die absoluten Werte beider Gewinngrößen nur sehr wenig von einander abweichen, da bei *E6* die letzten beiden Ergebnisse immerhin mit insgesamt 83% gewichtet werden.

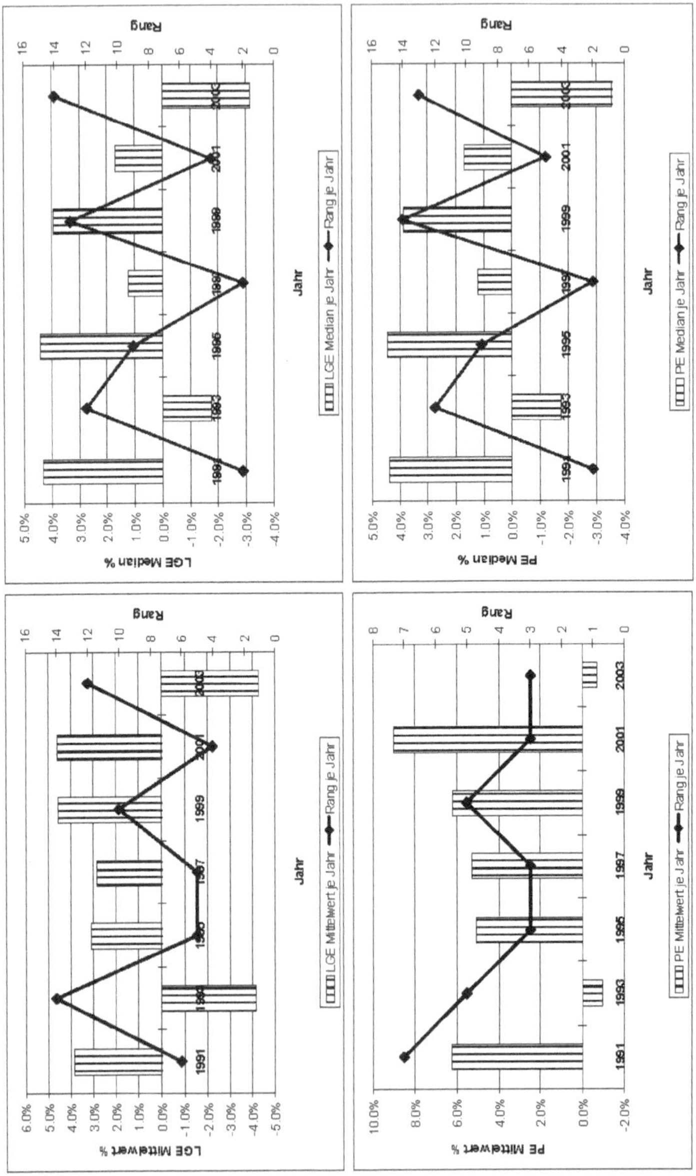

Abbildung 5.2: Schätzfehler für *lnE3-B* im Zeitverlauf

Die Einzelbetrachtung der Schätzfehler für *lnE3-B*, dargestellt in Abbildung 5.2, zeigt, dass der Median bei maximal 4% Abweichung vom wahren Marktwert und der Mittelwert, mit Ausnahme des Jahres 2001, mit 6% Abweichung den wahren Marktwert kaum überschreitet. Dass trotzdem in den Jahren 1993, 1999 und 2003 vergleichsweise schlechte Platzierungen festgehalten werden, liegt eher an der Stärke der Konkurrenzmodelle in diesen Jahren, als an der zu schlechten Performance von *lnE3-B*. Betrachtet man wiederum die DAX-Jahresentwicklung, sind in diesen Jahren sehr große Wertzuwächse zwischen 37% und 47% p.a. zu verzeichnen. Etwas höhere Schätzfehler ergeben sich in diesen Jahren zwangsläufig. Absolut betrachtet, sind die Fehler konstant niedrig und deuten auf eine gute Eignung des Modells auch im Zeitverlauf hin.

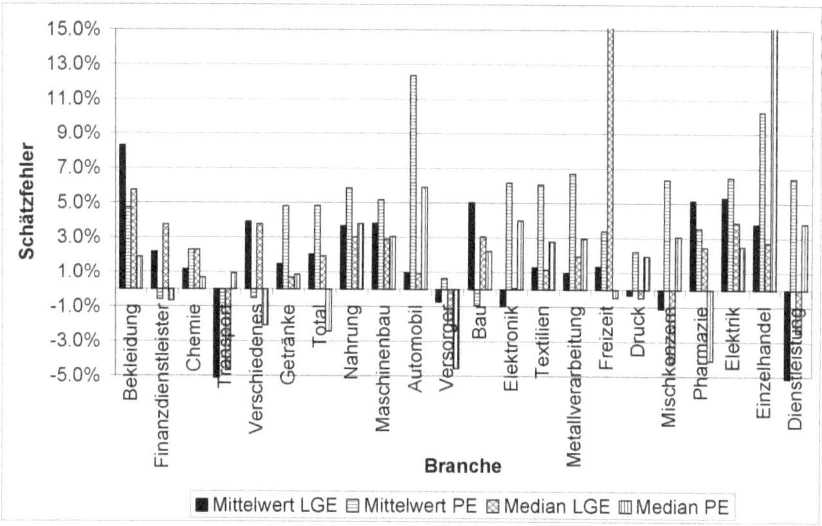

Abbildung 5.3: Schätzfehler *lnE3-B* je Branche

Abbildung 5.3 zeigt die Lageparameter der Schätzfehler für *lnE3-B* je Branche. Die Branchen auf der X-Achse sind in Abhängigkeit vom Gesamtrang *lnE3-B* innerhalb der Branche sortiert. Für Bekleidung bis Transport erreicht kein Verfahren eine genauere und verlässlichere Approximation des Marktwertes als *lnE3-B*. Es wird deutlich, dass die absolute Höhe der Schätzfehler kein ausreichender Indikator ist. So kommt es in der Bekleidungsindustrie zu deutlichen Fehlern. Trotzdem dominiert *lnE3-B* alle Konkurrenzmodelle. Die umgekehrte Erkenntnis zeigt sich in der Druckindustrie. Hier sind trotz geringer Fehler vier Verfahren geeigneter. Insgesamt existieren mit der Automobil-, Freizeit- und Einzelhandelsbranche einige Gruppen, die große Schätzfehler verursachen. Dies ist vermutlich auf die große Inhomogenität innerhalb der einzelnen Branchen zurückzuführen. Auch lässt sich keine eindeutige Richtung der Fehlbewertung identifizieren. In den Branchen Transport, Versorger und Dienstleistung treten, entgegen der sonst üblichen Überbewertungen, Unterbewertungen auf. Insgesamt kann konstatiert werden, dass die durchschnittliche Fehlbewertung 5% in den meisten Branchen nicht übersteigt. In den übrigen Branchen muss überlegt werden, ob hier ein alternativer Bewertungsansatz sinnvoller wäre.

Es ist etwas überraschend, dass die Kombination mit Gewinnen der Kombination mit *EBITDA* überlegen ist. Nach der Analyse der Gesamtsituation war hiervon nicht unbedingt auszugehen. Die Periodenabgrenzung der Gewinne ist aber für die Preisprognose offensichtlich wertvoller als die Berücksichtigung der reinen Zahlungsströme. Betrachtet man die einzelnen Jahre, so schneiden die *EBITDA*-Modelle in den Jahren 1993, 1997 und 2003 viel schlechter ab, als in den anderen Jahren. Hier gilt die gleiche Erklärung wie zuvor für *lnE3-B*. Die Börsenentwicklung in diesen drei Jahren war extrem positiv. Gewinnmultiplikatoren liefern insgesamt eine zuverlässigere Schätzgrundlage. Unterstellt man, dass Gewinnankündigungen im laufenden Jahr bereits einen Einfluss auf den Börsenpreis haben, so ist die enge Verknüpfung, auch in sehr volatilen Märkten, plausibel. Die Verbindung von *EBITDA* und Marktpreis ist hingegen schwächer, was sich auch in der schlechteren Schätzgenauigkeit niederschlägt.

In der Studie von Liu, Nissim und Thomas resultieren aus den zukunftsorientierten Kennzahlen im Vergleich zu historischen Größen die kleineren Schätzfehler.[152] In meiner Untersuchung liegen die Variablen $E-ind$ und $E-yr$ jedoch nur im Mittelfeld der konkurrierenden Modelle. Die erwartete zukünftige Entwicklung wurde anhand eines durchschnittlichen Jahres- bzw. Branchenwachstums geschätzt, und die jeweiligen Gewinne wurden anschließend um diese Wachstumsgröße modifiziert. Die Berücksichtigung des Branchenwachstums $E-ind$ führt zwar zu genaueren Ergebnissen als das Jahreswachstum $E-yr$, allerdings unterscheiden sich beide Modelle in ihrer Güte kaum vom historischen Gewinn. Die Bedeutung des betrieblichen Ergebnisses ist relativ gering. Offensichtlich ist es nicht geeignet, die zukünftigen Übergewinne gut abzubilden. Das betriebliche Ergebnis stellt sicherlich den genauesten Maßstab der originären betrieblichen Tätigkeit im Bewertungszeitpunkt dar, allerdings werden einige Komponenten, die für die Entwicklung der zukünftigen Gewinne verantwortlich sind, nicht berücksichtigt. Zu nennen sind hier z.B. der Kauf oder Verkauf von Beteiligungen zur Erschließung neuer Geschäftsfelder oder strategische Vorteile durch immaterielle Vermögensgegenstände. Die Erfassung außerordentlicher Aufwendungen und Erträge in der Gewinngröße stellt hier wertrelevantere Informationen bereit, sofern sie nicht aus rein steuerbilanzpolitischen Gründen motiviert sind.

Besonders auffallend ist die Schätzgüte des Eigenkapital-Modells. Eine der ursprünglichen Annahmen war, dass Gewinne in Deutschland weniger eng mit dem Marktpreis verbunden sind, als bei US-Unternehmen. Das bedeutet im Umkehrschluss, dass das Eigenkapital eine hohe Wertrelevanz besitzt. Mit Platz elf wird diese Vermutung unterstützt. Dieses

[152] Vgl. Liu/Nissim/Thomas (2002), S. 163.

Vermögens-Multiple ist im direkten Vergleich dem *EBITDA* und den meisten Gewinngrößen überlegen. Lediglich die kombinierten Modelle und die Durchschnittsgewinne rufen weniger Fehler hervor. Die Gründe hierfür könnten zum einen in dem eher geringeren Informationsgehalt der Gewinngrößen, z.B. durch die sehr konservativen handelsrechtlichen Vorschriften, liegen. Zum anderen bildet der relativ schwankungsarme Substanzmultiplikator eine sichere Grundlage für Wertschätzungen, wenn nicht ausreichend hochwertige Informationen über die Gewinnentwicklung vorliegen. Das Eigenkapital übernimmt dann die bereits beschriebene Funktion kapitalisierter zukünftiger Gewinne.

Insgesamt kann festgehalten werden, dass es eine Reihe von Modellen gibt, die zu einer besseren Approximation des Marktwertes führen, als das Stuttgarter Verfahren. In dieser Studie kann durch die Logarithmierung die wahre Funktion zwischen den Variablen besser abgebildet und die Schätzfehler reduziert werden. Nichtsdestotrotz ist eine Kombination aus Eigenkapital und Gewinnen, wie sie grundsätzlich auch im Stuttgarter Verfahren verwendet wird, ein sehr brauchbares Schätzmodell. Allerdings wird deutlich, dass die Gewichtung beider Wertbestandteile bestmöglich bestimmt werden müssen, wie in diesem Fall durch eine OLS Regression.

5.5.4 Gruppe der Vergleichsunternehmen

Der Erfolg der Multiplikatormethode hängt stark von der Zusammenstellung der Gruppe der Vergleichsunternehmen ab. Es gibt sicherlich eine fast unendliche Anzahl von Elementen, die ein Unternehmen charakterisieren und es einzigartig machen. Zu nennen sind hier beispielsweise Unternehmensgröße, Verschuldungsgrad, Geschäftskonzept, Diversifikationsgrad, Wettbewerbssituation oder Qualität des Managements.[153] Die Herausforderung besteht darin, die Eigenschaften zu identifizieren, die Unternehmen miteinander verbinden, die die gleiche Relation von Werttreiber zu Marktpreis haben. Der einfachste Ansatz ist, alle Unternehmen eines Landes zu wählen. Das Selektionskriterium ist also die geographische Lage. Es ist nicht sonderlich überraschend, dass die Schätzfehler in diesem Ansatz relativ hoch sind. Die relevante Gruppe der Unternehmen ist so groß, dass alle Effekte neben dem Gesamtmarktdurchschnitt vernachlässigt werden. Dieser intuitive Gedanke wurde von Alford empirisch belegt und als Verbesserung eine Selektion auf Basis einer Branchenklassifizierung vorgeschlagen.[154] Bhojraj, Lee und Oler haben vier Ansätze zur Branchenklassifizierung untersucht und bestätigen die Überlegenheit der weit verbreiteten SIC Codes.[155]

Neben der Branchenzugehörigkeit könnte man auch annehmen, dass Unternehmen, die hinsichtlich Risiko und Ertrag gleich sind, auch Ähnlichkeiten in ihren Fundamentalda-

[153] Vgl. Peemöller/Meister/Beckmann (2002), S. 204-205, oder Bausch (2000), S. 454-455.
[154] Vgl. Alford (1992), S. 94-108.
[155] Vgl. Bhojraj/Lee/Oler (2003), S. 770.

ten aufweisen.[156] Allerdings ist auch hier die Bandbreite der möglichen Indikatoren riesig. Insgesamt ist darauf zu achten, dass die Gruppe sehr homogen hinsichtlich ihrer Charakteristika ist. Die Gruppengröße spielt dann eine untergeordnete Rolle.[157]

In der folgenden Analyse werden sieben Ansätze verfolgt, die die Unternehmen in Gruppen von Vergleichsunternehmen aufteilen. Diese Ansätze werden miteinander auf Basis der bereits bekannten Fehlermaße *PE* und *LGE* verglichen. Um die Ergebnisse des vorangegangenen Abschnitts möglichst noch einmal zu verbessern, wird das Modell *lnE3-B*, das die beste Approximation des Marktwertes erreichte, mit den verschiedenen Gruppen der Vergleichsunternehmen kombiniert. Nach folgenden Selektionskriterien wurden die Gruppen der Vergleichsunternehmen zusammengestellt:

- Die Gruppe 1 der Vergleichsunternehmen (C01-WSC) wird durch die Branchenklassifikation zusammengesetzt, die Worldscope zur Verfügung stellt. Dieser Ansatz entspricht dem Vorgehen im Ausgangsfall in Abschnitt 5.5.3. Der ursprünglich vierstellige Code wird wiederum auf einen zweistelligen Code reduziert, damit jede Branche aus mindestens fünf Unternehmen je Jahr besteht.[158] Es ergeben sich insgesamt 21 Gruppen. Es ist offensichtlich, dass nicht jede Branche die gleiche Anzahl an Unternehmen aufweist.

- Wie bereits vorher angekündigt, soll auch die Klassifizierung von Worldscope mit der SIC verglichen werden. Dementsprechend wird das zweite Set an Gruppen (C02-SIC) in Abhängigkeit des SIC Codes in homogene Teilgruppen eingeteilt. Analog zur Worldscope-Klassifizierung verwende ich den zweistelligen Branchenschlüssel. Auch hier gilt die Grundvoraussetzung, dass mindestens fünf Unternehmen je Branchenjahr existieren müssen. Ist diese Forderung nicht erfüllt, dann wird auch hier auf den einstelligen Schlüssel ausgewichen. Insgesamt können 25 Branchengruppen gebildet werden. Der SIC ist zwar in den US-amerikanischen Studien Standard, es ist jedoch fraglich, ob das Schema auch auf europäische Unternehmen sinnvoll angewendet werden kann.

  Bei der Verwendung einer Branchenklassifizierung treten jedoch verschiedene grundsätzliche Probleme auf. Die Klassifizierung der Unternehmen muss regelmäßig überprüft und gepflegt werden. Der Rückgriff auf Datenbanken birgt die Gefahr, dass alte Daten verwendet werden. Weiterhin ist denkbar, dass ein Klassifizierungsschema ein Land besonders präzise abdeckt, aber andere Länder vernachlässigt werden,

[156] Vgl. Gupta/Huefner (1972), S. 77-95, zur Verknüpfung von Finanzkennzahlen und Branchenzuordnung.
[157] Vgl. Beckmann/Meister/Meitner (2003), S. 104.
[158] Vgl. Cheng/McNamara (2000), für die Validierung S. 363.

oder das Schema möglicherweise nicht sinnvoll übertragen werden kann. Dieses Problem ist besonders bei diversifizierten Unternehmen relevant. Gerade in kleineren Ländern existieren manche Branchen gar nicht, andere dafür fast exklusiv. In Einzelfällen kann das sehr deutliche Konsequenzen haben. So wird möglicherweise ein und dasselbe Unternehmen für verschiedenen Klassifikationen in unterschiedliche Branchen zugeordnet. Werden für die unterschiedlichen Branchen auch unterschiedliche Multiplikatoren angewendet, kann sich daraus ggf. eine große Differenz des geschätzten Unternehmenswertes ergeben.[159]

- Die Nähe von Risiko und Ertrag der zu bewertenden Unternehmen könnte ebenfalls eng mit der aktuellen Profitabilität verbunden sein. Die Gruppen drei und vier sollen dieser Fragestellung nachgehen und die Gesamtzahl der Unternehmen in acht gleich große Gruppen in Abhängigkeit von der Eigenkapitalrentabilität (C03-RoE) und der Gesamtkapitalrentabilität (C04-RoA) zuordnen. Die Eigenkapitalrentabilität wird auf Basis des Jahresüberschusses nach Dividenden der Vorzugsaktien (Net Income after preferred dividends - Worldscope item 01706) geteilt durch den Buchwert des Eigenkapitals in t-1 errechnet. Die Gesamtkapitalrentabilität ergibt sich aus dem gleichen Zähler, geteilt durch die Bilanzsumme in t-1. Die Gruppen werden bis 10% Rentabilität in 1%-Schritten gebildet und danach bis 28% in 3%-Schritten. Damit ergeben sich insgesamt 19 Gruppen.

- Der Einfluss der Summe der Vermögenswerte, also die Bilanzsumme, auf die Prognosegüte wird durch die Gruppe C05-BS untersucht. Dittmann und Weiner haben für Unternehmen aus den USA, Großbritannien und Irland gezeigt, dass die Bilanzsumme eine wichtige Rolle in der Zusammensetzung der Vergleichsunternehmen spielt.[160] In Ermangelung eines geeigneten Maßstabs wird in diesem Fall die gesamte Stichprobe nach der Bilanzsumme sortiert und in 20 gleich große Gruppen eingeteilt. Die Anzahl der Gruppen wurde bewusst den Gruppen C01 bis C04 angepasst, damit Verzerrungen durch einen variierenden Detaillierungsgrad vermieden werden.

- Historische Entwicklungen können unter gewissen Umständen auch die Vorhersage verbessern. Häufig bildet die vergangene Entwicklung eine gute Ausgangsgrundlage für die Schätzung der zukünftigen Entwicklung. Für die Gruppe C06-GW wird deswegen das historische Gewinnwachstum von t=-1 bis t=0 als Separator verwendet. Gewinnwachstum wird definiert als $(E_t - E_{t-1})/E_{t-1}$. Analog zu C05-BS werden wieder 20 homogene Gruppen gebildet.

[159] Vgl. Eberhart (2004), S. 48.
[160] Vgl. Dittmann/Weiner (2005), S. 13-14.

- Abschließend soll noch eine weitere Variable für die Größe eines Unternehmens eingeführt werden - die Marktkapitalisierung des vergangenen Jahres C07-BP. Diese Variable hat lediglich eine Kontrollfunktion, da sie sehr eng mit der Zielgröße, dem Marktpreis, verknüpft ist. In der Praxis ist dieses Verfahren damit natürlich nicht anwendbar. Auch hier erfolgt wieder eine Teilung in 20 gleich große Gruppen. Es ist davon auszugehen, dass dieser Ansatz die präzisesten Schätzungen aller Konkurrenten ermöglicht.

Die Gesamtübersicht der Schätzfehler ist in Tabelle 5.12 abgebildet. Die Schätzfehler liegen, was nicht weiter verwunderlich ist, sehr eng beieinander. Da hier lediglich ein Multiplikatormodell geschätzt wird, werden alle Effekte, die auf den Multiplikator zurückfallen, ausgeblendet. Die Unterschiede werden also nur durch eine unterschiedliche Zusammensetzung der Gruppe der jeweiligen Vergleichsunternehmen hervorgerufen. Das Schätzverfahren ist vollkommen identisch mit dem bisherigen Vorgehen. Der Mittelwert beider Schätzfehler wird von der Selektion auf Basis der Gesamtkapitalrentabilität dominiert. Allerdings ist die Schwankungsbreite zwischen 3,96% und 5,61% für den PE bzw. 1,00% und 2,15% sehr gering. Im Vergleich zum Median zeigt sich, dass die Verteilung von LGE leicht linksschief ist. Es existieren also stärkere Unter- als Überbewertungen. In der Gesamtzahl kann jedoch eine kleine durchschnittliche Überbewertung festgestellt werden. Im Median, wie in den Streuungsparametern der beiden Schätzfehler, kann kein anderes Selektionskriterium den Worldscope-Branchenschlüssel schlagen. Damit ergibt sich mit Durchschnittsrängen von 1,75 (PE) und 2,25 (LGE) eine deutliche Überlegenheit zu den alternativen Gruppierungen von Vergleichsunternehmen.

Die Gesamtrangliste der konkurrierenden Modelle, auch unter Berücksichtigung der Rangbildung über die sieben Untersuchungsjahre, ist in Tabelle 5.13 abgebildet. Es ist nur eine sehr geringe Spanne an durchschnittlichen Gesamträngen zu beobachten. Erstaunlicherweise ist auch in der Jahresbetrachtung die Selektion auf Basis der Marktkapitalisierung (C07-BP) schlechter als bei den beiden Branchenansätzen und bei Berücksichtung der Gesamtkapitalrentabilität. Das ist deswegen verwunderlich, da das Selektionskriterium den Zielwert Preis enthält. Die Marktkapitalisierung ergibt sich aus dem Preis multipliziert mit den ausgegebenen Aktien. Da aber gerade der Marktpreis des Eigenkapitals bestimmt werden soll, ergibt sich eine Zirkelschluss aus zu bestimmendem Wert und Selektionskriterium. Offensichtlich ist die Gruppe der Vergleichsunternehmen bezüglich ihrer Werttreiber-Preis-Relation jedoch inhomogener als angenommen. Mit einem Blick in die Praxis lässt sich das erklären. Wenn man sich die Paare Deutsche Postbank AG versus Adidas AG oder MAN AG versus Commerzbank AG anschaut, dann haben die Unternehmen außer einer sehr ähnlichen Marktkapitalisierung nur wenige Gemeinsamkeiten.[161]

[161] Stand der Marktkapitalisierung am 26.11.2007.

	Schätzfehler ***PE***									Schätzfehler ***LGE***									
	Durch-schnitts-rang	Mittel-wert	Rang	Median	Rang	Standard-abweichung	Rang	Intq. Spanne	Rang	Mittel-Mittelwert	Rang	Median	Rang	Standard-abweichung	Rang	Intq. Spanne	Rang	Durch-schnitts-rang	
C01-WSC	1,75	4,65%	4	1,94%	1	0,277	1	0,230	1	1,97%	6	1,95%	1	0,258	1	0,225	1	2,25	C01-WSC
C02-SIC	3	5,11%	6	1,97%	2	0,289	2	0,238	2	2,15%	7	1,98%	2	0,259	2	0,230	2	3,25	C02-SIC
C07-BP	3,25	4,36%	2	2,44%	5	0,289	3	0,243	3	1,33%	3	2,43%	5	0,271	3	0,236	3	3,5	C07-BP
C05-BS	4,25	4,69%	5	2,13%	3	0,308	5	0,247	4	1,28%	2	2,17%	3	0,279	4	0,242	4	3,25	C05-BS
C04-RoA	3,5	3,96%	1	2,29%	4	0,295	4	0,256	5	1,00%	1	2,35%	4	0,282	5	0,251	5	3,75	C04-RoA
C06-GW	5,75	4,36%	3	3,00%	7	0,325	7	0,275	6	1,39%	4	3,10%	7	0,294	6	0,265	6	5,75	C06-GW
C03-RoE	6,5	5,61%	7	2,96%	6	0,314	6	0,278	7	1,88%	5	3,03%	6	0,298	7	0,268	7	6,25	C03-RoE

Folgende Selektionskriterien zur Auswahl der Vergleichsunternehmen werden für das Modell *lnE3-B* untersucht:
C01-WSC: Worldscope-Branchenklassifzierung, C02-SIC: SIC-Branchenklassifizierung, C03-RoE: Eigenkapitalrentabilität, C04-RoA: Gesamtkapitalrentabilität, C05-BS: Bilanzsumme, C06-GW: Gewinnwachstum, C07-BP: Marktkapitalisierung.
Es werden die Schätzfehler $PE_{it} = \frac{\widehat{p}_{it} - p_{it}}{p_{it}}$ und $LGE_{it} = log(\widehat{p}_{it}) - log(p_{it})$ verwendet.

Tabelle 5.12: Schätzgenauigkeit des Modells *lnEarn3-B* bei verschiedenen Vergleichsgruppen

	Gesamt-rang	Total		Jahr	
		PE	*LGE*	*PE*	*LGE*
C01-WSC	**2,46**	**1,75**	**2,25**	**2,79**	**3,07**
C02-SIC	3,29	3	3,25	3,46	3,43
C04-RoA	3,56	3,5	3,75	3,43	3,57
C07-BP	3,69	3,25	3,5	4,04	3,96
C05-BS	4,08	4,25	3,25	4,68	4,14
C06-GW	5,21	5,75	5,75	4,61	4,75
C03-RoE	5,71	6,5	6,25	5,00	5,07

Folgende Selektionskriterien zur Auswahl der Vergleichsunternehmen werden für das Modell *lnE3-B* untersucht:
C01-WSC: Worldscope-Branchenklassifzierung, C02-SIC: SIC-Branchenklassifizierung, C03-RoE: Eigenkapitalrentabilität, C04-RoA: Gesamtkapitalrentabilität, C05-BS: Bilanzsumme, C06-GW: Gewinnwachstum, C07-BP: Marktkapitalisierung.
Es werden die Schätzfehler $PE_{it} = \frac{\widehat{p}_{it} - p_{it}}{p_{it}}$ und $LGE_{it} = log(\widehat{p}_{it}) - log(p_{it})$ verwendet. Der Gesamtrang ergibt sich als Durchschnitt der Durchschnittsränge der Schätzfehler *PE* und *LGE* für Total und Jahr.

Tabelle 5.13: Übersicht der Schätzgenauigkeit des Modells *lnEarn3-B* bei verschiedenen Vergleichsgruppen

Die Branchenzuordnung nach der Worldscope Klassifikation (C01-WS) stellt insgesamt den besten Ansatz dar. Die zweitbeste Prognose des Marktwertes kann auf Basis der SIC-selektierten Vergleichsgruppe vorgenommen werden. Ein Vergleich beider Selektionskriterien über den gesamten Untersuchungszeitraum wird in Tabelle 5.14 vorgenommen. Dabei wird jeweils der Wert des Parameters von C01-WS von C02-SIC abgezogen. Ist die Differenz positiv, so ist der Wert des Parameters auf Basis von C01-WS kleiner, ist er negativ, so ist C02-SIC näher an null und damit überlegen.

Wie in Tabelle 5.14 dargestellt, ist die Worldscope-Klassifizierung bezüglich des Medians dem SIC-Ansatz in fünf von sieben Jahren überlegen. Die durchschnittliche Differenz in jedem Untersuchungsjahr beträgt zwischen 0,30% und 0,59%. Die Analyse des Mittelwertes ist jedoch uneinheitlich. Während der SIC beim *LGE* überlegen ist, ergeben sich deutliche Vorteile für Worldscope bei Anwendung des *PE*. Betrachtet man die Streuung beider Schätzfehler, so ist kaum ein Unterschied zwischen beiden Ansätzen erkennbar. Dies spiegelt sich nicht nur in den minimalen Differenzen wider, sondern auch in der Tatsache, dass sich die kurzfristigen Rangdifferenzen fast vollständig ausgleichen. Es bleibt festzuhalten, dass der Vorteil der Worldscope-Klassifizierung nur auf der im Mittel präsziseren Schätzung basiert. Hinsichtlich der Streuung ergeben sich sogar kleine Nachteile gegenüber dem SIC-Ansatz.

LGE	Mittelwert	Rang	Median	Rang	Standard-abweichung	Rang	Intq. Spanne	Rang
1991	0,69%	2	0,38%	1	-0,018	-2	-0,009	-1
1993	-1,13%	-4	0,58%	2	-0,095	-2	-0,017	-3
1995	0,53%	1	0,63%	4	0,038	3	-0,005	-2
1997	-1,32%	-3	1,14%	1	0,029	3	-0,003	-1
1999	-0,28%	-1	-0,46%	-1	0,011	1	0,008	1
2001	0,56%	2	1,25%	3	0,012	2	0,007	1
2003	-0,66%	-2	-1,41%	-1	0,047	3	0,020	3
Durchschnitt	-0,23%	-0,7	0,30%	1,3	0,004	1,1	0,000	-0,3

PE	Mittelwert	Rang	Median	Rang	Standard-abweichung	Rang	Intq. Spanne	Rang
1991	0,46%	3	0,40%	5	-0,008	-1	-0,008	-1
1993	-0,30%	-1	-0,57%	-3	0,014	-3	-0,015	-3
1995	1,72%	4	0,69%	2	0,022	-2	-0,008	-2
1997	-0,91%	-4	1,15%	2	-0,003	-1	-0,003	-1
1999	0,23%	0	-0,20%	-1	0,014	1	0,010	1
2001	0,89%	2	1,28%	2	0,010	1	0,012	1
2003	0,79%	4	1,37%	3	0,048	3	0,020	3
Durchschnitt	0,41%	1,1	0,59%	1,4	0,014	-0,3	0,001	-0,3

Die Spalten geben sowohl die Differenzen in Prozentpunkten als auch der Ränge zwischen C01-WSC und C02-SIC wieder (C02-SIC - C01-WSC). Ein negativer (positiver) Wert zeigt den Vorteil für C02-SIC (C01-WSC) an.
Es werden die Schätzfehler $PE_{it} = \frac{\widehat{p}_{it}-p_{it}}{p_{it}}$ und $LGE_{it} = log(\widehat{p}_{it}) - log(p_{it})$ verwendet.

Tabelle 5.14: Vergleich Worldscope vs. SIC im Zeitverlauf

Da beide Ansätze die Unternehmen der Stichprobe in ungefähr gleich viele Branchen aufteilen, muss der Effekt auf die Zuordnung der einzelnen Unternehmen begründet sein. Dieses Ergebnis kann dahingehend interpretiert werden, dass die Klassifikation von Worldscope auf Investoren und Analysten, als primäre Zielgruppe, zugeschnitten ist und deshalb besonders wertrelevante Informationen für Kapitalmarktteilnehmer liefert.[162] Allerdings kann auch eine geringere Kenntnis des europäischen, in diesem speziellen Fall deutschen, Marktes bei SIC für die schlechtere Branchenzuordnung verantwortlich sein.

Den dritten Platz nimmt die Selektion unter Verwendung der Gesamtkapitalrentabilität (C04-RoA) ein und liegt damit noch vor der Marktkapitalisierung (C07-BP). Der Vorteil der Gesamtkapitalrentabilität gegenüber der Eigenkapitalrentabilität (C03-RoE) liegt in der Unabhängigkeit von der Finanzierungsstruktur. Es ist hier zu beurteilen, welchen öko-

[162] Eine ähnliche Erklärung finden Bhojraj und Lee für die unterschiedlichen Klassifikationen. Vgl. Bhojraj/Lee/Oler (2003), S. 770.

nomischen Erfolg eine Unternehmung mit all ihren Ressourcen erzielt, unabhängig von der Mittelherkunft. Da es das Ziel des Multiplikatorverfahrens gerade ist, den ökonomischen Erfolg möglichst einfach zu prognostizieren, verwundert die Überlegenheit der Gesamtkapitalrentabilität gegenüber der Eigenkapitalrentabilität (C03-RoE) nicht.

Unternehmen, die aufgrund ihrer ähnlichen Bilanzsumme (C05-BS) gruppiert werden, rufen bereits etwas größere Schätzfehler hervor. Dieser Ansatz hat die gleiche Grundlage wie die Selektion auf Basis der Gesamtkapitalrentabilität, jedoch wirkt sich die fehlende Berücksichtigung der Gewinne gegenüber der Profitabilitätskennzahl negativ aus. Der Schätzfehler ist zwar relativ wenig volatil, jedoch ist die Approximation des Preises relativ schwach. Wirkt das Kriterium der Größe möglicherweise noch bei etablierten produzierenden Konzernen, so unterscheiden sich junge Unternehmen mit sehr ähnlichen Bilanzstrukturen sehr stark voneinander. Hierfür sind z.B. die Branchenzugehörigkeit, die Wettbewerbssituation oder die zeitliche Struktur der erwarteten Gewinne verantwortlich.

Vergleicht man die Unternehmen mittels des Gewinnwachstums (C06), so kann nur das sechstbeste Ergebnis erreicht werden. Das einjährige historische Gewinnwachstum ist somit kein geeigneter Indikator für die zukünftige Entwicklung, und die Bewertung durch diese Vergleichsgruppierung führt zu größeren Schätzfehlern. Ein Grund hierfür könnte darin liegen, dass die Trennung der Unternehmen zu einem festen Zeitpunkt stattfindet. Betrachtet man nur das historische Gewinnwachstum, so wird überhaupt nicht berücksichtigt, ob das zu bewertende Unternehmen ein Start-up ist, ob es gerade die Gewinnschwelle erreicht hat und weiter aufstrebt, oder ob es sich in einem gesättigten, hoch kompetitiven Marktumfeld befindet. Die Gruppe der Vergleichsunternehmen kann also sehr heterogen sein und stellt deswegen keinen besonders geeigneten Maßstab dar.

Für die Eigenkapitalrentabilität gilt weitestgehend die gleiche Argumentation, allerdings besteht im Vergleich zur Gesamtkapitalrentabilität der Nachteil darin, dass der Nenner nur sehr begrenzt mit dem ökonomischen Erfolg gekoppelt ist. So könnte die Eigenkapitalrendite aufgrund einer geänderten Finanzierungsstrategie schwanken, ohne dass sich der Gewinn verändert. Sicherlich schlägt sich eine unterschiedliche Eigenkapitalquote in den Kapitalkosten nieder. Deren Einfluss ist im Vergleich zur Bedeutung der absoluten Gewinne jedoch recht gering. Offensichtlich liegt aber gerade des Problem in der präzisen Prognose der Gewinne.

Welche Schlüsse können für die Unternehmensbewertung für substanzsteuerliche Zwecke aus diesen Ergebnissen gezogen werden? Erstens, können Unternehmen, die ihren Jahresabschluss nach handelsrechtlichen Maßstäben erstellen, am besten anhand von Branchenzugehörigkeit oder Größenindikatoren mit einander verglichen werden. Die Größe ist offensichtlich der Indikator, der sich am einfachsten bestimmen lässt. Aus einer Steuervermeidungsperspektive ist die Bilanzsumme vermutlich die Größe, die sich am schwersten dauerhaft senken lässt. Die Steuervermeidung wird hierdurch also erheblich erschwert. Die Klassifikation von Unternehmen in bestimmte Branchen kann auf verschiedene Weise erfolgen. In dieser Untersuchung zeigt sich, dass es spürbare Unterschiede zwischen den beiden hier verwendeten Ansätzen, Worldscope und SIC, gibt. Die Tatsache, dass Gewinn- und Profitabilitätsmaße kein all zu geeignetes Selektionskriterium darstellen, ist aus Sicht der Finanzbehörden sehr hilfreich. Gerade Gewinne und damit auch Profitabilitäten sind relativ leicht zu beeinflussen und böten sonst ein erhebliches Steuervermeidungspotenzial.

5.6 Zusammenfassung

In dieser Untersuchung sollte überprüft werden, ob das Multiplikatorverfahren verlässliche Prognosen für die Unternehmensbewertung für substanzsteuerliche Zwecke erstellt und damit das Stuttgarter Verfahren ablösen könnte. Diese Arbeit schließt methodisch an die existierende Literatur im Rechnungswesen und in der Bewertungstheorie an. Durch die spezielle Prämisse der Eignung für steuerliche Zwecke liegt ein Schwerpunkt auch auf der Handhabbarkeit und ob eine Verfahren steuer- und verfassungsrechtlichen Anforderungen genügt. Die Datengrundlage der empirischen Untersuchung besteht aus deutschen Unternehmen, die nach handelsrechtlichen Vorschriften ihren Jahresabschluss erstellt haben und börsennotiert sind. Zum einen benötigen wir diese Daten als Proxy für nicht vorhandene steuerbilanzielle Daten nicht börsennotierte Unternehmen.[163] Zum anderen wird hierdurch das Spektrum der bisherigen Studien um den Aspekt Bilanzierungsvorschriften erweitert. Bislang wurden die meisten Studien auf dem US-amerikanischen Markt durchgeführt.

Es werden 16 verschiedene Werttreibermodelle für die Jahre 1990, 1993, 1996, 1999 und 2002 geschätzt. Die meisten Modelle sind logarithmiert, da von einer exponentiellen Relation zwischen Aktienpreis und Fehlern auszugehen ist. Durch OLS Regressionen werden die Modelle geschätzt und anschließend verwendet, um den Marktpreis des Folgejahres zu prognostizieren. Schätzgenauigkeit ist die Zielvorgabe der Untersuchung und wird durch den relativen Schätzfehler und den logarithmierten Schätzfehler gemessen. Die Qualität des Modells wird anhand eines multiplen Rangsummenkriteriums beurteilt, das die Lage und die Streuung der Schätzfehler berücksichtigt.

Die Ausgangsvermutung, dass ein geeignetes Verfahren eine genauere Schätzung der Marktwerte erzielt als das Stuttgarter Verfahren, wird bestätigt. Das Stuttgarter Verfahren findet sich nur auf Platz 13 von 16 wieder. Die drei besten Modelle bestehen aus einer Kombination aus Buchwert des Eigenkapitals, Gewinnen und/oder EBITDA. Schätzungen anhand des Buchwertes des Eigenkapitals produzieren ebenfalls relativ geringe Schätzfehler. Im Gegensatz zu bisherigen Studien scheint dies Deutschland spezifisch zu sein und könnte aus der im internationalen Kontext geringeren Wertrelevanz der Gewinne resultieren. Die

[163] Zu den damit verbundenen Einschränkungen der Interpretation der Ergebnisse vgl. Abschnitt 4.5.

zukunftsorientierten Gewinne schneiden relativ schlecht ab. Dies liegt augenscheinlich an den verwendeten durchschnittlichen Gewinnschätzungen der Branche bzw. der Jahre. Die Untersuchung wird von den logarithmierten Modellen dominiert, die zu einer deutlichen besseren Approximation führen als die Grundmodelle. Es bleibt festzuhalten, dass das Stuttgarter Verfahren zwar aus den beiden maßgeblichen Werttreibern Eigenkapital und Gewinn besteht, die Gewichtung der beiden jedoch für eine Verbesserung der Schätzgenauigkeit optimiert werden muss.

In einem zweiten Schritt wurde überprüft, inwieweit die Güte des besten Modells durch verschiedene Konstellationen von Vergleichsunternehmen verbessert werden kann. Es werden Branchenzugehörigkeit, Größe, Profitabilität und Wachstum berücksichtigt. Den Ergebnissen zu Folge sollte die Gruppe der Vergleichsunternehmen auf Basis von Branchenzugehörigkeit oder Größe zusammengestellt werden. Die Kriterien Eigen- und Gesamtkapitalrentabilität sind unterlegen. Das Ergebnis ist auch aus steuerpolitischer und administrativer Sicht sehr erfreulich, da die Gruppierung nach Branche oder Größe relativ leicht möglich ist und nur in begrenztem Maße Ausweichhandlungen zur Steuervermeidung zulässt.

6 Schlussbemerkung

In dieser Arbeit wird das Stuttgarter Verfahren hinsichtlich der Fragestellung analysiert, ob durch die gegenwärtigen Rechtsvorschriften eine verfassungskonforme Bewertung von Anteilen an nicht notierten Kapitalgesellschaften erreicht wird bzw. werden kann. Dabei steht insbesondere die Höhe der Differenz von Steuer- zu Marktwert im Vordergrund der Untersuchung. Die Analysen in Kapitel 3 beziehen sich auf sechs Modellunternehmen, die repräsentativ für je drei Handwerks- und drei Industrieunternehmen kleiner bis mittlerer Größe sind. Der Marktwert der Unternehmen wird auf Basis eines Discounted-Cashflow-Verfahrens, genauer des Adjusted-Present-Value-Ansatzes, bestimmt. Die Simulationen zeigen, dass die Spanne der steuerlichen Unterbewertung von rund 7,5% bis hin zu fast 69% gegenüber dem Marktwert reicht. Untersuchungen der Wirkungen einer Variation von wertbeeinflussenden Parametern, wie Kapitalkosten, Kapitalstruktur, Steuersätzen, Umsatzveränderungen und -wachstum verdeutlichen, dass auch bei ähnlich großen Unternehmen, die Differenz zwischen Steuer- und Marktwerten stark schwankt. Es zeigt sich, dass das Stuttgarter Verfahren nicht immer zu einer Unterbewertung führt, sondern für sehr plausible Konstellationen sogar Unternehmenswerte ermittelt, die über dem Marktwert liegen. Dies gilt insbesondere für Unternehmen mit einem hohen Kapitalbestand bei gleichzeitig relativ hoher Eigenkapitalquote.

Ziel der Untersuchung in Kapitel 4 ist die empirische Überprüfung der Wertlücke. Hierbei geht es insbesondere um die Frage, ob der Gleichheitssatz nach Art. 3 GG verletzt wird. Dabei wird unter der gleichmäßigen Behandlung die gleichmäßige Bewertung von börsennotierten und nicht börsennotierten Unternehmen verstanden. Das BVerfG hat in seiner jüngsten Entscheidung betont, dass der gemeine Wert, also der Verkehrswert des Unternehmens bestimmt werden muss.[1] Um die Frage, ob das Stuttgarter Verfahren eine marktnahe Bewertung ermöglicht, exakt beantworten zu können, benötigt man nicht nur die Finanzinformationen von nicht börsennotierten Unternehmen, sondern insbesondere ihren Verkehrswert. In Ermangelung einer solchen Datenbasis greife ich auf Daten von kleinen börsennotierten Unternehmen zurück und verwende sie als Proxy. Dieser Umstand muss bei der Bewertung der Ergebnisse berücksichtigt werden.[2]

Im Ergebnis zeigt sich, dass die Unterbewertung zwischen 31% und 47% beträgt. Wie erwartet, ist die Streuung der Werte sehr groß. Dadurch wird deutlich, dass die Relation von

[1] Vgl. BVerfG, 7.11.2006, 1 BvL 10/02.

[2] Zu den damit verbundenen Einschränkungen der Interpretation der Ergebnisse vgl. Abschnitt 4.5.

Steuer- zu Marktwerten (SV/MW) für die Vielzahl der Unternehmen sehr unterschiedlich ist. Das bedeutet aber gleichzeitig, dass die Unternehmen durch die steuerliche Bewertung nicht einheitlich behandelt werden und der Gleichheitsgrundsatz verletzt wird. Diese Erkenntnis wird bei der Betrachtung der einzelnen Branchen bzw. der einzelnen Untersuchungsjahre noch deutlicher. Die Spanne des Medians der Branchen liegt zwischen 29,8% und 72,8%. Es bestätigt sich, dass die Branchen einen hohen SV/MW-Quotienten haben, die kapitalintensiv sind. Neben den großen Industriebranchen zählt der Einzelhandel wegen seiner hohen Lagerbestände auch dazu. Empirische Tests bestätigen die Vermutung, dass das Stuttgarter Verfahren für einige Branchen zu einer im Durchschnitt relativ guten Approximation des Marktwertes führt. Betrachtet man die SV/MW-Relation für die einzelnen Jahre, so fällt auf, dass die Schwankungen zwischen den Jahren sehr hoch sind. In Jahren mit einer schlechten Börsenentwicklung, z.B. 2001 bis 2003, ist das Verhältnis erwartungsgemäß größer als in Jahren normaler bis guter Kursentwicklung. Hier liegt eine zeitabhängige Ungleichbehandlung vor.

Die Aufteilung der Unternehmen in Abhängigkeit von ihrer Profitabilität macht deutlich, dass die vom Stuttgarter Verfahren vorgesehenen Abschläge die Ungleichbehandlung unter den nicht börsennotierten Unternehmen verschärfen. Dass die steuerliche Bevorteilung im Vergleich zu börsennotierten Unternehmen bereits in der Bewertungssystematik liegt, zeigt sich an der durchschnittlichen Unterbewertung selbst für hoch profitable Unternehmen. Schließlich übersteigt der Wert des Stuttgarter Verfahrens nur das Reinvermögen, wenn das Unternehmen durchschnittliche Gewinne erzielt, die über der Normalrendite von 9% liegen. Der Marktwert des Unternehmens ist jedoch in der Regel deutlich größer als der Wert des bilanziellen Eigenkapitals. Möchte der Gesetzgeber eine Bewertung zu Verkehrswerten bei gleichzeitigem Festhalten am Stuttgarter Verfahren sicherstellen, dann zeigen die hier durchgeführten Analysen, dass dies zunächst nur durch eine deutliche Erhöhung der Übergewinndauer auf mindestens elf Jahre erreicht werden kann. Die mit dieser Erhöhung verbundene Schwankung der Wertrelation kann über einen alternativen Ertragshundertsatz kontrolliert werden. Dabei stellt sich der gleichgewichtete fünfjährige Durchschnitt als besonders geeignet heraus. Beschränkt man sich in der Wertbestimmung auf die beiden Komponenten Vermögens- und Ertragswert und nutzt die Datenbasis, um den optimalen Gewichtungsfaktor zu finden, dann kann die Qualität der Vorhersagen der Marktpreise durch das Stuttgarter Verfahren noch einmal deutlich gesteigert werden. Es wird deutlich, dass insbesondere die Verwendung der logarithmierten Werte das tatsächliche Verhältnis der beiden Wertkomponenten mit dem Börsenpreis besser abbildet, als die bislang angenommene lineare Funktion.

Mit dem expliziten Hinweis des BVerfG auf die Freiheit der Wahl des geeigneten Verfahrens wurde die Tür für alternative Ansätze geöffnet. Das Multiplikatorverfahren, das in der Praxis häufig eingesetzt wird, wenn nur wenige Informationen über die Wertsituation des Unternehmens vorliegen, wird in Kapitel 5 im Hinblick auf seine Eignung für substanzsteuerliche Zwecke untersucht. Ziel dieser Untersuchung ist es, das Multiplikatormodell zu bestimmen, das die größte Prognosegüte in Bezug auf den Marktwert bei gleichzeitig minimaler Streuung besitzt. Dazu werden zwölf verschiedene Kennzahlen aus dem Rechnungswesen verwendet und zum Teil miteinander kombiniert. Die Prognosegüte wird auf Basis der Abweichung des geschätzten vom tatsächlichen Unternehmenswert, dem Schätzfehler, evaluiert. Neben der Betrachtung der metrischen Parameter der Schätzfehler führe ich ein multiples Rangsummenkriterium ein, das die relative Vorteilhaftigkeit der einzelnen Modelle unter Berücksichtigung der Lage und der Streuung des Schätzfehlers angibt. Jedes Modell wird in jedem Jahr in Abhängigkeit von der Nähe seines durchschnittlichen Schätzfehlers zu null und seiner Streuungsparameter zu null geordnet und mit Rängen versehen. Das Modell mit dem niedrigsten Durchschnittsrang kann relativ zu den Konkurrenzmodellen als das beste angesehen werden.

Wird der Multiplikator auf Basis des geometrischen Mittels der Vergleichsunternehmen ermittelt, so können die besten Schätzergebnisse durch den Cashflow-Multiplikator P/EBITDA erreicht werden. Der Substanzmultiplikator P/BV ist sogar dem Gewinnmultiplikator P/EBIT qualitativ überlegen. Wird der Multiplikator durch eine lineare Regression ersetzt und die verwendeten Bezugsgrößen logarithmiert, so lässt sich die Schätzgüte erheblich steigern. Im Schnitt können Vorhersagefehler von zum Teil deutlich unter 10% erreicht werden. Dies gilt insbesondere für die Kombination aus Buchwert des Eigenkapitals und verschiedenen Gewinngrößen, die auf den durchschnittlichen Gewinnen der letzten Jahre beruhen. Als bester Einzelmultiplikator präsentiert sich die Cashflow-Größe EBITDA, gefolgt von den Durchschnittsgewinnen der letzten zwei und drei Jahre. Der Eigenkapitalmultiplikator erreicht eine bessere Schätzgenauigkeit als die Jahresgewinne. Die Schätzfehler aller logarithmierten Bezugsgrößen sind deutlich geringer als die des Stuttgarter Verfahrens. Sollte dieses Verfahren für steuerliche Zwecke angewendet werden, so hat die Nutzung der kombinierten Modelle den Vorteil, dass eine Manipulation durch Gewinnverlagerung oder Steuerbilanzpolitik nur in geringem Maße erfolgversprechend ist. Der Verringerung der Unternehmenssubstanz sind natürlich Grenzen gesetzt und der Einfluss eines einzelnen Jahresergebnisses wird durch die Durchschnittsbildung deutlich reduziert.

Allerdings hängt der Erfolg des Multiplikatorverfahrens maßgeblich davon ab, wie geeignet die Auswahl der Vergleichsunternehmen für das zu bewertende Unternehmen ist. Die vorliegende Untersuchung zeigt, dass das beste Klassifizierungskriterium die Branchenzugehörigkeit ist. Es gibt jedoch kleinere Unterschiede in der Prognosegüte zwischen den beiden verwendeten Branchenklassifikationen. Eine etwas geringere Schätzgenauigkeit wird erreicht, wenn die Vergleichsunternehmen anhand der Gesamtkapitalrentabilität oder der Bilanzsumme ausgewählt werden. Eine Selektion auf Basis des historischen Gewinnwachstums oder der Eigenkapitalrentabilität ist am wenigsten zu empfehlen.

Die Untersuchung bestätigt empirisch, dass das Stuttgarter Verfahren in seiner aktuellen Form gegen das Postulat der gleichmäßigen Bewertung verstößt. Die Lücke zwischen Steuer- und Marktwerten ist ebenso eklatant, wie die Streuung. Modifikationen am bestehenden Verfahren können die verfassungswidrigen Zustand mildern, jedoch nicht beseitigen. Das Multiplikatorverfahren könnte grundsätzlich geeignet sein, eine Bewertung nahe dem Marktwert zu erreichen, die dennoch einfach umzusetzen ist. Dieses in weiteren Studien zu testen, ist nicht zuletzt angesichts des akuten Handlungsbedarfs von großer Bedeutung. Diese Ergebnisse sind für die aktuelle politische Diskussion um die Reform der Erbschaftsteuer und des Bewertungsgesetzes von besonders großer Bedeutung.

Literaturverzeichnis

Aders, C./Galli, A./Wiedemann, F. (2000): Unternehmenswerte auf Basis der Multiplikatormethode? in: Finanz Betrieb, 2. Jg., S. 197-204.

Alford, A. W. (1992): The Effect of the Set of Comparable Firms on the Accuracy of the Price-Earnings Valuation Method, in: Journal of Accounting Research, Vol. 30, S. 94-108.

Bach, S./Broekelschen, W./Maiterth, R. (2006a): Gleichmäßige erbschaftsteuerliche Behandlung von Grund- und Betriebsvermögen - Anmerkungen zum anstehenden Bundesverfassungsgerichtsurteil, in: Deutsches Steuerrecht, 44.Jg., S. 1961-1968.

Bach, S./Broekelschen, W./Maiterth, R. (2006b): Mangelhafte Grundstücksbewertung und Privilegien für Betriebsvermögen gefährden die Erbschaftsteuer, in: DIW Wochenbericht, 73. Jg., S. 617-623.

Bach, S./Haan, P./Maiterth, R. et al. (2004): Modelle für die Vermögensbesteuerung von natürlichen Personen und Kapitalgesellschaften-Konzepte, Aufkommen, wirtschaftliche Wirkungen, in: DIW Berlin Politikberatung kompakt, Berlin.

Baetge, J./Niemeyer, K./Kümmel, J. (2005): Darstellung der Discounted-Cashflow-Verfahren (DCF-Verfahren) mit Beispiel, in: Peemöller, V. (Hrsg.), Praxishandbuch der Unternehmensbewertung, Herne 2005, S. 265-362.

Bajaj, M./Denis, D. J./Sarin, A. (2004): Mean reversion in earnings and the use of E/P multiples in corporate valuation, in: Journal of Applied Finance, Vol. 14, S. 4-10.

Baker, M. P./Ruback, R. S. (1999): Estimating industry multiples, in: Working Paper (*http://www.people.hbs.edu/mbaker/cv/papers/EstimatingIndustry.pdf*).

Ballwieser, W. (1998): Unternehmensbewertung mit Discounted Cash Flow-Verfahren, in: Die Wirtschaftsprüfung, 51. Jg, S. 81-92.

Ballwieser, W. (2004): Das Residualgewinnmodell für Zwecke der Unternehmensbewertung, in: Albrecht, P. (Hrsg.), Risikoforschung und Versicherung : Festschrift für Elmar Helten zum 65. Geburtstag, Karlsruhe, S. 51-64.

Ballwieser, W. (2007): Unternehmensbewertung, 2. Aufl., Stuttgart.

Barth, K. (1973a): Verwendung überhöhter Werte bei der Bewertung von Anteilen nach dem Stuttgarter Verfahren (I), in: Der Betrieb, 26. Jg., S. 1140-1144.

Barth, K. (1973b): Verwendung überhöhter Werte bei der Bewertung von Anteilen nach dem Stuttgarter Verfahren (II), in: Der Betrieb, 26. Jg., S. 1202-1207.

Barth, K. (1974): Die Bewertung von Anteilen an Kapitalgesellschaften für Zwecke der Vermögensteuer, Düsseldorf.

Barthel, C. W. (1990): Unternehmenswert: Der Markt bestimmt die Bewertungsmethode, in: Der Betrieb, 43. Jg., S. 1145-1152.

Barthel, C. W. (1996a): Unternehmenswert: Die vergleichsorientierten Bewertungsverfahren, in: Der Betrieb, 49. Jg., S. 149-163.

Barthel, C. W. (1996b): Unternehmenswert: Grundlagen und Varianten des Umsatzverfahrens, in: Deutsches Steuerrecht, 34. Jg., S. 1458-1464.

Barthel, C. W. (1996c): Unternehmenswert: Theoretische Fundierung des Umsatzverfahrens, in: Deutsches Steuerrecht, 34. Jg., S. 1701-1707.

Barthel, C. W. (2004): Unternehmenswert. Schwächen und Stärken von Bewertungsverfahren in Verhandlungen, in: Unternehmensbewertung Management, 2. Jg., S. 405-412.

Bartke, G. (1962): Die Bewertung von Unternehmungen und Unternehmungsanteilen, in: Zeitschrift für Betriebswirtschaft, 32. Jg., S. 165-175.

Bauer, J. (1980a): Latente Ertragsteuerbelastung und Anteilsbewertung nach dem Stuttgarter Verfahren (I), in: Der Betrieb, 33. Jg., S. 320-323.

Bauer, J. (1980b): Latente Ertragsteuerbelastung und Anteilsbewertung nach dem Stuttgarter Verfahren (II), in: Der Betrieb, 33. Jg., S. 370-375.

Bausch, A. (2000): Die Multiplikator-Methode, in: Finanz Betrieb, 2. Jg., S. 448-459.

Beatty, R. P./Riffe, S. M./Thompson, R. (1999): The Method of Comparables and Tax Court Valuations of Private Firms: An Empirical Investigation, in: American Accounting Association, Vol. 13., S. 177-199.

Becker, F. A./Horn, C. (2005): Verfassungswidrigkeit der Bewertung von Kapitalgesellschaften (Stuttgarter Verfahren), in: Der Betrieb, 58. Jg., S. 1081-1083.

Beckmann, C./Meister, J. M./Meitner, M. (2003): Das Multiplikatorverfahren in der kapitalmarktorientierten Unternehmensbewertungspraxis, in: Finanz Betrieb, 5. Jg., S. 103-105.

Bellinger, B. (1980): Eine Wende in der Unternehmensbewertung? in: Die Wirtschaftsprüfung. 33. Jg., S. 575-584.

Berkman, H./Bradbury, M. E./Ferguson, J. (2000): The Accuracy of Price-Earnings and Discounted Cash Flow Methods of IPO Equity Valuation, in: Journal of International Financial Management and Accounting, Vo. 11, S. 71-83.

Berner, C./Rojahn, J. (2003): Anwendungseignung von marktorientierten Multiplikatoren, in: Finanz Betrieb, 5. Jg., S. 155-161.

Bhojraj, S./Lee, C. M. C. (2002): Who is My Peer? A Valuation-Based Approach to the Selection of Comparable Firms, in: Journal of Accounting Research, Vo. 40, S. 407-439.

Bhojraj, S./Lee, C. M. C./Oler, D. K. (2003): What´s My Line? A Comparison of Industry Classification Schemes for Capital Market Research, in: Journal of Accounting Research, Vo. 41, S. 745-774.

Bierle, K. (1974): Die steuerliche Anteilsbewertung, Köln.

Binz, M. K./Sorg, M. H. (1987): Vermögensteuerliche Folgen des going public von Familien-Unternehmen, in: Betriebs Berater, 42. Jg., S. 1996-1998.

Binz, M. K./Sorg, M. H. (1994): Aktuelle Fragen der Bewertung von Stamm- und Vorzugsaktien im Steuerrecht, in: Deutsches Steuerrecht 32. Jg., S. 993-997.

Bippus, B. E. (1998): Rechtspersönlichkeit von Kapitalgsellschaften im Privatrecht und Bewertung von Anteilen an Kapitalgesellschaften im Steuerrecht, in: Deutsche Steuer-Zeitung, 86. Jg., S. 225-233.

Birk, D. (2002): BFH legt Erbschaft- und Schenkungsteuergesetz in der ab 1.1.1996 geltenden Fassung dem BVerfG zur Prüfung vor, in: Finanz-Rundschau, 84. Jg., S. 1060-1072.

Blankart, C. B. (2003): Öffentliche Finanzen in der Demokratie, 5. Aufl., München 2003.

Boatsman, J. R./Baskin, E. F. (1981): Asset Valuation with incomplete Marktes, in: Accounting Review, Vol. 56, S. 38-53.

Bolsenkötter, H. (1969): Das "Stuttgarter Verfahren" in betriebswirtschaftlicher Sicht, in: Die Wirtschaftsprüfung, 22. Jg., S. 417-429.

Buchner, R./Englert, J. (1994): Die Bewertung von Unternehmen auf der Basis des Unternehmensvergleichs, in: Betriebs Berater, 49 Jg., S. 1573-1580.

Böcking, H./Nowak, K. (1999): Marktorientierte Unternehmensbewertung, in: Finanz Betrieb, 1. Jg., S. 169-176.

Cheng, A./McNamara, R. (2000): The Valuation Accuracy of the Price-Earnings and Price-Book Benchmark, in: Review of Quantitative Finance and Accounting, Vol. 15, S. 349-370.

Christoffel, H. G. (1993): Neue Anteilsbewertung nach dem Stuttgarter Verfahren ab 1993 (I), in: GmbH-Rundschau, 84. Jg., S. 205-212.

Coenenberg, A. G./Schultze, W. (2002a): Das Multiplikator-Verfahren in der Unternehmensbewertung: Konzeption und Kritik, in: Finanz Betrieb, 4. Jg., S. 697-703.

Coenenberg, A. G./Schultze, W. (2002b): Unternehmensbewertung: Konzeptionen und Perspektiven, in: Die Betriebswirtschaft, 62. Jg., S. 597-621.

Collins, D. W./Maydew, E. L./Weiss, I. S. (1997): Changes in the Value-Relevance of Earnings and Book Values over the Past Forty Years, in: Journal of Accounting and Economics, Vol. 24, S. 39-67.

Copeland, T. E./Weston, F. J./Shastri, K. (2005): Financial Theory and Corporate Policy, 4th ed., Boston.

Copeland, T./Koller, T./Murrin, J. (2005): Valuation, 4th ed., New York.

Courteau, L./Kao, J. L./O´Keefe, T. et al. (2003): Gains to Valuation Accuracy of Direct Valuation Over Industry Multiplier Approach, Working Paper, April 4.

Csik, A. (1985): Substanzwert als Funktion der Ertragserwartungen, in: Der Betrieb, 38. Jg., S. 1901-1907.

Cuijpers, R./Buijink, W. (2005): Voluntary Adoption of Non-local GAAP in the European Union: A Study of Determinants and Voluntary Adoption of Non-local GAAP in the European Union: A Study of Determinants and Consequences, in: European Accounting Review, Vol. 14, S. 487-524.

DAI (2007): Das DAI-Rendite-Dreieck (Stand 30.06.2007) (www.dai.de) letzter Aufruf 26.11.2007.

Damodaran, A. (2001): The dark side of valuation, London.

Daragan, H. (2002): Verfassungsmäßigkeit der Erbschaftsteuer, in: Betriebs Berater, 57 Jg., S. 649-655.

De Franco, G./Gavious, I./Jin, J. et al. (2007): The Private Company Discount and Earnings Quality, April 27, Working Paper.

Deutsche Bundesbank (2004): Verhältniszahlen aus Jahresabschlüssen deutscher Unternehmen von 2000 bis 2002 - Statistische Sonderveröffentlichung, (www.bundesbank.de) letzter Aufruf 17.12.2007.

Deutsche Börse AG (2007): Cash Market: Monthly Statistics - November 2007, (www.deutsche-boerse.com) letzter Aufruf 17.12.2007.

Deutsches wissenschaftliches Steuerinstitut der Steuerberater e.V. (2003): Handbuch Erbschaftsteuer und Bewertung, München.

Dirrigl, H. (1994): Konzepte, Anwendungsbereiche und Grenzen einer strategischen Unternehmensbewertung, in: Betriebswirtschaftliche Forschung und Praxis, 46. Jg, S. 409-432.

Dittmann, I./Maug, E. (2006): Valuation Biases, Error Measures, and the Conglomerate Discount, Erasmus Research Institute of Management (ERIM), ERIM Report Series, Erasmus University Rotterdam.

Dittmann, I./Maug, E./Kemper, J. (2004): How Fundamental are Fundamental Values? Valuation Methods and their Impact on the Performance of German Venture Capitalists, in: European Financial Managment, Vol. 10, S. 609-638.

Dittmann, I./Weiner, C. (2005): Selecting Comparables for the Valuation of European Firms, SFB 649 Discussion Paper, Humboldt-Universität zu Berlin.

Drukarczyk, J. (1995): DCF-Methoden und Ertragswertmethode - einige klärende Anmerkungen, in: Die Wirtschaftsprüfung, 48. Jg., S. 329-334.

Drukarczyk, J. (2001): Unternehmensbewertung, 3., überarb. und erw. Aufl., München.

Drukarczyk, J./Richter, F. (1995): Unternehmensgesamtwert, anteilseignerorientierte Finanzentscheidungen und APV-Ansatz, in: Die Betriebswirtschaft, 55. Jg., S. 559 - 580.

Easton, P. D. (1985): Accounting Earnings and Security Valuation: Empirical Evidencs and Fundamental Links, in: Journal of Accounting Research, Vol. 23 Supplement, S. 54-77.

Eber, V. I. (1984): The valuation of closely held corporations, in: Journal of Accountancy, Vol. 157 (6), S. 103-118.

Eberhart, A. C. (2004): Equity Valuation Using Multiples, in: The Journal of Investing, Vol. 13, S. 48-54.

Eisele, D. (2001): Erbschaftsteuerliche Bewertung nichtnotierter Anteile an Kapitalgesellschaften, in: Steuer und Studium, Vol. 22, S. 415-424.

Eisele, D. (2004a): Nichtnotierte Anteile an Kapitalgesellschaften im erbschaftsteuerlichen Bewertungsrecht - Ableitung aus Verkäufen und Regelbewertung nach dem Stuttgarter Verfahren, in: Unternehmensbewertung Management, Vol. 2, S. 340-347.

Eisele, D. (2004b): Nichtnotierte Anteile an Kapitalgesellschaften im erbschaftsteuerlichen Bewertungsrecht - Ableitung aus Verkäufen und Regelbewertung nach dem Stuttgarter Verfahren, in: Unternehmensbewertung Management, Vol. 2, S. 340-347.

Englebrecht, T. D. (1978): Valuation of Closely-Held Stock for Estate and Gift Tax Purposes, in: Journal of Small Business Management, Vol. 16, S. 24-28.

Englebrecht, T. D./Copeland, R. M./Davison, D. L. (1979): An Empirical Inquiry into the Tax Court's Utilization of Guidelines for Valuing Closely Held Stock for Estate and Gift Tax Purposes, in: Nebraska Journal of Economics and Business, Vol. 18, S. 63-80.

Ernst, D./Schneider, S./Thielen, B. (2003): Unternehmensbewertungen erstellen und verstehen - Ein Praxisleitfaden, München.

Exler, M. W. (2004): Methoden der Unternehmensbewertung im Vergleich - Anwendung der Multiplikatoren-, Ertragswert- und DCF-Methoden bei der Veräußerung eines KMU, in: Unternehmensbewertung Management, Vol. 2, S. 426-433.

Fairfield, P. M. (1994): P/E, P/B and the Present Value of Future Dividends, in: Financial Analysts Journal, Vol. 50, S. 23-31.

Fama, E. F. (1970): Efficient Capital Markets: A Review of Theory and Empirical Work, in: Journal of Finance, Vol. 25, S. 383-416.

Fama, E. F./French, K. R. (1992): The Cross-Section of Expected Stock Returns, in: The Journal of Finance, Vol. 47, S. 427-465.

Fama, E. F./French, K. R. (1995): Size and Book-to-Market Factors in Earnings and Returns, in: The Journal of Finance, Vol. 50, S. 131-155.

Fama, E. F./French, K. R. (1997): Industry costs of equity, in: Journal of Financial Economics, Vol. 43, S. 153-193.

Fasold, R. W. (1975): Signalfunktion des Substanzwertes bei der Unternehmensbewertung, in: Der Betrieb. 28. Jg., S. 1953-1955.

Feltham, G. A./Ohlson, J. A. (1995): Valuation and Clean Surplus Accounting for Operating and Financial Activities, in: Contemporary Accounting Research, Vol. 11, S. 689-731.

Finnerty, J. D./Emery, D. R. (2004): The Value of Corporate Control and the Comparable Company Method of Valuation, in: Financial Managment, Vol. 33, S. 91-99.

Friedrich, H. (1982): Bewertung nichtnotierter Anteile - Begriff der "Verkäufe", in: Betriebs-Berater, 33. Jg., S. 613-614.

Gebhardt, C. (1988): Die Bewertung nichtnotierter Anteile an Kapitalgesellschaften im Rahmen der vermögensteuerlichen Steuerbemessungsfunktion - eine kritische Analyse des Stuttgarter Verfahrens, Frankfurt am Main; Bern; New York; Paris.

Gebhardt, G./Daske, H. (2005): Kapitalmarktorientierte Bestimmung von risikofreien Zinssätzen für die Unternehmensbewertung, in: Die Wirtschaftsprüfung, 58. Jg., S. 649-655.

Gilson, S. C./Hotchkiss, E. S./Ruback, R. S. (2000): Valuation of Bankrupt Firms, in: The Review of Financial Studies, Vol. 13, S. 43-74.

Göllert, K./Ringling, W. (1999): Die Eignung des Stuttgarter Verfahrens für die Unternehmens- bzw. Anteilsbewertung im Abfindungsfall, in: Der Betrieb, 52. Jg., S. 516-519.

Gordon, M. J./Shapiro, E. (1957): Capital Equipment Analysis: the required rate of profit, in: Management Science, Vol. 3, S. 102-110.

Groh, M. (1970): Neue Fragen zum Stuttgarter Verfahren, in: Betriebs Berater, 25. Jg., S. 744-749.

Großfeld, B. (1988): Unternehmens- und Anteilsbewertung im Gesellschaftsrecht, 2. Aufl., Köln.

Gupta, M. C./Huefner, R. J. (1972): A Cluster Analysis Study of Financial Ratios and Industry Characteristics, in: Journal of Accounting Research, Vol. 10, S. 77-95.

Haas, R./Christoffel, H. G. (2001): Erbrecht, Erbschaftsteuer, Schenkungsteuer, Stuttgart.

Hagest, K. (1950): Die Ermittlung des Wertes von Unternehmungen, in: Die Wirtschaftsprüfung, 3. Jg., S. 193-197.

Hanlon, M. (2005): The Persistence and Pricing of Earnings, Accruals, and Cash Flows When Firms Have Large Book-Tax Differences, in: The Accounting Review, Vol. 80, S. 137-166.

Harris, T. S./Lang, M./Möller, H. P. (1994): The Value Relevance of German Accounting Measures: An Empirical Analysis, in: Journal of Accounting Research, Vol. 32, S. 187-209.

Hartmann, B. (1962): Die steuerliche Bewertung unnotierter Anteile, in: Zeitschrift für Betriebswirtschaft, Vol. 32, S. 31-43.

Heigel, A. (1962): Die Bewertung von Unternehmungen und Unternehmungsanteilen, in: Zeitschrift für Betriebswirtschaft, Vol. 32, S. 513-528.

Henselmann, K. (2001): Das Mischen von Unternehmenswerten, in: Finanz Betrieb, 3. Jg., S. 413-417.

Herrmann, V. (2002): Marktpreisschätzung mit kontrollierten Multiplikatoren, Lohmar.

Herrmann, V./Richter, F. (2005): Pricing with Performance-Controlled Multiples, in: Schmalenbach Business Review, 55. Jg., S. 194-219.

Herzig, N./Ebeling, R. M. (1989): Substanzsteuerliche Folgen der Börseneinführung stimmrechtsloser Vorzugsaktien, in: Die Aktiengesellschaft, 34. Jg., S. 221-230.

Herzig, N./Kessler, W. (1994): Übernahme der Steuerbilanzwerte in die Vermögensaufstellung, in: Deutsches Steuerrecht, 32. Jg., S. 3-16.

Hetzel, H. (1988): Reformüberlegungen zum Stuttgarter Verfahren im internationalen Vergleich, Bergisch Gladbach.

Hickman, K./Petry, G. H. (1990): A Comparison of Stock Price Predictions Using Court Accepted Formulas, Dividend Discount, and P/E Models, in: The Journal of Financial Management, Vol. 19, S. 76-87.

Homburg, S. (2000): Allgemeine Steuerlehre, 2. Aufl., München.

Horn, M. (1975): Die Bewertung von Anteilen an Kapitalgesellschaften für Zwecke der Vermögensteuer, in: GmbH-Rundschau, 65. Jg, S. 63-66.

Hottmann, J./Grobshäuser, U./Hübner, H. et al. (2002): Die GmbH im Steuerrecht, Achim.

Howitt, I. A. (1993): Valuing Closely Held Stock, in: The CPA Journal, S. 44-47.

Hübner, H. (1993): Die Neuregelung der Anteilsbewertung nach den Vermögensteuer-Richtlinien 1993, in: Deutsches Steuerrecht, 31. Jg., S. 1656-1661.

Hübner, H. (1995): Bemerkungen zur Einheitsbewertung des Betriebsvermögens und zur Anteilsbewertung anhand des Stuttgarter Verfahrens seit der Maßgeblichkeit der Steuerbilanzwerte, in: Deutsches Steuerrecht, 33. Jg., S. 1-7.

Hübner, H. (2000): Erbschaftsteuerliche Unternehmensbewertung und Steuerbilanzwerte, in: Deutsches Steuerrecht, 38. Jg., S. 1205-1215.

IDW (1997): Arbeitskreis Unternehmensbewertung (AKU) des Instituts der Wirtschaftsprüfer in Deutschland e. V, in: IDW-FN 1997, S. 33-34.

IDW (2002): Wirtschaftsprüferhandbuch - Handbuch für die Rechnungslegung, Prüfung und Beratung, Band II, 12. Aufl., Düsseldorf.

Jacob, H. (1960a): Die Methoden zur Ermittlung des Gesamtwertes einer Unternehmung, in: Zeitschrift für Betriebswirtschaft, 30. Jg., S. 131-147.

Jacob, H. (1960b): Die Methoden zur Ermittlung des Gesamtwertes einer Unternehmung, in: Zeitschrift für Betriebswirtschaft, 30. Jg., S. 209-222.

Jülicher, M. (2007): § 12 Bewertung, in: Troll, M./Gebel, D./Jülicher, M. (Hrsg.), Erbschaftsteuer- und Schenkungsteuergesetz, München.

Kaplan, S. N./Ruback, R. S. (1995): The Valuation of Cash Flow Forecasts: An Empirical Analysis, in: The Journal of Finance, Vol. 50, S. 1059-1093.

Kim, M./Ritter, J. R. (1999): Valuing IPOs, in: Journal of Financial Economics, Vol. 53, S. 409-437.

Klinger, K. (1963): Substanzwertermittlung unter Einbeziehung fiktiver Ertragsteuerschulden, in: Der Betrieb, 16. Jg., S. 457-460.

Koch, W. (1939): Die Bewertung von Unternehmungen, in: Der Deutsche Volkswirt, 13. Jg., S. 1363-1365.

Koeplin, J./Sarin, A./Shapiro, A. C. (2000): The private company discount, in: Journal of Applied Corporate Finance, Vol. 12, S. 94-101.

Kolbe, K. (1959): Ermittlung von Gesamtwert und Geschäsftwert der Unternehmung, Düsseldorf.

Kremer (1960): Zur Verfassungsmäßigkeit der Bewertung von Aktien und Anteilen, in: Der Betrieb, 13. Jg., S. 1434-1436.

Kruschwitz, L./Lähn, M./Jahn, T. (2002): Unternehmenswerte - vermischt und verschätzt! in: Finanz Betrieb, 4. Jg., S. 145-148.

Kruschwitz, L./Löffler, A. (2005): Discounted cash flow, Chichester.

Küting, K. (1997): Der Wahrheitsgehalt deutscher Bilanzen, in: Deutsches Steuerrecht, 35. Jg., S. 84-91.

Küting, K./Eidel, U. (1999): Marktwertansatz contra Ertragswert- und Discounted Cash Flow-Verfahren, in: Finanz Betrieb, 1. Jg., S. 225-231.

Landesgewerbeförderungsstelle des nordrhein-westfälischen Handwerks e. V. (2000): Betriebsvergleich 2000, Nr. 438 Metallbau Handwerk, Düsseldorf.

Landesgewerbeförderungsstelle des nordrhein-westfälischen Handwerks e. V. (2002a): Betriebsvergleich 2002, Nr. 463 Kraftfahrzeug Gewerbe, Düsseldorf.

Landesgewerbeförderungsstelle des nordrhein-westfälischen Handwerks e. V. (2002b): Betriebsvergleich 2002, Nr. 460 Feinwerkmechaniker-Handwerk, Düsseldorf.

LeClair, M. S. (1990): Valuing the Closely-Held Corporation: The Validity and Performance of Established Valuation Procedures, in: Accounting Horizons, Vol. 4, S. 31-42.

Leibholz, G./Rinck, H. J./Hesselberger, D. (1988): Grundgesetz, Köln.

Leuz, C./Verrecchia, R. E. (2000): The Economic Consequences of Increased Disclosure, in: Journal of Accounting Research, Vol. 38 Supplement, S. 91-124.

Lie, E./Lie, H. J. (2002): Multiples Used to Estimate Corporate Value, in: Financial Analysts Journal, Vol. 58, S. 44-54.

Linke, M. (1981): Wert und Bewertung von Firmenanteilen, München.

Lintner, J. (1965): The Valuation of Risk Assets and the Selection of Risky Investments in Stock Portfolios and Capital Budgets, in: Review of Economics and Statistics, Vol. 47, S. 13-37.

Liu, J./Nissim, D./Thomas, J. (2002): Equity Valuation Using Multiples, in: Journal of Accounting Research, Vol. 40, S. 135-172.

Liu, J./Nissim, D./Thomas, J. (2007): Is Cash Flow King in Valuations? in: Financial Analysts Journal, Vol. 63, S. 56-68.

Lorenz, S./Oswald, J./Renner, M. (2003): Die Bewertung von nichtnotierten Anteilen an Kapitalgesellschaften, in: Steuern und Studium, 24. Jg., S. 359-371.

Maiterth, R./Sureth, C. (2005): Auswirkungen der Vermögensteuer als Mindeststeuer auf die Investitionstätigkeit und die Attraktivität Deutschlands im internationalen Standortwettbewerb, in: Steuern und Bilanzen, 7. Jg., S. 116-123.

Manigart, S./Wright, M./Robbie, K. et al. (1997): Venture Capitalists' Appraisal of Investment Projects: An Empirical European Study, in: Entrepreneurship Theory and Practice, Vol. 21, S. 29-43.

Mannek, W. (2005a): Bewertung von Anteilen an Kapitalgesellschaften, in: Neue Wirtschafts-Briefe, Herne, S. 2809-2830.

Mannek, W. (2005b): Bewertung nicht notierter Anteile an Kapitalgesellschaften, in: Neue Wirtschafts-Briefe, Herne, S. 2787-2808.

Maul, K. (1974): Die Bewertung nichtnotierter Anteile im Rahmen der Vermögensbesteuerung - Zur Frage ertragsunabhängiger Leistungsfähigkeit von Vermögensbesitz, in: Steuer und Wirtschaft, 51. Jg., S. 132 - 138.

McClellan, W. A. (1966): Valuation of Closely Held Securities: Accounting Know-how is the Key, in: Journal of Accountancy, Vol. 122, S. 47-55.

Meincke, J. P. (1996): Gedanken zur Erbschaftsteuerreform vor dem Hintergrund der verfassungsrechtlichen Vorgaben, in: Deutsches Steuerrecht, 34. Jg., S. 1305-1310.

Meincke, J. P. (2002): Erbschaftsteuer- und Schenkungsteuergesetz, 13. Aufl., München.

Moench, D. (1977): Die Vermögensteuer-Ergänzungsrichtlinien 1977, in: Deutsches Steuerrecht, 15. Jg., S. 161-167.

Moench, D. (1995): Erbschaft- und Schenkungsteuer, Neuwied 1995.

Moench, D./Höll, K. (1997): Die neue Erbschaftsteuer, Neuwied.

Morgan Stanley Dean Witter (1999): How we value stocks, London.

Moser, U./Auge-Dickhut, S. (2003): Unternehmensbewertung: Der Informationsgehalt von Marktpreisabschätzungen auf Basis von Vergleichsverfahren, in: Finanz Betrieb, 5. Jg, S. 10-22.

Moxter, A. (1976): Das "Stuttgarter Verfahren" und die Grundsätze ordnungsmäßiger Unternehmensbewertung, in: Der Betrieb 1976, S. 1585-1589.

Moxter, A. (1983): Grundsätze ordnungsmäßiger Unternehmensbewertung, 2. Aufl., Wiesbaden 1983.

Müller, J. (2007): Die steuerliche Ungleichbehandlung von Anteilen an Kapitalgesellschaften, in: Finanz Betrieb, 9. Jg., S. 415-426.

Münstermann, H. (1966): Wert und Bewertung der Unternehmung, Wiesbaden.

Nelles, M./Rojahn, J./Berner, C. (2001): Unternehmensbewertungsverfahren im Rahmen von Börsengängen am Neuen Markt, in: Finanz Betrieb, 3. Jg., S. 322-327.

Oestreicher, A. (2003): Handels- und Steuerbilanzen, 6., völlig neu konzipierte Auflage, Heidelberg.

Officer, M. S. (2007): The price of corporate liquidity: Acquisition discounts for unlisted targets, in: Journal of Financial Economics, Vol. 83, S. 571-598.

Ohlson, J. A. (1995): Earnings, Book Values, and Dividends in Equity Valuation, in: Contemporary Accounting Research, Vol. 11, S. 661-687.

Ohlson, J. A./Juettner-Nauroth, B. E. (2005): Expected EPS and EPS Growth as Determinants of Value, in: Review of Accounting Studies, Vol. 10, S. 349-365.

Ohrem, E. (2000): Marktunvollkommenheiten und die Gewinnverwendungspolitik von Aktiengesellschaften, Wiesbaden.

Olson, I. J. (1969): Valuation of closely held Corporation, in: Journal of Accountancy, Vo. 128, S. 35-47.

Pahlke, A. (2007): Der Erbschaftsteuerbeschluss des BVerfG, in: Neue Wirtschafts-Briefe, Herne 2007, S. 1575-1584.

Peemöller, V. H./Beckmann, C./Heyke, B. (2004): Der Multiplikatoransatz in der Unternehmensbewertung - Praxisrelevanz der einzelnen Verfahren wird in Zukunft noch weiter steigen, in: Unternehmensbewertung Management, 2. Jg., S. 310-319.

Peemöller, V. H./Geiger, T./Barchet, H. (2001): Bewertung von Early-Stage-Investments im Rahmen der Venture Capital-Finanzierung, in: Finanz Betrieb, 3. Jg., S. 334-344.

Peemöller, V. H./Meister, J. M./Beckmann, C. (2002): Der Multiplikatoransatz als eigenständiges Verfahren in der Unternehmensbewertung, in: Finanz Betrieb, 4. Jg., S. 197-209.

Peemöller, V. H./Meyer-Pries, L. (1995): Unternehmensbewertung in Deutschland - Ergebnisse einer Umfrage bei dem steuerberatenden Berufsstand, in: Deutsches Steuerrecht, 33. Jg., S. 1202-1208.

Penman, S. H. (1996): The Articulation of Price-Earnings Ratios and Market-to-Book Ratios and the Evaluation of Growth, in: Journal of Accounting Research, Vol. 34, S. 235-259.

Penman, S. H. (1998a): A Synthesis of Equity Valuation Techniques and the Terminal Value Calculation for the Dividend Discount Model, in: Review of Accounting Studies, Vol. 2, S. 303-323.

Penman, S. H. (1998b): Combining Earnings and Book Value in Equity Valuation, in: Contemporary Accounting Research Vol. 15, S. 291-324.

Penman, S. H. (2005): Discussion of "On Accounting-Based Valuation Formulae" and "Expected EPS and EPS Growth as Determinants of Value", in: Review of Accounting Studies, Vol. 10, S. 367-378.

Penman, S. H. (2007): Financial Statement Analysis and Security Valuation, 3rd Ed., New York.

Petersen, M. A. (2006): Estimating Standard Errors in Finance Panel Data Sets: Comparing Approaches, *http : //www.kellogg.northwestern.edu/faculty/petersen/htm /papers/standarderror.pdf*, Kellog School of Management, Northwestern University and NBER.

Piltz, D. J. (1975): Die steuerliche Bewertung nichtnotierter Aktien und Anteile, Bonn.

Piltz, D. J. (2007): Die Bundesverfassungsgerichtsentscheidung zur Erbschaftsteuer, in: Der Betrieb, 60. Jg., S. 82-83.

Pratt, S. P./Reilly, R. F./Schweihs, R. P. (1996): Valuing a business, 3rd ed., New York.

Pricer, R. W./Johnson, A. C. (1997): The Accuracy of Valuation Methods on Predicting the Selling Price of Small Firms, in: Journal of Small Business Management, Vol. 35, S. 24-35.

Reimann, B. (1982): Der negative Ertragshundertsatz bei der Ermittlung des gemeinen Wertes von nichtnotierten Aktien und Anteilen (Stuttgarter Verfahren), in: Der Betrieb, 35. Jg., S. 2153-2157.

Rijken, H. A./Booij, M. C./Buckley, A. (1999): Valuation differences between quoted and unquoted companies - empirical evidence from the UK, in: The European Journal of Finance, Vol. 5, S. 256-275.

Rödder, T. (1993): Der Einfluß der Erbschaftsteuer auf die Rechtsformwahl mittelständischer Familienunternehmen, in: Der Betrieb, 46. Jg., S. 2137-2147.

Rödder, T. (1994): Auswirkungen der Bilanz- und Ausschüttungspolitik auf den Stuttgarter Verfharens-Wert im Schenkungsteuerrecht, in: Deutsches Steuerrecht, 32. Jg., S. 238-239.

Sanfleber-Decher, M. (1992): Unternehmensbewertung in den USA, in: Die Wirtschaftsprüfung, 45. Jg., S. 597-603.

Sauer, O. (1975): Zur Bewertung nichtnotierter Anteile an Kapitalgesellschaften, in: Steuerberaterjahrbuch 1975/76, S. 263-304.

Schmalenbach, E. (1966): Die Beteiligungsfinanzierung, 9., verbesserte Auflage, Köln.

Schmidbauer, R. (2004): Marktbewertung mithilfe von Multiplikatoren im Spiegel des Discounted-Cashflow-Ansatzes, in: Betriebs Berater, 59. Jg., S. 148-153.

Schmidt-Bleibtreu, B./Klein, F. (1983): Kommentar zum Grundgesetz für die Bundesrepublik Deutschland, 6. Aufl., Neuwied.

Schneider, D. (1978): Steuerbilanzen, Wiesbaden.

Schoenfeld, A. (1984): Das Stuttgarter Verfahren zur Bewertung nicht notierter Anteile im Vergleich zu den Börsenkurswerten deutscher Aktiengesellschaften, in: Die Wirtschaftsprüfung, 37. Jg., S. 425-430.

Schultze, W. (2003): Methoden der Unternehmensbewertung - Gemeinsamkeiten, Unterschiede, Perspektiven, Düsseldorf.

Schwetzler, B. (2003): Probleme der Multiple-Bewertung, in: Finanz Betrieb, 5. Jg., S. 79-90.

Schöne, W. (1975): Wert und Bewertung von GmbH-Anteilen, in: GmbH-Rundschau, 66. Jg., S. 121-129.

Seer, R. (1993): Rechtsformabhängige Unternehmensbesteuerung - Kritische Bestandsaufnahmen der derzeitigen Rechtslage, in: Steuer und Wirtschaft, 70. Jg., S. 114-140.

Seer, R. (1997): Die neue Erbschaft- und Schenkungsteuer auf dem verfassungsrechtlichen Prüfstand, in: Steuer und Wirtschaft, 74. Jg., S. 283-298.

Seer, R. (1999): Ungereimtheiten bei der Behandlung des Betriebsvermögens im Erbschaftsteuerrecht, in: GmbH-Rundschau, 90. Jg., S. 64-72.

Seer, R. (2002): Erbschaft- und Schenkungsteuergesetz nun erneut auf dem Prüfstand des BVerfG! in: GmbH-Rundschau, 93. Jg., S. 873-880.

Seiler, K. (2004): Unternehmensbewertung - Wertermittlung bei Kauf, Verkauf und Fusion von kleinen und mittleren Unternehmen, Berlin et al.

Seligman, J. (1984): Reappraising the Appraisal Remedy, in: George Washington Law Review, Vol. 52, S. 829-871.

Seppelfricke, P. (1999): Moderne Multiplikatorverfahren bei der Aktien- und Unternehmensbewertung, in: Finanz Betrieb, 1. Jg., S. 300-307.

Sharpe, W. F. (1964): Capital Asset Prices: A Theory of Market Equilibrium under Conditions of Risk, in: The Journal of Finance, Vol. 19, S. 425-442.

Sieben, G. (1963): Der Substanzwert der Unternehmung, Wiesbaden.

Sieben, G./Lutz, H. (1983): Sonderfragen substanzwertorientierter Abfindungsklauseln in Gesellschaftsverträgen, in: Der Betrieb, 36. Jg., S. 1989-1997.

Statistisches Bundesamt (2007): Statistisches Jahrbuch 2007, Wiesbaden.

Stehle, R. (2004): Die Festlegung der Risikoprämie von Aktien im Rahmen der Schätzung des Wertes von börsennotierten Kapitalgesellschaften, in: Die Wirtschaftsprüfung, 57. Jg., S. 906-927.

Sureth, C./Maiterth, R. (2008): The impact of minimum taxation by an imputable wealth tax on capital budgeting and business strategy of German companies, in: Review of Managerial Science 2008, Vol. 2, S. 81-110.

Tipke, K./Lang, J. (2002): Steuerrecht, 17, Köln.

Tischer, F. (1997): Erbschaftsteuerliche Anteilsbewertung und die Einheitswertbeschlüsse des Bundesverfassungsgerichts, in: Betriebs Berater, 52. Jg., S. 1285-1290.

Troll, M. (1977): Bewertung der GmbH-Anteile für die Vermögensteuer, 2. Aufl., Heidelberg.

Viel, J./Bredt, O./Renard, M. (1971): Die Bewertung von Unternehmungen und Unternehmungsanteilen, 4. Aufl., Zürich.

Viskorf, H. (2001): § 11 BewG, in: Viskorf, H./Glier, J./Hübner, H. et al. (Hrsg.), Erbschaftsteuer- und Schenkungsteuergesetz, Bewertungsgesetz, Herne.

Vossloh, H. (1975): Die Bedeutung der Ertragsaussichten bei der Bewertung unnotierter Anteile nach dem Stuttgarter Verfahren, in: GmbH-Rundschau, 66. Jg., S. 280-282.

Welling, B./Richter, A. (2002): Die Erbschaftsteuer auf dem verfassungsrechtlichen Prüfstand, in: Betriebs Berater, 57. Jg., S. 2305-2312.

White, H. (1980): A Heteroskedasticity-Consistent Covariance Matrix Estimator and a Direct Test for Heteroskedasticity, in: Econometrica, Vol. 48, S. 817-838.

Wollny, P. (2005): Unternehmens- und Praxisübertragungen, 6., völlig überarbeitete und aktualisierte Auflage, Herne.

Wöhe, G. (1986): Betriebswirtschaftliche Steuerlehre Band I, 6. Aufl., München.

Yee, K. K. (2004): Combining Value Estimates to Increase Accuracy, in: Financial Analysts Journal, Vol. 60, S. 23-28.

Yoo, Y. K. (2006): The Valuation Accuracy of Equity Valuation using a Combination of Multiples, in: Review of Accounting and Finance, Vol. 5, S. 108-123.

Zarowin, P. (1990): What Determines Earnings-Price Ratios: Revisited, in: Journal of Accounting, Auditing & Finance, Vol. 5, S. 439-454.

Ziegeler, W. (1981): Ist das Verbot eines negativen Ertragshundertsatzes bei der Anteilsbewertung nach dem Stuttgarter Verfahren zulässig? in: Betriebs Berater, 36. Jg., S. 1026-1029.

Ziegeler, W. (1983): Versagung des negativen Ertragshundertsatzes bei der Anteilsbewertung nach dem Stuttgarter Verfahren gesetzeswidrig, in: Deutsches Steuerrecht, 21. Jg., S. 791-797.

Rechtsquellenverzeichnis

Urteile, Beschlüsse, Entscheidungen

	Datum	Aktenzeichen	Fundstelle
BFH	6. 4.1962	III 264/59	BStBl III 1962, S. 253
BFH	29. 3.1963	III 352/59 U	BStBl III 1963, S. 324
BFH	23.10.1964	III 365/61	BStBl III 1965, S. 64
BFH	18.12.1968	III R 135/67	BStBl II 1969, S. 370
BFH	22. 5.1970	III R 72/69	BStBl II 1970, S. 610
BFH	6. 8.1971	III R 88/68	BStBl II 1972, S. 109
BFH	10.12.1971	III R 43/70	BStBl II 1972, S. 313
BFH	4. 2.1972	III R 98/71	BStBl II 1972, S. 515
BFH	17. 5.1974	III R 156/72	BStBl II 1974, S. 626
BFH	28. 2. 1975	III R 19/74	BStBl II 1975, S. 654
BFH	7.12.1977	II R 164/72	BStBl II 1978, S. 323
BFH	7.12.1979	III R 45/77	BStBl II 1980, S. 234
BFH	12. 3.1980	II R 143/76	BStBl II 1980, S. 463
BFH	14.11.1980	III R 81/79	BStBl II 1981, S. 351
BFH	6. 3.1991	II R 18/88	BStBl II 1991, S. 558
BFH	5. 2.1992	II R 185/87	BStBl II 1993, S. 266
BFH	9. 3.1994	II R 39/90	BStBl II 1994, S. 394
BFH	28. 6.2000	II R 18/98	BFH/NV 2001, S. 426
BFH	8. 8.2001	II R 59/98	BFH/NV 2002, S. 317
BFH	22. 5.2002	II R 61/99	BStBl II 2002, S. 598
BFH	22. 8.2002	II B 170/01	BFH/NV 2003, S. 11
BFH	16. 5.2003	II B 50/02	BFH/NV 2003, S. 1150
BVerfG	23.10.1951	2 BvG 1/51	BVerfGE 1, S. 14
BVerfG	22. 6.1995	2 BvR 552/91	BStBl II 1995, S. 671
BVerfG	7.11.2006	1 BvL 10/02	www.bverfg.de

Verwaltungsanweisungen

Anteilsbewertungsrichtlinie (AntbewR) 1955	14. 2.1955	BStBl I 1955, S. 97

Gesetze und Gesetzentwürfe

	Datum	Fundstelle
Gesetzentwurf der Fraktionen der CDU/CSU und FDP, Entwurf eines Gesetzes zur Entlastung der Familien und der Verbesserung der Rahmenbedingungen für Investitionen und Arbeitsplätze (Steueränderungsgesetz 1992 - StÄndG 1992)	3. 9. 1991	BT-Drucksache, 12/1108
Gesetz zur Entlastung der Familien und zur Verbesserung der Rahmenbedingungen für Investitionen und Arbeitsplätze (Steueränderungsgesetz 1992 - StÄndG 1992)	25.2.1992	BGBl I 1992, S. 297

SPRINGER NATURE

GPSR Compliance

The European Union's (EU) General Product Safety Regulation (GPSR) is a set of rules that requires consumer products to be safe and our obligations to ensure this.

If you have any concerns about our products, you can contact us on ProductSafety@springernature.com

In case Publisher is established outside the EU, the EU authorized representative is:

Springer Nature Customer Service Center GmbH
Europaplatz 3
69115 Heidelberg, Germany

Kolibri 360 GmbH
Ferdinand-Jühlke-Straße 7
99095 Erfurt, Deutschland
produktsicherheit@kolibri360.de